야웨 하나님은 다르다

성서적 신론의 새로운 모색

야웨 하나님은 다르다

2025년 9월 19일 처음 펴냄

지은이   허호익
펴낸이   김영호
펴낸곳   도서출판 동연
등 록   제1-1383호(1992. 6. 12)
주 소   서울시 마포구 월드컵로 163-3
전화/팩스   02-335-2630 / 02-335-2640
페이스북   facebook.com/dypress/
이메일   yh4321@gmail.com
인스타그램   instagram.com/dongyeon_press

ISBN 978-89-6447-487-7 03230

성 서 적
신 론 의
새로운 모색

야훼 하나님을 다르다

יהוה

| 허호익 지음 |

동연

　신에 대한 질문은 인간이 피해 갈 수 없는 '궁극적인 관심'이다. 원시 시대부터 인간은 나름대로 해, 달, 별과 같은 천체 등을 신격화하고 숭배하면서 자연종교들이 생겨났다.

　종교사적으로 보면 '원시 자연종교'를 거쳐 '국가종교'가 등장했다. '농경 혁명'으로 국가 단위로 군집이 형성된 이후 지배자와 피지배자의 계급이 분화되고, 지배자들의 권력을 합리화하기 위한 신화와 제의가 국가종교의 형태로 생겨난 것이다.

　유발 하라리는 『사피엔스』에서 농경 혁명 이후 출현한 제국들이 여러 피정복 민족을 효과적으로 다스리기 위해 구속력이 있는 '초인적인 질서'라는 신화를 꾸며 종교를 만들었다고 분석했다. 수천 년 동안 가장 일반적인 정치 형태로 이어온 제국은 '파괴와 약탈의 사악한 엔진'이지만, 인류의 문화적 성취에 기여한 측면도 있다고 했다. 그러나 바벨론이나 이집트나 로마처럼 수많은 나라를 정복한 절대 군주를 신적인 존재로 격상한 거대 제국의 종교들은 그 유물만 남긴 채 제국의 멸망과 함께 역사 속으로 사라졌다.

　유발 하라리는 농경 혁명 이후 등장한 정복자들의 '제국종교'에 반기를 들고 일어난 '야웨종교'를 제대로 평가하지 못했다. 모세를 찾아와 자신의 이름을 알려준 야웨 하나님은 이스라엘 백성과 계약을 맺으면서 "너희 하느님은 나 야훼다. 바로 내가 너희를 이집트 땅 종살이하던 집에서 이끌어낸 하느님이다"(출 20:2, 공동번역)라며 자신의 이름과 역할을 천명한다. 이처럼 야웨는 '정복자 제국의 수호신'이 아니라 '피정복자 노예들의 해방자'였다. 인류 최초로 자연종교의 다신론적 신화와 제국 종교의 정치적 우상 숭배를 거부한 히브리 노예들은 그들의 '해방자 야웨 하나님'과 계약을 맺은 것이다. 따라서 야웨를 섬기는 자들은 다시는 노예가 되지도 말고, 노예를 부리지도 말며, 노예와 가난한 사람이 없는 일종의 대안 국가인 "제사장 나라의 거룩한 백성"(출 19:6)이 되라는 것이 구약성서의 중요한 메시지이다. 이는 롤랑 바르트가 『현대 의 신화』에서 분석한 것처럼 조작된 신화 속에 숨겨져 있는 제국종교의 지배 이데올로기를 파악하고 이를 탈신화화하고 재신화화한 히브리 공동체의 신앙 고백이다.

성서의 신관을 전체적으로 조망해 보면 "가장 오래된 역사적 신앙 고백"인 출애굽을 통해 히브리 노예들을 해방시킨 야웨 하나님에 대한 신앙이 점차 확장된 것을 알 수 있다. '히브리의 하나님'이 바로 아브라함 과 이삭과 야곱과 동행하시는 '조상들의 하나님'이며, 이 조상들의 하나 님이 출애굽 이후 광야에서 이스라엘 백성과 계약을 맺으신 '계약의 하나님'이며, 이 계약의 하나님이 가나안 정착 시 '땅을 분배하신 하나님' 이며 그리고 대안 국가인 사사 시대에 이스라엘을 다스린 '왕이신 하나 님'으로 고백된 것이다. 포로기를 거치면서 바벨론 창조 신화라는 배경 에서 히브리 노예들의 하나님이 그들의 창조주 하나님이며, 이 창조주 하나님이 역사의 심판과 구원의 하나님이라는 신앙으로 확장되었다.

이러한 야웨 하나님은 자연종교나 제국종교의 신관과는 아주 다르다. 아울러 서구 기독교 신학에 큰 영향을 준 플라톤과 아리스토텔레스와 같은 그리스 철학자들이 사변을 통해 추론한 전지, 전능, 영원, 불멸, 도덕적 완전을 지닌 추상적인 철학적 종교의 신관과도 다를 수밖에 없다.

이 책은 『예수는 달랐다』(동연, 2022)의 자매편으로, 구약성경을 한 번도 읽어 본 적이 없는 독자라도 야웨 하나님을 보다 쉽게 개념적으로 이해할 수 있도록 『야웨 하나님 — 성서의 앞선 신관의 신론적 이해』(동연, 2014)의 일부 내용을 성서적 신론의 새로운 모색의 일환으로 "야웨 하나님은 다르다"라는 관점에서 새롭게 재정리한 것이다. 자세한 내용과 각주와 참고문헌을 보려면 『야웨 하나님』을 참고하길 바란다. 구약은 오래되고 어려운 책이기 때문에 구약을 피상적으로 읽으면 여러 오해도 가능하다. 그래서 11장에서는 "구약성서의 여러 오해"를 다루었다.

끝으로 이 책을 출판하여 주신 동연의 김영호 대표님과 편집해 주신 박현주 선생님과 편집부에 감사드린다.

2025년 9월

허호익

차 례

제1장

창조주 하나님, 고대 근동 신화와 달랐다

1. 생명의 새 질서를 창조하시는 하나님

하나님께서 천지와 인간을 창조했다는 신앙은 이스라엘 계약 공동체의 뿌리 깊은 고백이었다. 야웨 하나님이 창조주라는 창조 신앙은 이스라엘 왕조가 시작된 기원전 1000년 전후부터 전승되고 기록되었다. 이러한 창조 신앙은 창조 시편(시 8, 19, 104, 148편)이나 이사야서 (40:12-31, 43:1-7, 45:9-13, 48:12-13)에도 등장한다. 창세기 첫 부분은 이렇게 시작한다.

> 태초에 하나님이 천지를 창조하시니라. 땅이 혼돈하고 공허하며 흑암이 깊음 위에 있고 하나님의 신은 수면에 운행하시니라. 하나님이 빛이 있으라 하시니(창 1:2).

이러한 창세기 내용을 이해하려면 본문이 언제, 어떤 시대적, 종교적 배경에 기록되어 전승되었는지 그리고 그 본문은 당시의 독자들에게는 무엇을 의미한 것인지를 알아야 한다. 역사학자나 성서학자들의 도움 없이 단지 구약성서만을 읽어서는 그 의미를 이해하기가 어려운 것이 사실이다. 따로 신학을 깊이 공부하지 않으면 알 수 없고, 성서를 문자적으로만 받아들이는 평신도들이 들으면 아주 생소하거나 충격적인 내용도 없지 않다.

창세기는 첫 부분은 언제 쓰였을까? 여러 내재적 정황으로 보아 바벨론 포로기를 반영한다는 것이 대부분의 학자들의 주장이다. 창세기(1:1-2:4a)에 기록된 첫 번째 창조 이야기는 여러 방식으로 전승되어 오다가 바벨론 포로(서기전 587년)의 경험을 새롭게 반영하여 포로기 이후에 현재의 형태로 최종 편집된 것으로 보인다. 이를 기록으로 남긴 이들이 포로로 잡혀갔던 이스라엘의 제사장 집단이라는 사실이 밝혀지면서 '제사장(Priest) 문서'라고 불리게 된 것이다.

왜 '혼돈과 공허와 암흑으로부터 창조'했다고 했을까? 이를 정확히 이해하려면 예루살렘 멸망 전후에 활동한 예레미야가 그들의 처지를 "내가 땅을 본즉 혼돈하고 공허하며 하늘들을 우러른즉 거기 빛이 없으며"(렘 4:23)라고 탄식한 배경에서 이해해야 한다. 창조 이전의 상태를 나타내는 상황이 포로기의 상황과 일치하는 것이 확실하다. 포로기 후기 예언자 제2 이사야는 창조의 의미를 '기쁨이 가득 찬 도성과 행복을 누리는 백성'을 새 창조하는 것이라고 명시한다. 이는 더욱 구체적으로 '혼돈과 공허와 흑암에서 벗어나 파괴된 예루살렘과 포로가 된 이스라엘 백성의 회복되는 것을 하나님의 창조적 구원 사역'이라고 고백한 것이다.

> 내가 새 하늘과 새 땅을 창조할 것이니, … 내가 예루살렘을 기쁨이 가득 찬 도성으로 창조하고, 그 주민을 행복을 누리는 백성으로 창조하겠다(사 65:17-18, 표준새번역).

포로기 이스라엘 백성들이 처한 삶이 비록 '혼돈과 공허와 흑암' 자체이지만, 창조주 하나님께서 포로민들에게도 '새로운 질서와 충만과 광명'을 주실 것이며 이스라엘 백성이 포로에서 해방되어 '그 안에서 다시는 울부짖는 소리가 들리지 않을 것'(사 65:19)이라는 희망을 창조 신앙으로 고백한 것이 창세기 1장의 내용이다.

직관적으로 고백된 창조 기사의 의미는 창조 이전 상태와 비교할 때 오늘날 우리에게 주는 의미가 분명히 드러난다. 하나님을 창조주로 고백한다는 것은 실존적인 혼돈과 공허와 흑암 속에서 돌이켜 삶의 새 질서와 충만함과 광명을 되찾아 새로운 피조물로 거듭나는 것을 의미한다. 생명의 참된 가치를 상실한 옛사람은 사라지고 삶의 영원한 가치를 발견한 새 사람으로, 새로운 피조물(고후 5:17)로 창조되었음을 고백한다.

(1) 하나님은 혼돈에서 질서를 창조하신다. 혼돈으로부터 창조된 새로운 질서는 '체계적으로 잘 짜인 질서 있는 공간'이다(시 33:4-9, 65:5-13, 74:12-17, 89:5-18, 136:4-9, 148:1). 빛과 어두움, 하늘과 바다와 땅 그리고 하늘의 해, 달, 별과 새, 바다의 물고기, 땅의 식물과 동물, 마지막으로 인간이 생명의 새 질서 안에 자리매김한다. 이 질서는 좋은 것이기에 창조 후 하나님은 "보시기에 심히 좋았더라" 하신 것이다. 따라서 하나님은 지금도 개인적 삶이나 역사 안에서 일어나는 모든 혼돈을 바로 잡아 새로운 질서를 창조하는 분으로 고백되어야 한다.

(2) 무에서 유를 창조하시는 하나님은 텅 빈 우주 공간에 온갖 천체와 삼라만상으로 충만하게 채우신다. 하나님은 마지막으로 인간을 지으시고 "그들에게 복을 주시며 그들에게 이르시되 생육하고 번성하여 땅에 충만하라"(창 1:28) 하셨다. 하나님은 지금 "헛되고 헛되며 헛되고 헛되니 모든 것이 헛되도다"(전 1:2)라고 탄식하는 공허한 인생들에게 생명의 "기쁨과 평강을 믿음 안에서 충만케 하시는"(롬 15:13) 분이시다.

(3) 하나님이 "빛이 있으라" 하시니 빛이 있게 되어 순식간에 흑암이과 빛이 갈라지게 된 것이다. 하나님은 "죄와 악의 흑암 중에 행하던 백성이 생명의 큰 빛"(사 9:2)을 보게 하신다. 하나님 자신이 빛이시므로 그에게는 어두움이 전혀 없으시기(요일 1:5) 때문이다.

창세기를 두 가지 창조 이야기로 전승되어 왔다. 첫 번째 창조 이야기(창 1:1-2:4)에서 창조 이전 상태는 온통 물로 가득 찬 곳이었던 바벨론에서의 홍수 범람의 상황을 반영하고, 두 번째 창조 이야기(창 2:4-25)에서 창조 이전 상태는 풀 한 포기 나지 않은 메마른 땅이었던 가나안에서의 한발의 상황을 반영한다. 따라서 창조는 생명을 위협하는 홍수와 한발을 제거하고 생명의 풍요를 누릴 수 있는 새로운 생명의 질서를 하나님께서 창조하여 주실 것을 믿음으로 고백한 것이다.

월트 브루그만(W. Brueggemann)은 창조 이야기는 약소민족 이스라엘 백성들이 바벨론제국의 식민지 포로민으로서 겪게 되는 여러 가지 생명의 위협을 반영한다고 했다. 바벨론의 포로로 잡혀가 정착촌을 벗어날 수 없는 거류민의 신세가 되었고 강대국의 정치적 억압과 경제적 착취와 민족적 차별을 당하고 있었던 이스라엘 백성에게 주어진 말씀이라는 것을 이해해야 한다. 이러한 역사적 배경에 비추어 보면 하나님께서 남자와 여자를 창조하신 후 축복하신 말씀(창 1:28)의 의미가 더욱 분명해진다.

생육하라: 더 이상 약소민족이 되지 않을 것이다.

번성하라: 더 이상 패망하지 않을 것이다.

온 땅에 퍼지라: 더 이상 유폐된 거류민이 되지 않을 것이다.

정복하라: 더 이상 억압당하지 않을 것이다.

다스려라: 더 이상 착취당하지 않을 것이다.[1]

창세기가 당시의 독자에게 전하려고 했던 메시지는 하나님이 생명을 위협하는 모든 것을 제거하고 생명의 참된 가치를 실현하고 생명의 새 질서를 세우시는 생명의 주인이심을 선포하는 것이라고 할 수 있다.

한편으로 창조의 새로운 질서는 창조주와 피조물 사이에 무한한 질적 차이가 있음을 드러낸다. 하나님이 창조주이므로 하나님 이외에 존재하는 모든 것은 한갓 피조물에 불과하다. 그러므로 하나님의 피조물인 자연이나 인간을 더 이상 하나님처럼 두려워하거나 숭배할 필요가 없게 된 것이다. 하비 콕스가 말한 '자연의 비신성화요 비마성화'이다.

미틴 부버는 "최초에 관계가 있었다"고 했다. 따라서 대초에 "하나님께서 천지와 인간을 창조했다"라는 창세기의 직관적인 표현은 '태초에 하나님이 하나님과 인간의 창조적 관계, 인간과 인간 사이의 창조적 관계 그리고 인간과 자연 사이의 창조적 관계'를 창조한 것으로 개념화할 수 있다. 하나님께서 천지 만물과 인간을 창조했다는 창세기의 창조 신앙은 생명을 위협에 처해 있는 이스라엘 백성이 생명의 축복을 누리기 위해 하나님과 자연과 인간 사이의 새로운 생명의 질서가 창조되어야 한다는 믿음을 고백한 것을 의미한다.

1) 말씀으로 창조하신 인격적인 하나님

창세기는 하나님이 천지를 말씀으로 창조하셨다고 한다. "빛이 있

---

1 W. Brueggemann and H. W. Wloff, 『구약성서의 중심사상』 (서울: 대한기독교출판사, 1979), 18.

으라" 말씀하시니 그대로 되었다. 사람의 말은 말 그대로 말뿐이다. 그러나 하나님의 말씀은 다르다. 그분의 말씀은 모두 사건으로 이루어지고 행동으로 옮겨진다. 하나님의 말씀 자체가 생명의 새로운 질서를 창조하고 여러 사건을 움직이는 힘이며(사 40:26 등), 역사를 창조하는 동력이다(사 9:7 등).

하나님께서는 인간을 친히 흙으로 빚어 그 코에 하나님의 생기를 부어 창조하시고, 남녀 모두에게 '하나님의 형상'을 주시고, 서로 돕는 배필로 살게 하셨다. 그리고 천지 만물은 엿새 동안 말씀으로 창조하였지만, 인간에게는 "생육하고 번성하라"는 말씀과 '선악을 알게 하는 실과'를 따 먹지 말라는 말씀을 위임했다.

하나님의 말씀이 인간에게만 위임되었다는 것은, 인간은 하나님께서 '하라는 것은 하고 하지 말라는 것은 하지 말아야 한다는 것'을 의미한다. 최초의 범죄는 하나님의 이러한 명령에 불복종한 데서 출발한다. 죄가 하나님의 말씀에 대한 불순종이라면, 의는 하나님의 말씀에 순종하는 것이 된다. 말씀을 통해 명령하거나, 이 말씀을 듣고 이에 순종하는 것은 인격적인 존재에게만 가능한 일이다. 말을 통해 우리는 지식과 감정과 의지를 전달한다. 말을 주고받을 수 있는 존재만이 지정의를 지닌 인격적인 존재가 된다. 인격이라는 것은 지정의를 갖추는 것을 뜻하기 때문이다. 우리는 무지하고 어리석은 자를 인격자라고 부르지 않는다. 어느 정도 지식과 지혜를 갖춘 자를 인격자라 칭한다. 몰인정하고 매정한 사람을 가리켜 인격자라 하지 않는다. 인정이 많고 공감 능력이 풍부한 사람을 인격자라 부른다. 악하고 불의한 자를 인격자라 하지 않고 의롭고 선한 사람을 인격자라 한다. 인격을 지녔다는 것은 지정의를 골고루 갖춘 사람을 말한다.

성서의 하나님이 인격적인 신인 이유가 바로 여기에 있다. 말씀으로 천지를 창조하시고 말씀을 인간에게 위임하시는 하나님은, 말씀으로 존재하시는 하나님이시다. 따라서 인간은 이 말씀을 들을 마음과 알아들음과 듣고 행함으로 통해서만 하나님과 바른 관계를 맺을 수 있는 존재다.

인간에게 그 말씀을 위임하신 창조주 하나님은 인간과 말을 주고받는 인격적인 관계를 창조하신 것이다. 말씀으로 지정의를 전달하시는 하나님은 인격적인 하나님으로서 진리의 하나님, 사랑의 하나님, 공의의 하나님이신 것이다. 창조주 하나님을 믿는다는 것은 인격적인 하나님의 말씀에 순종하는 것이요, 그것이 이 생명의 새 질서요 영원한 가치의 근원이다.

하나님을 볼 수는 없지만 성서에 기록된 그의 말씀을 '들어 볼 수' 있기 때문에 하나님에 대한 믿음이 생기고, 믿음이 자라고, 하나님과의 인격적 교제를 이어 갈 수 있다.

2) 무로부터 새 질서를 창조하신 전능하신 하나님

창세기는 창조 이전의 상태가 "땅이 혼동하고 공허하며 흑암이 깊음 위에 있고"라고 묘사한다. 창조는 혼돈에서 질서로, 공허에서 충만으로, 흑암에서 빛으로, 즉 무질서에서 새 질서가 이루어짐을 말한다. 마카비서는 이를 '무로부터의 창조'라고 가르친다. "하느님께서 무엇인가를 가지고 이 모든 것을 만들었다고 생각하지 말아라"(마카베오 하 7:28)고 했다.

성서와 달리 고대의 창조 신화들은 대부분 '유로부터의 창조'를 말하고 있다. 바벨론의 창조 신화에는 마르둑 신이 티아맛의 시체를 마른 물고기 쪼개듯 쪼개어 하늘과 땅을 만들었다고 한다. 중국 고대의 반고(盤高) 신화도 예외가 아니다. 반고의 몸으로 천지가 만들어진 것이다.

무로부터의 창조를 통해 하나님의 전능하심이 드러난다. 하나님은 없는 데서 만물을 있게 하시는 분이며, 불가능한 것을 가능케 하시는 분이며, 전적으로 새로운 것을 새롭게 시작하시는 창조주로 고백한다. 따라서 하나님을 창조주로 고백하는 것은, 하나님의 창조의 무한한 능력을 믿고 의지하여 삶의 혼돈과 공허와 흑암을 물리치고 날마다 생명의 새 질서로 들어가는 신앙적인 결단을 촉구한다. 아울러 새 생명, 풍성한 생명, 영원히 가치 있는 생명의 능력을 주시는 하나님과의 인격적 관계를 맺는 삶을 이루어 가는 것을 의미한다.

3) 하나님 보시기에 심히 좋았던 창조

천지 만물과 인간을 모두 창조하신 후에는 "하나님이 그 지으신 모든 것을 보시니 보시기에 심히 좋았더라"(창 1:31)고 했다. 말씀으로 창조된 세계가 "보시기에 심히 좋았다"는 것은 창조가 하나님의 선한 의지의 결과임을 드러낸다. 성서에 의하면 천지 만물은 바벨론 신화처럼 신들의 투쟁 과정에서 생긴 것도 아니고, 그리스 철학서처럼 신적 본질에서 유출(流出)된 것도 아니다. 일부 진화론자들의 주장처럼 '맹목적 우연의 축적된 산물'로 생긴 것도 아니다. 창세기는 하나님이 이 세계와 인간을 간절히 원하셨으며, 그 의지적 결단의 결과로 이 세계와 인간이 창조되었다는 것을 고백한다.

지동설이 주장되기 전에는 지구가 우주의 중심이라고 여겼다. 지구를 중심으로 태양이 돌아간다고 생각했다. 오늘날 태양이 지구를 중심으로 해서 돌아간다고 생각하는 사람은 없다. 하지만 우리의 일상적인 경험으로 보면 지구는 가만히 정지해 있고 태양이 지구 주변을 돌아가는 것처럼 느껴진다. 그것은 단순한 느낌에 지나지 않는다. 그러나 실제로는 그 반대이다.

마찬가지로 많은 사람들은 자기 자신이 세상의 중심이라고 생각한다. 자기 위주로, 자기중심으로 살아간다. 그러나 성경은 삶의 중심에 대한 새로운 관점을 제시한다. 우리의 삶의 중심은 내가 아니라 우리 인간에게 생명을 주신 창조주 하나님이라는 신앙을 드러낸다.

하나님이 태초에 인간을 지으셨다는 것은 바로 이러한 삶의 전향적 세계관을 함축한다. 이제는 나의 의지대로 살거나 세상의 풍조대로 살지 않고 하나님의 창조 섭리에 따라 하나님 중심으로 창조의 새로운 질서를 이루기 위해 하나님의 뜻대로 살겠다는 고백이다. 하나님의 형상과 하나님의 생기를 지닌 영적인 존재로서 인간의 삶의 궁극적 가치도 전적으로 하나님에게 달려 있다. 인간은 하나님을 떠나서는 자신의 고유한 영성을 유지하지 못한다. 요리문답 제1조는 인생의 제일 되는 목적이 "하나님을 영화롭게 하며 영원토록 그를 즐거워하는 것"이라 한 까닭이 여기에 있다.

현대인들은 창세기가 역사적 사실이냐, 과학적 사실이냐 묻는다. 성서는 생명의 새로운 창조적 질서와 그 영원한 가치에 대한 신앙적인 관심에 초점을 두고 있다. 현대인들은 신이 존재하느냐, 존재하지 않느냐 질문한다. 성서는 "누가 하나님이며, 그는 어떤 하나님인가?"에 초점은 둔다. "야웨가 하나님이냐? 바알이 하나님이냐?"(왕상 18:21)에 더 큰 관심을 집중한다. 말씀으로 천지를 창조한 인격적인 하나님인지 아니면 "입이 있어도 말을 못하고… 귀가 있어도 듣지 못하는"(시 113:5-6) 우상인지 질문한다.

2. 창세기의 유일신 신앙, 고대 근동의 다신론과 달랐다

유발 하라리는 『사피엔스』에서 제국종교가 형성되면서 자연종교의 애니미즘을 어느 정도 극복하였고, 인간을 지배하고 통제하는 강력하고 다양한 초인적인 질서를 수용하면서 세상은 풍요의 신, 비의 신, 전쟁의 신을 비롯한 강력한 신들에게 통제되는 것으로 이해했다고 한다. 따라서 인간은 비와 승리와 건강을 내려주는 신들에게 탄원하고 제물을 바치는 다신론적 제사 종교가 등장하게 된 것이라고 보았다.[2] 그러나 하나님이 태초에 말씀으로 천지와 인간을 창조했다는 창세기의 내용과 고대 근동의 다신론적 신화를 비교하여 해석학적 과정을 수행해 보면 창세기의 야웨 유일신 신관의 특이한 의미를 알 수 있다.

이스라엘 백성들이 바벨론 포로로 잡혀갔을 때 바벨론 신전에서 낭송되는 바벨론의 창조 신화를 접하게 되었다. 1862년 조지 스미스에 의해 해독된 〈에누마 엘리쉬〉 같은 바벨론 신화에는 무수한 신이 등장한다. 신들의 아버지 압수(단물)와 신들의 어머니 티아맛(짠물)이 여러 신들을 낳았는데, 신들의 아들들이 말썽을 벌이자, 압수는 그들을 죽이려 한다. 신들의 어머니 티아맛은 손자 아누에게 압수의 계획을 알리고 아누의 형제자매들과 공모하여 압수를 살해했다. 또 다른 손자 마르둑

---

2 Yubal N. Harari, 『사피엔스』 (서울: 김영, 2015), 302.

이 아누 일당을 죽이자, 티아맛은 킨구를 시켜 마르둑에게 대항하게 했다. 이에 마르둑이 티아맛을 죽여 그 몸을 이등분하여 각각 하늘과 땅으로 만들었다. 티아맛의 두 눈은 티그리스강과 유프라테스강의 원천이 되었으며 꼬리는 은하수가 되었다. 마르둑은 그 공로를 인정받아 신들의 왕이 되었다. 그리고 마르둑은 킨구를 죽이고 그의 피와 흙을 섞어 인간을 만들고, 하급신들의 노동을 대신하게 하였다.

신들의 가족이 서로 죽이고 죽는 이런 황당무계한 바벨론제국의 지배 이데올로기로 조작된 다신론적 신화를 전해 들은 제사장 문서 기자는 여러 창조 시편에 근거하여 하나님은 오직 한 분 뿐이며, 하나님께서 말씀으로 천지와 인간을 창조했다고 고백한 것이다.

1) 바벨론의 창조 신화는 무수한 신들이 등장하는 다신론적 구조이다. 그러나 성경은 천지와 인간을 창조하신 하나님 야웨는 한 분 뿐이며 "나 외에 다른 신이 없다"는 것이 강조되어 있다.

1862년 조지 스미스가 해독한 바벨론 신화 〈에누마 엘리쉬〉에는 '600명이나 되는 위대한 신들'이 등장한다. 북부 팔레스타인 지역인 에블라에서 발굴된 에블라 문서(서기전 2500~2250년)에도 500여 명의 잡다한 신이 등장한다.3 이집트의 다양한 피라미드 텍스트에서 언급된 신이 200명 이상이었다. 스텍(John. H. Steck)이 말한 것처럼 "신화들에는 하늘과 땅에, 바다와 땅 아래에 서로 다른 신들이 존재하지만, 하나님의 말씀에서는 오직 한 분이신, 창조주이며 동시에 구세주인 야웨가 존재한다."4 창세기는 다신론적 신화를 극복한 유일신론을 고백했다는

---

3 엄원식, 『히브리 성서와 고대 근동문학의 비교연구』(서울: 한들, 2000), 128-130, 137-138.

점에서 당시의 국가종교의 다신론적 신화들과 달랐다.

고대 근동의 주요 신들의 성격과 계보

양상	가나안	이집트	아카드
하늘(남신)	엘	라	아누
대지(여신)	아세라	테프누트	안투
폭풍우(남신)	바알	세트	마르둑
다산(여신)	아나트, 아스다롯	하토르, 이시스	이슈타르
지혜(여신)	코사르	프타	에아
지하세계(남신)	레세프	오시리스	네르갈
곡물(남신)	다곤	오시리스	다무쯔

2) 고대 근동의 여러 신화에 등장하는 신들은 남신과 여신이 있어, 그들 사이에 복잡한 친족 관계를 형성하고 있다. 바벨론 신화는 그 자체가 신의 가계요 계보이다.

모든 주요 신은 여신과 짝을 이루고 있다. 가나안에서는 신들의 아버지이며 가장 지고한 신인 바알(엘)은 아세라 여신의 짝이며, 폭풍과 비옥의 신인 바알의 배우자는 이쉬타르(Ishtar)이다. 아카드의 아누는 아내를 여럿 두었는데, 그중 그의 아내로 나오는 여신은 아누의 여성형인 '안투'(Antu, 하늘의 여신)이다. 이집트에는 태양신 라(Ra)와 땅의 여신 '테프누트'(Tefnut)가 있다.

적어도 구약에 나타난 주요 흐름의 전승에서는 이런 성 모델은 거부

---

4 John. H. Steck, 『구약신학』(서울: 솔로몬, 2000), 241.

되었다. 야웨는 아내나 배우자가 없다.[5] 앤더슨은 고대 종교와 비교해 볼 때 야웨 신앙의 독특성이 분명히 드러나는 두 가지가 있는데, "첫째는 다신론이고 둘째는 신의 영역에서의 성"이라고 했다. 하나님을 남성적 요소와 여성적 요소로 나누는 일은 확고하게 배제되었으며 야웨 하나님은 양성을 초월하는 유일무이한 존재였다는 것은 주목할 가치가 있다.

3) 다신론 체계에서는 신들 사이는 친척 관계뿐 아니라 계급 관계가 형성된다. 바벨론 신화 〈에누마 엘리쉬〉에는 상급신 아눈나키를 섬기는 하급신 '이기기'(Igigi)가 등장한다. 하급신은 상급신을 섬기는 노동자 집단으로 잡신(雜神)에 속한다.[6] 그리고 무수한 신들의 계보를 따지는 다양한 신화들이 전승되었다. 그러나 창세기는 한 분 하나님만을 유일한 신으로 고백하기 때문에 '신들' 사이의 계급이나 위계가 있을 수 없다.

4) 다신론은 신들의 계급 분화와 함께 지역 분점을 수반한다. 신들은 특정 지역신으로 한정되어 있다. 상급신들은 주요한 도시를 차지하고 그 도시를 대표한다. 수메르의 중요한 신들은 특정 도시의 주신(主神)이다. 초기 이집트에는 '노메스'라는 42개의 행정구역으로 나누어져 있었는데, 각 노메스마다 섬기는 신이 따로 있었다. 도시나 마을마다 대개 그 지역신을 모시는 신전이 있었기 때문에 도시가 달라지면 신들도 달라졌다. 자연히 도시가 늘어날수록 신들의 수는 수천으로 불어났다.[7]

---

5 B. W. Anderson, 『구약신학』 (서울: 한들출판사, 2001), 124-125, 129.
6 안성림 · 조철수, 『수메르 신화 I』 (서울: 서문해집, 1996), 32 도표.
7 K. C. Davis, 『세계의 모든 신화』 (서울: 푸른숲, 2005), 97.

신들은 특정한 지역에서만 영향력을 발휘하는 국지신(局地神)의 한계를 벗어나지 못한다.

이처럼 고대 근동의 다신론적 신화에서는 땅 위에는 신전이나 신전의 연장으로 신전을 간직한 도시가 특별히 성스러운 곳으로 인정되지만, 성서의 하나님은 우주의 삼라만상을 지으신 분이므로 어떤 특정 장소나 성전에 국한되지 않은 무소부재한 신으로 고백된다.

5) 바벨론 창조 신화에는 신들 사이의 갈등과 전쟁이 큰 줄거리로 등장한다. 바벨론 신화에 의하면 태초에 존재한 신들의 아버지 압수가 지혜의 신 에아(Ea)에 의해 살해되자, 신들의 어머니 티아맛은 아들 킨구와 함께 남편의 원수를 갚으려 한다. 신들의 모임에서 마르둑을 신들의 왕으로 세워 티아맛을 쳐부수도록 합의한다. 이처럼 신들이 서로 미워하고 질투하여 전쟁을 일으키고 죽이고 죽기도 하는 것은 성서의 신관으로 볼 때 아주 낯선 것이다.

6) 고대 근동 지역의 일반적인 신관은 G. H. 리빙스턴의 분석처럼 '신적인 것, 자연적인 것, 인간적인 것' 사이의 경계가 모호하다는 것이 가장 큰 특징이다. 이집트 신화에는 해·달·별처럼 주요한 자연 현상뿐 아니라 인간을 위협하는 파리나 메뚜기 떼도 신으로 숭배되었다. 왕이나 영웅호걸은 물론, 난쟁이처럼 특이한 인간들도 신으로 여겨졌다. 바벨론 신화에는 걸프만으로 흘러들어가는 짠물(Tiamat)과 단물(Apsu)이 신들의 어머니와 아버지로 등장한다. 야웨는 전적으로 다른 유형의 신이었다. 그는 어떠한 영웅적 인간이나 천체와 동일시되지 않았고, 하늘에서나 지상에서나 어떠한 지점에 국한되지도 않았다. 칼 바르트

가 말한 것처럼 성서의 창조 하나님은 그가 창조한 모든 피조물과는 '무한한 질적 차이가 있는 절대 타자'로 고백된 것이다.

예언자 호세아는 유일신 신앙의 기초를 출애굽 사건의 핵심적인 종교 경험에서 찾았다. 무수한 신들을 섬기는 이집트에서 노예살이하던 이스라엘 백성을 해방시킨 야웨야말로 유일무이한 하나님이며 유일한 구원자라는 고백이다.

그러나 네가 애굽 땅에서 나옴으로부터 나는 네 하나님 여호와 하나님 밖에 네가 다른 신을 알지 말 것이라. 나 외에는 구원자가 없느니라(호 13:4).

이러한 유일신 신앙은 신명기에 나오는 쉐마, 즉 "이스라엘아 들으라 우리 하나님 여호와는 오직 하나인 여호와시니 너는 마음을 다하고 성품을 다하고 힘을 다하여 네 하나님 여호와를 사랑하라"(신 6:4)는 야웨 신관의 가장 강력한 특징으로 전승되었다.

지그문트 프로이트는 『인간 모세와 유일신교』(1939)에서 주전 1370년경 이집트의 왕 아크나톤이 자신이 섬기는 아톤 신 외에 모든 신을 부정하고 다른 신들에 대한 제사를 강제적으로 금지시킨 종교개혁을 통해 단행된 단일신 신앙에 영향을 받은 모세에 의해 야웨 유일신 신앙이 유래했다고 주장했다. 그러나 아크나톤이 정치적 이유로 시행한 단일신 강요는 그의 죽음으로 중단되었으며, 아크나톤은 자신이 섬기는 아톤신뿐 아니라 자신도 신으로 숭배받기를 원했다는 점에서 성서의 유일신 신앙과 다르다.

7) 구약성서의 창조주 하나님의 또 다른 특징은 태초에 하나님이

하나님의 다바르(말씀)와 하나님의 루아흐(영)로 천지와 인간을 창조했다는 전승이다. 하나님께서 말씀으로 천지를 창조하실 때 "하나님의 영은 수면 위에 운행하였다"(창 1:2) 하였다.

하나님은 한 분이라는 유일신 신앙에도 불구하고 하나님과 별개로 하나님의 말씀과 하나님의 영이 더불어 함께 존재하고 사역한다는 사실이 반복해서 기록되어 있다. 구약성서를 전체적으로 보면 100번 이상 등장하는 "하나님이 함께하신다"는 하나님의 임재는 실제로는 하나님의 말씀이 임하거나 하나님의 영이 임하는 것으로도 고백된다. 하나님의 말씀이 임하는 것은 하나님의 영이 임하는 것이고, 이는 하나님의 임재의 순간이기도 하다. 실제로 구약성서에는 "여호와의 말씀이 임하다"라는 표현이 149번 등장하고, "하나님의 영이 임하다"라는 표현도 21번 나온다. 무엇보다도 여호와가 임하는 것은 그의 말씀과 영이 동시에 임하는 것으로 묘사되어 있다.

> 여호와께서 구름 가운데 강림하사 모세에게 말씀하시고 그에게 임한 영을 칠십 장로에게도 임하게 하시니(민 11:25).

하나님은 눈으로 볼 수 없는 존재이지만, 하나님의 말씀은 영적으로 들을 수 있기 때문이다. 이 역시 다신론적 신관에서 찾아볼 수 없는 야웨 신관의 또 다른 특징이다. 거의 모든 다신론적 신화에서는 최고신이 존재하고 이와 더불어 지혜의 신과 바람(루아흐)의 신이 무수한 신들과 함께 따로 존재한다. 그러나 성서의 하나님은 말씀을 통해 하나님의 지혜와 하나님의 사랑과 하나님의 의지, 즉 지정의를 표출하시는 '인격적인 하나님'이다. 그리고 하나님의 영을 통해 하나님의 형상과 하나님의 생기(루아흐)로 창조된 인간과 영적 교감을 하시는 '영이신 하나님'이다. 이 두 가지는 성서의 특이하고 고유한 신관을 대변한다. 성서의 전승에서는 일관되게 하나님과 하나님의 영과 하나님의 말씀이 마치 별개의 인격적인 존재처럼 묘사되기도 하지만, 더불어 함께 존재하시는 분으로 묘사된다.

구약의 이러한 독특한 신관이 반영되어 '하나님, 하나님의 말씀, 하나님의 영'의 공동 사역으로 창조가 이루어지듯이, 예수가 공생애를 시작하며 세례를 받을 때 하늘이 열리고, 성령이 임하고, "이는 내 사랑하는 아들이요, 내 기뻐하는 아들이라"는 말씀이 임한다. 이 세례 사건에 근거하여 "아버지와 아들과 성령의 이름으로 세례를 베풀라"는 예수의 최후 분부가 주어진다(마 28:19). 그리고 "믿고 세례를 받는 사람은 구원을 얻을 것"(막 16:16)이라고 하신다. 구약성서에서는 한 분 하나님의 신앙과 더불어 하나님의 말씀과 하나님의 영에 대한 신앙이 공존한 것이 분명하다. 그리고 신약에 와서는 구원을 얻게 하는 세례의 시혜자가 '성부와 성자와 성령 세 분'으로 명시된다. 아울러 그 '태초의 말씀이 육신이 되신 분'이신 예수 그리스도를 베드로는 '하나님의 아들'(마 16:16)이라고 고백하지만, 도마는 '나의 하나님'(요 20:28)으로 고백한다. 신약에서는 하나님의 영이 성령으로 고백되고 또한 성령은 하나님의 영이며 동시에 '그리스도의 영'으로 고백된다(롬 8:9).

요약하면 구약성서는 하나님, 하나님의 말씀, 하나님의 영이 창조의 세 주역이었고, 신약에서는 아버지와 아들과 성령을 한 하나님의 이름으로 세례를 베풀고, 세 분 하나님을 한 하나님으로 믿고 세례를 받는 사람에게 구원이 주어진다고 예수께서 선언하였기 때문에 '성부, 성자, 성령'을 한 하나님으로 고백하는 삼위일체 신앙이 기독교 신관의 핵심적인 교리로 정착하게 된 것이다. 이러한 성서적 사실을 초대교회가 그리스의 존재론적 철학으로 설명하는 과정에서 세 분 하나님이 '상호 내재하며 공동 사역'을 하신다는 의미로 삼위일체론이라는 복잡한 교리가 전개된 것이다.

3. 복수형 엘로힘 하나님, 단수형과 달랐다

창세기 1장 1절에는 "태초에 하나님(Elohim)이 천지를 창조했다"라고 기록하고 있다. 하나님 또는 하느님으로 번역되는 '엘로힘'은 신(神)을 뜻하는 보통명사 '엘'(El) 신명의 복수형으로 성서에 2,500회 정도 등장한다. 엘은 고대 근동 지방에서 흔히 사용된 보통명사로서 '엘, 일라, 알라, 엘로아'(El, Illa, Alla, Eloah) 등으로 음운이 변천하였으며, 그 뜻은 '강함, 힘, 능력'(Strong 또는 Power)을 의미하는 것으로 추론한다.

엘로힘은 형태적으로는 엘의 복수형일 뿐 아니라 "우리가 사람을 만들자"(창 1:26)는 구절의 주어가 복수형이므로, 창세기의 유일신 신앙의 배경에서 볼 때 이 복수형은 문제로 제기된다.

이레네우스를 비롯한 초대 교부들은 복수형의 신명은 삼위일체의 신비를 드러내는 것이라고 해석했다. 18세기에 와서 가블러(J. P. Gabler)는 '셈족의 다신론의 잔재'라는 해석을 제시했다. 그러나 창세기 자체가 다신론을 전적으로 거부하는 강력한 유일신론을 전제하기 때문에 유사한 사례가 바벨론 신화에 등장한다 하여 무리하게 창세기에 적용할 수 없다는 반론이 제기되었다. 무엇보다도 창세기 1장 1절의 "하나님(엘로힘)이 천지를 창조했다"는 구절에서 주어 엘로힘은 복수이지만, 동사인 '창조하다'를 뜻하는 히브리어 '바라'는 단수형이기 때문이다. 따라서 엘로힘은 단수의 의미를 갖는 복수형이며 '신격'(Godhead)의 복수형 '단수'를 의미한다.

폰 라드는 엘로힘을 '존엄의 복수형'(*pluralis majastatis*)으로 해석했다. 고대 동방에서는 그것이 인간이든 신이든 공동체의 대표자를 복수로 나타내는 습관이 있었다. 이런 복수는 수적 다수보다도 오히려 힘과 탁월성과 존엄의 복수를 나타내기 위함이었다고 한다. 하나님의 위엄과 충만성(골 1:19, 2:9)을 나타내기 위해서 '엘로힘'이라는 복수형으로 표현했다는 것이다.

단수인 엘은 보통명사로서 고대 근동의 여러 언어에서 신을 뜻하지만, 구약성서는 엘로힘이라는 복수형을 사용함으로써 성서 하나님(Elohim)과 다른 신(El)과 차별성을 드러낸다. 이런 배경에서 영어권에서는 성서의 하나님은 대문자 'God'으로 표기하고, 일반적 신은 소문자 'god'으로 표기한다. 주 하나님을 지칭하는 복수형 '아도나이'(Adonay, Lord)와 집안의 주인을 뜻하는 단수형 아돈(adon, lord)도 구분하여 사용한다.

아이히로트(W. Eichrodt)는 엘로힘이라는 명칭을 거의 독점적으로 야웨에게만 적용한 것은 성서의 하나님 "야웨는 단지 하나의 '엘'이 아니라 '엘로힘', 모든 신들의 총합, 즉 유일무이한 신성(Godhead)이기 때문에, 이스라엘에서 야웨는 다른 모든 신들을 배제한다"는 의미라고 했다. 렌트로프(R. Rentroff)는 "엘로힘은 다신의 의미가 아니라, 하나밖에 없는 유일한 신을 복수형으로 표현한 것은 최초의 유일신 종교가 보여주는 역설이다"라고 했다. 성서에 여러 번 등장하는 "나 외에 다른 신이 없다"나 '신들의 신'(단 11:36, 신 10:7)이라는 관용어와 관련해 볼 때 엘로힘 신명의 복수형은 '야웨가 유일한 엘'이라는 역설적 표현이다.

히브리어 엘로힘 계열의 신명은 보통명사로서 희랍어의 Theos, 영어의 God, 독어의 Gott, 한자의 神에 해당한다. 엘로힘이나 데오스를 우리말로 '하나님'으로 표기하느냐, '하느님'으로 번역하느냐는 논쟁이 있어 왔다. 정하상의 『上帝上書』 번역서(1839)에는 '하ᄂ님'으로, 존 로스의 『예수셩교문답』(1881)에서는 '하느님'으로 표기했다. 1933년 이후 한글맞춤법 통일안의 제정으로 아래아 표기가 폐지되자 1937년에 나온 개역 『성경전서』에서는 종전의 '하ᄂ님' 또는 '하느님'을 유일신 인격신 사상을 잘 표상하는 '하나님'으로 표기했다. 하ᄂ님은 하늘(heaven)에서 유래한 한글 표준어법의 신명이지만, 하나님은 ᄒ나(one)라는 유일신적 의미와 '님'이라는 인격적 신적 의미로 조합한 신조어라고 할 수 있다. 당시의 번역자들이 '하나님'을 선호한 것은 민중 속에 전승되어 온 무속종교에서 사용된 천지신명 하느님과 기독교의 야웨 엘로힘 사이의 차별성을 두어 종교 혼합을 막으려는 의도가 있었다.

1937년에 나온 개역 『성경전서』에서는 일제의 신사참배 강요라는 배경에서 유일신 인격신 사상을 잘 표상하는 '하나님'(하나+님)을 사용했다. 그런데 『공동번역성서』(1977)에서는 이 하나님 신명은 신조어라 하여 한글의 보통명사 표준어로서 애국가에도 등장하는 '하느님'으로 번역했다. 그 후 표준새번역(1993)이나 개정개역(1998)은 모두 표준어법보다 한국교회의 전통을 존중하여 다시 '하나님'을 사용했다.

히브리어 '엘로힘'과 희랍어 '데오스' 신명의 번역상 문제는 어법적으로 표준어를 사용할 것인가 아니면 신앙적 신학적 의미를 강조할 것인가 하는 점이다. 이는 '하느님'이라는 표기는 직역에 해당하고, '하나님'이라는 표기는 의역에 해당하기 때문이다.

4. 자신의 이름을 알려주신 하나님, 인간이 작명한 신명과 달랐다

1) 모세와 그 백성에게 자신의 이름을 알려주신 여호와

창세기의 첫 부분에서 하나님의 고유한 신명은 '여호와'(창 2:4, 개역개정)라고 했다. 그런데 이 여호와 신명은 인간들이 자의로 명명한 것이 아니라 하나님께서 직접 자신의 신명을 알려준 것이라고 한다. 성경에는 하나님이 자신의 이름을 두 번 알려주었다는 기록이 있다.

첫째는 출애굽 직전 미디안 광야에서 목자로 일하던 늙은 모세에게 나타나 자신의 이름을 알려준다. 떨기나무 불 가운데 나타나신 하나님은 모세에게 "나는 너를 바로에게 보내어 나의 백성 이스라엘 자손을 이집트에서 이끌어 내게 하겠다"(출 3:10)라고 알린다. 모세는 "'제가 이스라엘 자손에게 가서 너희 조상들의 하나님께서 나를 너희에게 보내셨다' 하고 말하면, 그들이 저에게 '그의 이름이 무엇이냐?' 하고 물을 터인데, '제가 그들에게 무엇이라고 대답해야 합니까?'"(출 3:13)라고 반문한다. 모세는 자신을 찾아온 하나님의 이름조차 알지 못했다. 하나님은 자신의 이름을 직접 모세에게 알려준다.

'나를 너희에게 보내신 이는 너희 선조들의 하느님 야훼시다. 아브라함의 하느님, 이사악의 하느님, 야곱의 하느님이시다.' 이것이 영원히 나의 이름이 되리라. 대대로 이 이름을 불러 나를 기리게 되리라(출 3:15, 공동번역).

둘째로 하나님께서 자신의 이름을 알려준 본문은 십계명 서언이다.

"나는 너를 애굽 땅, 종 되었던 집에서 인도하여 낸 네 하나님 여호와니라"(출 20:2) 하였으니, 여호와는 종살이하던 이스라엘 백성을 이집트에서 해방시킨 분이라는 점이 부각된다. 따라서 성서에는 "야웨, 바로 그가 참 엘로힘이시다"(신 4:35, 39, 6:4, 7:9, 10:17, 32:39)는 무수한 관용적 표현도 보인다. 이 표현은 이스라엘의 긴 제의의 역사를 통하여 면면히 전승되어 온 '야웨 신앙 고백'의 중심 내용이다.

세상에 수많은 종교가 있다. 그 종교들은 다 그들이 섬기는 신들이 존재한다. 종교학적으로 살펴보면 엄청난 종류의 신들이 있으며, 그 신들은 다 이름이 있으며, 그 이름에는 각각 고유한 뜻이 있다.

그런데 성서는 달랐다. 성서는 하나님이 자신의 이름을 모세와 이스라엘 백성에게 알려주었다고 한다. 고대의 다신론적 신화에 등장하는 무수한 고유한 신명은 모두 인간들이 자의적으로 만들어 섬기는 신들에 대해 인간들이 작명한 것이다. 예레미야가 "네가 스스로 만들어 섬긴 신들이 지금 어디 있느냐"(렘 2:28)고 반문한 것처럼, 고대의 신화들에 나오는 그 모든 인간이 만들고 작명한 신들은 역사에서 사라졌다.

2) 여호와 신명의 발음 문제 — 여호와냐 야웨냐

하나님이 직접 모세와 그의 백성들에게 알려주신 이 여호와 신명은 다른 종교의 신명과 달리 오랫동안 그 발음조차 정확히 알지 못했다.

고대 히브리어는 기원전 10세기부터 사용되었는데, 모음 없이 자음으로만 된 독특한 언어였다. 구약성서 히브리어는 주로 암송을 통해 발음이 구전되었다. 자음으로만 된 히브리 성경을 읽다가 고유한 신명을 지칭하는 '거룩한 네 문자'의 자음, 즉 יהוה(YHWH)가 나오면 유대인들은 "하나님의 이름을 망령되이 일컫지 말라"는 3계명에 따라 '나의 주'(Adonay)로 바꾸어 읽었다. 우리가 선조의 이름을 함부로 부르지 않고 함자로 부르며 기휘(忌諱)한 것처럼, 성전에서 아주 특별한 때만 대제사장이 이 신명을 사용했다. 서기전 587년 성전 멸망 후 회당에서는 일체 이 신명을 발음하지 않았다. 그러다가 그 정확한 발음마저 잊어버리게 된 것이다.

이런 전통에 따라 서기전 3세기에 히브리어 구약성서를 희랍어로 번역한 70인역에서도 יהוה를 '나의 주(主)'라는 뜻의 히브리어 '아도나이'로 읽었고, 그리스어로 '주'를 뜻하는 큐리오스(Kyrios)로 번역했다.[8]

7세기부터 11세기까지 활동한 유대교의 히브리어 성경 필사가들이었던 맛소라 학파가 히브리어 자음 성경에 모음을 붙이는 작업을 하면서 יהוה의 정확한 모음을 알 수 없어 '발음할 수 없는 이름'으로 불렀다. 맛소라 본문의 난외주에는 성경을 읽다가 히브리어 יהוה 신명이 나오면 '나의 주'를 뜻하는 '아도나이'로 바꾸어 읽도록 명시했다.

초대 교부들 역시 יהוה라는 신명을 '성사문자'(聖四文字)라 하여 '말해지지 않는 이름, 말로 표현할 수 없는 이름'으로 여겼다. 종교개혁 직전까지 יהוה 신명의 정확한 모음을 알지 못해 유대교의 전통에 공감하여 '아도나이'로 대신 읽었다. 그러다가 1518년에 갈라티누스(Petrus Galatinus)가 처음으로 이 존귀한 이름의 발음을 Adonay의 라틴어식 발음에서 모음 'e(a), o, a'를 차용하여 'YeHoWaH'라 했다.[9] 후에 미국의 『표준번역성서』(1901)가 '예호바'(Yehovah)로 번역했다. 우리말 『성

---

8 G. von Rad, 『구약성서신학 1』 (왜관: 분도출판사), 191-193.
9 L. F. Hartman, "God. Names of," *Encyclopedia Judaica*, Vol. VII, 679; H. O. Thomson, "Yahweh," *Anchor Bible Dictionary*, Vol. IV, 1011.

경전서』(1911, 1938, 1956)는 중국어 성경의 야화화(耶華和)와 미국 표준 번역의 예호바를 따라서 '여호와'로 번역했다.

히브리 학자 빌헬름 게제니우스(1786~1842)는 초기 그리스어 사본 등에 나타난 신명에 대한 연구를 바탕으로 יהוה'의 원래 실제 발음이 '야웨'(Yahweh)라고 제안했다. 이어서 구약성서의 여러 사례에 대한 내적 증거와 고대 근동 지역의 고고학적 증거와 초대교회 교부들의 저술에 표기된 신명에 대한 외적 증거들을 통해 신명의 발음 문제를 규명하려고 노력한 결과, 게제니우스의 주장이 타당성이 있다고 여겨 졌다. 영어로 번역된 *Jerusalem Bible*(『예루살렘 성경』, 1966)에 의해 처음 으로 'Yahweh'가 공식 채용되었다. 우리나라에서는 『공동번역』(1977) 에서 처음으로 야훼를 수용했다. '여호와'에 익숙한 한국 기독교인들의 반발로 1993년에 출판된 『표준새번역 성경전서』는 70인역 성서번역 의 전통에 따라 '여호와'를 모두 '주'로 번역했다. 1998년 『개정개역판 성경전서』에는 다시 '여호와'라는 표현으로 환원했다. 2008년 10월 로마 교황청은 성사 문자의 한글 번역을 '주님' 또는 '하느님'으로 표기하 도록 지침을 내렸다.

3) 성서의 고유 신명 야웨는 무슨 뜻인가

야웨 신명의 의미에 관해서도 다양한 주장이 제기되었다. 이 역시 다른 종교의 신명과 달랐다. 출애굽 직전 미디안 광야의 타는 떨기나무 불꽃 가운데서 모세를 불러 자신의 이름과 더불어 그 뜻을 알려주신 것이 기록되어 있다.

나는 곧 나다. 너는 이스라엘 자손에게 이르기를 '나'라고 하는 분이 너를 그들에게 보냈다고 하여라(출 3:14, 표준새번역).

야웨 하나님이 자신의 이름이라고 알려준 "나는 곧 나다"의 히브리어 원어는 "에흐예 아세르 에흐예"(ehyeh asher ehyeh)이다. 수많은 학자들이 이 본문에 야웨 신명의 의미가 함축되어 있을 것으로 여기고 다양한 해석을 제시했다.

우선 본문의 에흐예라는 히브리어는 '하야'(hayah) 동사의 1인칭 단수 미완료 형태라는 것이 확인되었다. '하야' 동사는 영어의 be동사와 의미와 기능이 매우 유사하기 때문에 영어(NRSV)로 "I am who I AM"이라고 직역했고, 이를 보충하려고 각주에 "I will be who I will be", "I am what I am"이라는 번역을 추가했다.

우리말 '나는 ~이다'(I am)라는 표현은 명사형이 아니라 동사형이거나 서술형이므로 여러 해석이 가능한 다의적인 신명이라는 특수성을 가지고 있다. 대부분의 한글 성경에서는 "나는 스스로 있는 자"라고 번역하였고, 표준새번역은 "나는 곧 나"라고 했다. '하야' 동사 원형의 시제를 어떻게 보느냐에 따라 그리고 전후 문맥에 따라 여러 다양한 해석이 제시되었다.

(1) 에흐예를 하야 동사의 현재형 의미로 해석하면 '나는 스스로 있는 자'(I am who I am)가 된다. 70인 역은 이런 의미에서 야웨 신명을 '나는 스스로 있는 자'(ego eimi hymon)로 번역하였고, 그리스 교부들은 이러한 번역에 기초하여 야웨는 자존자(自存者)임을 의미한다고 보았다.

(2) 폰 라트(G. von Rad)는 미래형으로 보면 '나는 스스로 있을 자로 있을 자'(I will be that which I will be)라는 해석이 가능하다고 했다. 따라서

야웨라는 이름의 뜻은 정태적 존재가 아니라 역동적인 존재로서 '행동하는 존재'를 뜻한다고 했다. 그리고 "나의 영원한 이름이요 대대로 기억할 나의 칭호니라"(출 3:15)는 말씀과 관련하여 미래에도 영원히 존재할 자라는 의미를 지닌다. 아울러 이 미래형은 종말론적인 차원도 지니고 있어, 포로기의 예언자들은 야웨를 가리켜 '처음이자 나중'(사 44:6)이라고 했다. 이런 전통에 따라 요한계시록에도 '알파와 오메가'라는 표현이 여러 차례 나온다(계 1:8, 21:6, 13).

(3) 알브라이트(W. F. Albright)는 '하야' 동사를 미완료 사역형으로, "나는 나다"라는 문장은 '나는 존재하게 하는 자'(the one who causes to become), 즉 창조자, 성취자라는 뜻이 된다고 한다. 존 브라이트(J. Bright)도 '나는 존재하게 하는 자'(I causes to be what comes in to existence)로 번역하고, 야웨는 '만물을 존재하게 하는 분'으로서 창조자의 뜻이 된다고 했다.

(4) 마틴 부버는 모세의 질문에 대한 답변으로 "정말로 내가 너와 '함께 있을 것'(에흐예 임카)이다"라고 한 야웨의 동행의 약속(출 3:12, 4:12, 15, 6:7, 33:19)과 관련시켜 '에흐예'를 미래시제로 해석하여 "내가 너와 함께 일을 것이다"(I will be with You)로 번역했다. 모세 사후 여호수아에게 "네가 어디로 가든지 네 하나님 여호와가 너와 함께 하느니라"(출 1:8)고 한 말씀도 이런 맥락에서 이해된다. 그리고 '우리와 함께하는 하나님'이라는 '임마누엘'(사 7:14)이라는 고유명사도 야웨 신명의 의미와 관련성이 있는 것으로 해석된다.

(5) 침멀리(Walther Zimmerli)는 "나는 나 야웨이다"라는 자기소개 문형은 역설적으로 "나 외에 다른 신이 없다"(사 45:5 등)는 야웨의 유일성에 관한 자기 정체성을 밝혀 주는 역할을 한다고 했다. 드보(R. de Vaux)

또한 "나는 나다"를 '나는 참으로 유일하게 존재하시는 분'(I am the truly, only existing One)으로 번역할 것을 제안한다.

(6) 링그렌(H. Linggren)은 "나는 나다"라는 대답이 약간 회피적으로 들린다고 했다. "우리는 여기서 하나님이 자신의 이름을 인간에게 밝혀 주려고 하지 않는 듯한 인상을 받게 된다"는 것이다. 하나님께서 얍복강 에서 야곱과의 씨름하면서 야곱의 요구에도 불구하고 자신의 이름을 밝히지 않은 사례가 있기 때문이다(창 32:29). 갓월드(N. K Gottwald) 역시 야웨의 어원은 완곡한 표현으로 "의도적으로 모호하게 되어 있고 신비 에 싸여 있으며 아마도 그렇게 함으로써 이스라엘의 하나님의 침묵과 신비를 주장하는 것" 같다고 했다.

이처럼 여호와의 이름은 명사적 일의적(一義的) 의미가 아니라 동사 적, 다의적, 서술적 의미를 지니고 있다는 점도 달랐다. 가나안 종교의 바알은 주인, 아스다롯은 아내, 모압의 그모스는 불, 불레셋의 다곤은 물고기, 바벨론의 마르둑은 담력을 뜻한다. 희랍과 로마의 데오스와 제우스는 산스크리트어 div(빛나다)와 deva(빛나는 하늘)에서 유래했으 며 중국의 天이나 우리나라의 하느님은 하늘을 뜻한다. 이러한 신명과 달리 우리가 믿는 여호와 하나님은 한마디의 일의적인 고유명사로 표현할 수 없는 분이라는 사실이 밝혀진 것이다.

5. 역사 속으로 오신 야웨는 무명·익명·미지의 신과 달랐다

구약성서에는 야웨 하나님이 자신의 이름을 명시적으로 알려준 두 번의 역사적 사건이 기록되어 있다고 했다. 하나는 미디안 광야에서

양치기하는 모세에게 찾아가서 자신의 이름이 야웨라는 것을 알리고 "내 백성 이스라엘을 파라오의 압제에서 인도해 내라"고 명하신 사건이다. 모세를 불러서 자신의 이름을 계시하신 하나님은 "내가 너를 바로에게 보내어 너에게 내 백성 이스라엘 자손을 애굽에서 인도하여 내게 하리라"(출 3:9)고 약속한다. 야웨가 모세를 불러 자신의 이름을 알리고 그를 파라오에게 보낸 것은 이집트에서 종살이하던 이스라엘 백성 전체를 해방시켜 그들을 하나님의 백성으로 삼기 위함이라고 한다.

> 너희를 나의 백성으로 삼고, 나는 너희의 하나님이 될 것이다. 그러면 너희는, 내가 주 곧 너희를 이집트 사람의 강제노동에서 이끌어 낸 너희의 하나님임을 알게 될 것이다(출 6:6-7).

야웨 신명의 계시는 판넨베르크가 주장한 것처럼 무시간적 하나님의 존재를 계시한 것이 아니라 출애굽이라는 노예 해방의 역사적 사건을 통해 야웨라는 이름의 하나님은 히브리 노예들의 해방자라는 사실을 알려주기 위함이라고 한다. 히브리 노예들의 하나님 야웨, 노예들의 해방자이신 하나님 예웨라는 고유한 신명 자체에 "다시는 스스로 노예가 되지 말고 다른 이를 노예로 부리지 말라"는 의미를 함축하고 있다.

다른 하나는 하나님의 도우심으로 이집트를 탈출한 히브리 노예들이 홍해를 건너 광야에 진입하였을 그들을 시내산에 모아 모세를 중재자로 계약을 체결하면서 자신의 이름을 야웨라고 명시한 일이다. 야웨 하나님은 해방된 히브리 노예들을 자신의 백성으로 삼기 위해 모세를 중재자로 이스라엘 백성들과 계약을 체결한다. 시내산 계약 조문인 십계명 서문에는 계약의 당사자로서 자신의 이름을 명시한다.

나는 너를 애굽 땅, 종 되었던 집에서 인도하여 낸 네 하나님 여호와니라(출 20:2, 개역개정판).

칼 바르트는 야웨라는 하나님의 이름의 계시는 시내산 계약이라는 특수 상황과 관련되어 있다고 했다. 당시의 종주권 조약의 사례를 보더라도 계약 당사자는 자신의 이름을 명확히 해야 한다. 그러므로 야웨는 계약 당사자로서 자신 이름을 명시한 것이다. 이 시내산 계약을 통해 초기 이스라엘 계약 공동체가 형성된 것이다. 야웨 하나님은 이스라엘 백성과 파트너 관계를 맺으시고 그들을 통해 일종의 대안 국가인 '거룩한 나라 제사장 나라'(출 19:7)를 이루려고 한 것이다. 이처럼 하나님은 그가 택한 이스라엘 백성들과 계약을 맺고 야웨 자신이 계약의 당사자라는 것을 알리기 위해 자신의 이름이 야웨라는 것을 천명하고 이스라엘 백성들이 계약 공동체로서 계약을 의무에 충실하도록 촉구한다.

신이 인간과 계약을 맺는다는 것도 '깜짝 놀랄 일'(출 34:10)이지만, 야웨 하나님이 직접 계약의 당사자로서 자신의 이름을 알리고 신실하게 이 계약 관계를 유지하려고 한다는 것도 다신론적 신화에서는 찾아보기 어려운 특이한 사례다. 그리고 이 계약을 이스라엘 백성이 수시로 어기지만 야웨는 끝까지 이 계약에 신실했다는 것이 구약성서의 한결같은 증언이다.

존 캅은 자신의 이름을 말로 알려 주고 인간이 그에 응답하는 야웨 종교의 하나님과 인간 사이의 특수한 관계를 다음과 같이 설명한다.

야웨의 인간에 대한 관계는 구두(口頭)를 통해서였다. 명령하기도 하고 약속하기도 하면서, … 대화와 복종을 통하여 나타난다. 간단히 말해서

야웨는 보여지는 분이 아니고 들려지는 분이다. [10]

특히 시내산 계약을 통해 하나님은 이스라엘 백성을 이집트의 종살이에서 해방하신 구원자로서 은혜를 베풀었으니, 이스라엘 백성은 하나님과의 계약한 말씀을 순종해야 하는 과제와 의무를 지니게 된 것이다.

절대 타자로서 하나님에 대해서 말로 다 표현할 수 없다 해서 하나님에 대해 침묵할 수는 없는 것이다. 하나님이 우리를 부르시므로 우리는 그의 이름을 불러 응답해야 한다. 그러므로 칼 바르트는 우리가 하나님을 하나의 이름으로 부를 때는 하나님께서 친히 자기 자신에게 붙인 이름을 사용해야만 한다고 했다. 하나님은 자신의 이름을 가지신 분일 뿐더러 자신의 이름을 알려주심으로 그의 이름을 부르게 하고, 그를 찬양하게 하였으며, 그와 계약을 맺을 수 있게 하신 것이다.

철학자들의 무명의 신이나, 신비주의자들의 익명의 신이나, 미래주의자들의 미지의 신은 사유의 대상이 될 뿐 기도와 찬양과 계약의 대상이 될 수 없기 때문이다. 무명의 신, 익명의 신, 미지의 신은 모세를 만나 그의 이름을 불러 주시고, 이스라엘 백성을 만나 계약을 맺는 역사 한 가운데서 그의 이름을 알려주시고, 계약의 파트너가 되어 주시는 하나님과 전적으로 다르기 때문이다. 무역사적이거나 초역사적인 신, 이름이 없는 신을 인격적으로 만나 예배하고 찬양하고 기도하고 동행하는 일은 거의 불가능하기 때문이다.

---

10 J. Cobb, 『존재구조의 비교연구』 (서울: 전망사, 1980), 134.

6. 창세기는 역사적 과학적 사실인가

기독교인들은 오랫동안 "태초에 하나님이 천지를 창조하셨다"(창 1:1)라는 명제를 역사적 과학적 사실로 여겨 왔다. 갈릴레이가 『두 가지 주요 세계관에 관한 대화』(1632)를 통해 지동설을 공개적으로 주장하자, 당시 가톨릭교회는 성경의 천동설과 반대되는 지동설을 수용하면 기독교 신앙이 크게 흔들리게 된다고 생각하여 그를 종신형에 처했다. 그러나 지동설이 기독교의 본질적인 신앙 고백을 흔들어 놓지는 못했다. 이제는 지동설이 반성경적이라고 반대하는 이는 없는 듯하다.

북아일랜드의 어셔(James Ussher) 대주교는 『신구약의 연대표』(1654)에서 구약 창세기와 고문서 등에 대한 연구 결과를 토대로 천지창조의 시점을 '서기전 4004년 10월 23일'이라고 '정확히' 계산했다. 이 날짜는 1710년 영국 국교회에서 공식적으로 인정받았고, 19세기 이전까지는 널리 인정되어 왔다.

어셔와 비슷한 시기에 살았던 종교개혁자 칼빈(칼뱅, 1509~1564)은 성경이 역사적으로나 과학적으로 오류가 있을 수 있다는 것을 인정했다. 창세기는 "하느님께서는 이렇게 만드신 두 큰 빛(maore) 가운데서 더 큰 빛은 낮을 다스리게 하시고 작은 빛은 밤을 다스리게 하셨다"(창 1:16, 공동번역)라고 했다. 칼빈은 달은 빛을 발하는 발광체(maore)가 아니라 반사체라는 당시 과학자들의 주장을 수용하여 창세기의 해당 표현은 과학적 오류라고 했다. 그는 신적 기원을 가진 성경이 문자적 오류 때문에 손상받지 않으며 "하늘의 지고한 신비가 대부분 비천한 말로 표현된 것은 하나님의 특별한 섭리가 없이는 불가능한 일"이라고 했다.

다윈이 『종의 기원』(초판, 1859)을 통해 생물 집단이 여러 세대를 거치면서 돌연변이를 축적해 집단 전체의 특성을 변화시키고 자연선택과 성선택을 통해 새로운 종으로 진화하는 오랜 과정을 거친다는 소위 진화론을 주장하여 큰 충격을 주었다. 여러 생물 종 사이에서 발견되는 유사성을 통해 현재의 모든 종이 이러한 진화의 과정을 거쳐 먼 과거의 공통 조상으로부터 점진적으로 분화되어 생명이 진화하여 왔다는 진화 생물학은 생명의 기원에 관한 가장 그럴듯한 과학적 가설로 널리 인정되었다.

반면 기독교계에서는 이러한 진화론이 기독교의 창조 신관을 부정하며 창조론을 가르치는 성서의 권위에 대한 도전이고, 인간과 동물의 질적 차이를 부정하는 인간의 존엄성을 해치며 생존경쟁과 약육강식을 합리화하는 비도덕성을 조장한다는 이유로 강력하게 반발했다. 진화론을 거부하는 공개 토론과 진화론을 가르치지 못하게 하는 법적 소송을 제기하는 등 진화론에 대한 신앙적인 투쟁을 전개하여 왔다.

1925년 테네시주의 한 시골 고등학교 교사였던 존 스코프(John T. Scopes)가 진화론을 가르쳤다고 하여 100달러 벌금의 유죄 판결을 받은 '원숭이 재판'이 그 대표적인 사례이다.[11] 우리나라에서도 진화론에 관한 법적 공방이 제기되었다. 2012년 교과서진화론개정추진위원회는 "시조새는 파충류와 조류의 중간 종이 아니고 말의 진화 계열은 상상의 산물"이라는 과학적인 증거를 제시하고 교육과학기술부를 대상으로 현행 과학 검인정 교과서 내 관련 자료에 대한 삭제를 청원했다. 그러한 주장의 타당성이 일부 인정되어 해당 교과서를 펴낸 출판사는 여섯 곳의 시조새 관련 부분과 세 곳의 말의 진화에 관한 부분을 삭제하

---

11 선한용, "창조냐? 진화냐? — 창조과학회의 배경과 그 비판을 중심으로," 「기독교사상」 458 (1979. 2.), 58.

기로 결정했다.[12]

　한편으로 진화론을 과학적으로 비판하면서 '지구 나이 6000년설'을 주장한 어셔 대주교의 주장을 더욱 발전시키려는 이들도 생겨났다. 이들은 창세기의 창조에 관한 기록은 역사적으로나 과학적으로 사실이라는 것을 주장한다. 그러나 어셔의 연대기 계산이 정확무오하다는 주장은 성경적으로도 반박이 가능하다. 성경에는 이스라엘 백성의 이집트 체류 기간조차 430년(출 12:40; 갈 3:17)과 400년(창 15:13; 행 7:6)으로 다르게 기록되어 있다. 어느 것이 정확한지 알 수 없음에도 불구하고 어셔는 430년을 취한 것이다. 더구나 어셔 시대에는 지구과학이나 천체물리학과 같은 학문 자체가 없던 시절이었다.

　창조는 창조과학자들의 주장처럼 과학적 사실일까? 빌헬름 딜타이(1833~1911)는 처음으로 인문과학(Human Science)과 자연과학(Natural Science)을 구분했다. 인문과학은 그 대상을 인간의 삶으로 보았고, 자연과학은 자연 현상에 대해 실험과 관찰을 통해 세운 가설을 논증하는 것으로 구분했다. 과학의 역사를 보면 하나의 기존 가설은 새로운 다른 가설에 의해 번복되어 왔다. 따라서 '자연과학적 진리는 번복 가능한 가설'이라는 것이 과학에 대한 과학적 정의다. 과학적 진리가 절대적이라고 맹신하는 것을 과학자들은 '과학적 미신'이라고 한다.

　신학은 어느 쪽에 속할까? 존 맥쿼리(2019~2007)는 신학(theology)은 자연과학이나 인문과학과는 전적으로 다른 '신적 과학'(Divine Science)이라 했다. 신학은 무엇보다도 연구의 대상이 신이고, 신에 대한 인간의 신앙이며, 신에 대한 신앙은 계시와 은총으로 주어지는 것으로 계시와

---

12 "교과서에서 '진화론' 삭제, 시사점은…," 「조선일보」, 2012. 8. 30.

은총을 믿음으로 받아들여 '고백적 삶'을 사는 것이 신학의 목적이라고 본 것이다. 고백적인 삶은 하나님의 뜻에 전인적으로 응답하는 '생활 신앙'이기 때문이다.

자연과학: 우주와 생명의 기원을 실험과 관찰의 방법으로 설명한다.

인문과학: 삶의 체험과 표현을 그 삶의 정황에 비추어 해석한다.

신학: 생명의 새 질서와 영원한 가치를 창조주 신앙에 비추어 고백한다.

성서는 우주와 생명의 기원을 설명한 자연과학의 실험과 관찰의 보고서가 아니며, 삶의 세속적 체험과 표현을 해석한 인문과학의 교과서도 아니다. 사료 비판과 역사 탐구를 통해 과거의 역사를 재구성하여 서술한 객관적인 역사서도 아니다.

저 유명한 구약학자 폰 라드(G. von Rad, 1901~1971)도 "창세기는 신앙 고백이라는 것을 인정해야 한다"고 했다. 세계성서학회(ISBL)와 미국성서학회(SBL)에서도 신앙 고백을 과학으로 논증하려는 창조과학을 사이비 신학으로 간주하고 있으며, 국제과학과종교학회(ISSR)에서는 2017년 창조과학뿐 아니라 지적설계론조차도 "정상적인 과학도 정성적인 신학도 아니다"라는 성명을 발표했다.

사이비 종교가 있듯이 사이비 과학도 있다. 대표적인 사례가 새뮤얼 로보텀(1816~1884)이 시작한 국제지구평면학회(International Flat Earth Society)이며, 이 단체는 한때 학술지를 발간하고 국제학회도 개최했다. 한국에서도 지구평면설을 추종하는 이들이 있는데, 이는 형용모순이다. 영어(Earth)와 달리 '지구'(地球)라는 단어에는 원형을 뜻하는 구(球)라는 단어가 포함되어 있기 때문이다.

그런데 진화론과 창조과학의 쟁점에서 살펴보았듯이, 창조과학자든 진화론자든 저마다 우주와 생명의 기원에 대한 자연과학적 가설을 논증하려고 애쓴다. 그러나 성서적 입장에서 보면 양자는 모두 신학적 비판의 대상이 된다. 진화론자나 창조론자 모두 신앙과 학문, 정확히 말하면 신학과 과학의 대상과 방법을 혼동한다는 비판을 면할 수 없기 때문이다. 양자의 구분에 대해서는 일찍이 갈릴레오가 명확히 지적했음을 기억해야 할 것이다. 그는 성서는 성령의 말씀을 받아 적은 것이고, 자연은 하나님의 명령을 가장 충실하게 집행한 결과물이라고 했다. 그리고 바로니오 추기경의 말을 자주 인용했다.

성령의 의도는 하늘이 이렇게 움직이는가를 가르치는 것이 아니라, 우리가 어떻게 하늘에 갈 수 있는지를 가르친다.[13]

갈릴레오는 성서는 하늘나라에 가는 길을 계시하고, 과학은 하늘이 움직이는 길을 탐구한다고 여겼다. 따라서 전자는 생명의 영원한 가치를 고백하는 것이지만, 후자는 생명의 과학적 기원을 규명하는 것이므로, 양자의 방법과 목적이 서로 다르다는 것을 인정해야 한다는 것이다. 따라서 과학적 환원주의에 입각하여 진화론을 무조건 주장하는 것은 '과학적 문자주의'이고 성경 말씀에 근거하여 창조과학과 지적설계만을 주장하는 것은 '종교적 문자주의'라고 할 수 있다.

---

13 신재식, 『예수와 다윈의 동행』 (서울: 사이언스북, 2013), 103-104.

7. 유신진화론과 창조의 삼중적 의미

1) 샤르댕의 창조와 진화의 병진과 유신진화론

20세기에 접어들면서 진화생물학과 지구과학과 천체물리학이 더 정교하게 다듬어지자, 더 이상 진화론을 부정할 수 없게 되었다. 그래서 일단의 신학자들은 창조론과 진화론을 수용하여 창조주 하나님이 생명의 진화에도 개입하신다는 '진화론적 창조론'을 제시했다. 전통적인 진화론이 무신론의 근거가 된다고 보아 '유신론적 진화론'이라고 한다. 진화론의 도전에 직면하여 진화론과 창조론 양자의 주장을 통섭하는 유신진화론 또는 창조적 진화론은 다음과 같은 전제를 공유한다.

(1) 우주는 약 140억 년 전에 무에서 창조되었다.

(2) 확률적으로 대단히 희박하지만, 우주의 여러 특성이 생명이 존재하기에 적합하게 만들어졌다.

(3) 지구에 처음 생명이 탄생하게 된 경위는 정확히 알 수 없지만, 일단 생명이 탄생한 뒤로는 대단히 오랜 세월에 걸쳐 진화와 자연선택으로 생명적 다양성과 복합성이 생겨났다.

(4) 일단 진화가 시작되면 특별한 초자연적 존재가 개입할 필요가 없다.

(5) 인간도 이 과정의 일부이며, 유인원과 조상을 공유한다.

(6) 그러나 진화론적 설명을 뛰어넘어 정신적 본성을 지향하는 것이 인간의 특성이다. [14]

---

14 앞의 책, 396.

대표적인 신학자는 북경 원인(原人) 발굴에도 참여했던 고생물학자 테야르 드 샤르댕(1881~1955) 신부다. 그는 창조와 진화를 통일시키는 하나님이 계신다고 주장했다.

어떻게 하나님이 (창조와 진화를) 통일시키는 것일까? 하나님은 부분적으로 물질에 스며드심으로써, 원소들이 되고, 그리고 물질 중심부의 지켜보기 좋은 곳에서, 우리가 오늘날 진화라고 부르는 것을 조절하고 이끌고 계시는 것이다.[15]

샤르댕은 무에서 무기체인 물질 현상이 생기고, 물질 현상의 임계점에서 유기체인 생명 현상이 생기고, 생명 현상의 임계점에서 인간의 정신 현상이 생기며, 정신 현상의 임계점에서 공동정신(co-reflection) 현상이 출현했다고 주장하며, 이 네 가지 현상을 하나님의 창조로 설명했다. 이어서 이 네 가지 현상 자체 내에서 다양한 진화가 일어난다고 했다. 물질 현상 자체 내의 무기물에서 아미노산이 생기고, 아미노산에서 단백질이 생성된 것은 진화의 과정이라고 한다. 생명 현상 출현 후 아메바, 원생동물, 무척추동물, 척추동물, 양서류, 파충류, 조류, 포유류, 원인류로 이어지는 생명이 진화하는 과정의 마지막 단계에서 인간의 정신 현상이 창조되었고, 정신 현상으로써 인간이 진화하는 과정에서 예수 그리스도라는 '무차별적 무조건적 이웃사랑의 공동정신'이 출현했다. 이것이 바로 성육신이라는 창조적 사건이라고 설명한다.

따라서 샤르댕은 그리스도 안에서 만물이 창조되었고, 만물의 통치

---

15 테야르 드 샤르댕, 『인간 현상』 (1980, 영역), 322.

자인 그리스도 안에서 만물이 계속 창조되고, 만물의 완성자인 그리스도 안에서 만물이 완성되는 것이므로, 그리스도는 참 신이요 참 인간으로 성육신하셨을 뿐 아니라 참 우주로서 우주적 그리스도(Cosmic Christ)라고 했다. 예수 그리스도라는 공동정신의 출현 이후 인류의 진화의 목표는 모든 인간이 공동정신을 구현하는 것이기 때문에 예수 그리스도가 진화의 정점(Omega Point)이라고 하였다. 샤르댕은 이처럼 창조와 진화가 번갈아 일어났으며,16 창조와 진화의 마지막 정점이 예수 그리스도의 공동정신의 실현이라고 했다.

창조와 진화의 순차적 병진 과정

	창조 과정		진화 과정
↓	물질 현상 출현	→	무기체의 진화
↓	생명 현상 출현	→	유기체의 진화
↓	정신 현상 출현	→	영장류의 진화
↓	공동정신 현상 출현	→	기독교의 전개

창조과학은 최초의 원창조만 무모하게 과학적으로 논증하려고 하고, 진화론은 우연적인 계속적인 진화를 주장하지만, 둘 다 창조의 궁극적인 목적으로 성서가 강조하는 '새 하늘과 새 땅과 새 사람의 실현을 통한 창조의 종말론적 완성'은 설명하지 못하는 약점이 있다. 샤르댕은 진화론의 우연성을 비판하고, 그리스도 출현 이후 인류의

---

16 샤르댕의 시도는 창조와 진화가 순차적으로 번갈아 일어나는 병진 과정을 통해 창조모델과 진화모델을 종합한 제3의 모델을 제시한 것으로 평가할 수 있다.

진화의 목적은 사익(私益)을 추구하는 모든 인간이 그리스도를 본받아 '공익(公益)만을 추구하는 공동정신을 실현하는 새 인간이 되는 것'이라고 했다. 사익을 추구하는 인간은 공익을 추구하는 인간보다 덜 진화된 인간이라는 신앙 고백을 담아낸 것이다.

샤르댕의 이러한 주장은 진화론이 자연 상태의 약육강식과 적자생존의 정글 법칙을 인간 사회에 적용한 허버트 스펜서 등의 사회진화론(Social Darwinism)에 대한 강력한 대안이었다. 사회진화론은 진화론의 가장 큰 부작용으로서 인종차별을 정당화한 히틀러와 강대국이 약소국을 지배하는 것은 사회 발전의 과정이라는 제국주의와 신자유주의가 무한경쟁을 통한 경제적 약육강식을 합리화하는 논리에 사용되었기 때문이다.

최근 작고한 몰트만 역시 샤르댕의 창조적 진화론과 유사하게 창조론과 진화론의 통섭을 위해 3단계 또는 삼중적 창조론을 제시한다. 몰트만은 태초의 창조와 함께 창조의 과정이 시작되었는데, 이 과정은 영원한 창조 안에서 마무리될 것이므로 하나님의 창조를 세 단계로 구분했다.[17]

(1) 태초의 창조: "태초에 하나님이 천지를 창조하셨다"(창 1:1).

(2) 새로운 것의 지속적 창조: "너는 지나간 일을 기억하려고 하지 말며, 옛일을 생각하지 말아라. 내가 이제 새 일을 하려고 한다. 이 일이 이미 드러나 있는데, 너희가 그것을 알지 못하느냐? 내가 광야의 길을 내겠으며 사막의 강을 내겠다"(사 43:18-19).

---

17 J. Moltmann, 『희망의 윤리』 (서울: 대한기독교서회, 2012), 226.

(3) 하나님의 창조의 완성: "보아라, 내가 모든 것을 새롭게 한다"(계 21:5).

몰트만은 이제까지의 기독교의 창조론은 '태초의 창조'만 강조하고 "계속적인 창조와 모든 것을 완성하는 새 창조에 대한 이론을 망각"했다고 비판한다.

태초의 창조는 역사의 가능성을 갖지 못하며 진화가 필요 없는 '완성되었고 완전한 창조'로 설명되었다. 하나님의 형상으로 창조된 사람도 한때 창조되었고 더 이상 진화하지 않은 완성된 존재로 생각되었다.[18]

이러한 주장은 창조에 대한 하나님의 관계를 폐쇄적인 '인과율'로 제한하며 세계에 대한 하나님의 다른 관계와 하나님에 대한 세계의 다른 관계를 간과하게 된다는 것이다. 이 경우에 창조와 구원은 분리된다. 창조가 구원의 준비로 격하되거나 아니면 구원이 태초의 창조를 회복하는 것으로 위축된다.

그러므로 진화론의 열린 자연 인식의 틀에서 창조 신앙과 진화론의 관계를 새롭게 해석할 것을 제안한다. 엄밀한 의미에서 '진화'는 창조 자체와 관계없다. 그것은 창조의 '배열'과 관계하므로 두 개념을 서로 다른 차원에 속한다. 그러므로 창조와 진화 사이에는 아무런 모순이 없다. 진화는 물질과 삶의 체계들이 계속 형성되는 것을 나타낸다. 이런 의미에서 진화는 신학에서 말하는 계속적인 창조와 관계한다는 것이다.

---

18 J. Moltmann, 『창조 안에 계신 하나님』 (서울: 한국신학연구소, 1986), 233.

신학적으로 볼 때 진화론들은 창조의 질서와 그리고 태초의 창조를 뒤따르는 '계속적인 창조'에 해당한다.[19]

창조 세계에 대한 하나님의 유지와 보존과 변형과 성취의 형식들은 미래를 향한 시간의 개방성 가운데 있다. 여기서 미래 개방성은 "창조는 아직 완성되지 않았으며 아직 종국에 이르지 않았다"[20]라는 의미다. 그러므로 계속적인 창조는 원 창조와 새 창조의 사이에 있다고 한다.

무엇보다도 창조를 창세기에 국한하지 않고 성서 전체의 빛에 비추어, 특히 창조를 그리스도론적으로 재조명할 때, 태초의 창조와 함께 시작하여 창조의 역사 속에서 계속되며 모든 것의 새 창조에서 완성되는 그리스도가 지닌 창조의 중재자직을 세 단계로 설명할 수 있게 된다.

1단계: 모든 것의 원창조(*creatio originalis*)의 근거로서의 그리스도
2단계: 계속되는 창조(*creatio continua*)의 원동력으로서의 그리스도
3단계: 창조의 완성인 종말론적 새창조(*creatio nova*)의 구원자로서의 그리스도

그러므로 창조를 태초에 하나님께서 천지와 인간을 창조하신 '원래적 창조'와 그 후로부터 지금까지 하나님의 섭리하시고 주관하시는 '계속되는 창조'와 마지막 날에 이루어질 창조의 궁극적 목적으로서 새 하늘과 새 땅의 실현이라는 '새로운 창조'의 세 단계로 설명해야 한다는 것이다.

---

19 앞의 책, 250.
20 앞의 책, 237.

현대 신학에서 계속적인 창조를 주장하는 이유는 종교개혁자들이 창조론과 더불어 섭리론을 주장했기 때문이다. 특히 17세기 루터교 신학에서는 하나님의 섭리를 '창조의 보존, 협동, 조정'의 의미로 이해했다. 그래서 하나님의 섭리가 바로 하나님의 계속적인 창조이며, 계속적인 창조가 바로 진화의 신학적 의미라고 수용한 것이다. 과학적 진화론에서는 빅뱅과 같은 최초의 사건과 계속되는 진화를 주장하고 우주의 계속되는 팽창을 가설로 제시하지만, 진화의 궁극적인 목표는 설정하지 못한다. 목적 없는 진화론은 생명의 궁극적 목적에 기초한 생명의 가치를 제시하지 못하는 결정적인 약점이 있다. 따라서 몰트만은 성서의 창조 신학은 폐쇄적인 것이 아니라 미래를 향해 열려 있는 개방체계로 봄으로써 원 창조 이후 계속되는 창조는 창조의 마지막 목표인 새 하늘과 새 땅의 창조의 완성을 지향하고 있으므로 진화론의 비판을 비켜 가고 진화론의 약점을 보완하는 것으로 보았다.

무엇보다도 성서는 창조를 과거에 일회적으로 일어난 사건으로 다루지 않는다. 하나님의 창조 사역은 태초에 일어났을 뿐만 아니라 오늘도 계속되고 있는 하나님의 행동이라 할 수 있다.

주님은, 들짐승들이 뜯을 풀이 자라게 하시고, 사람들이 밭갈이로 채소를 얻게 하시고, 땅에서 먹을거리를 얻게 하셨습니다. … 주께서 주의 영을 불어넣으시면, 그들이 다시 창조됩니다. 주께서는 땅의 모습을 다시 새롭게 하십니다(시 104:14-30).

이처럼 현대 신학자들이 주장하는 '창조의 삼중적 의미'는 진화론뿐 아니라 창조론과 종말론까지도 창조론적 관점에서 통합한 것이므로

'유신진화론'이라기보다 '새로운 창조신학'이라고 해야 한다.

창조과학자들의 주장처럼 창세기는 우주와 생명의 기원에 관한 역사적 과학적 사실을 설명한 것이 아니다. 앞에서 살펴본 것처럼 창세기가 바벨론 포로민이었던 당시의 독자에게 전하려고 했던 메시지는 창조주 하나님이 천지와 인간을 창조하였으므로, 바벨론 신화처럼 어떤 자연 현상이나 인간을 신으로 숭배하거나 두려워하지 말라는 신앙이었다. 그리고 창조주 하나님께서 포로 생활과 같은 생명을 위협하는 혼돈과 공허와 암흑에 벗어나도록 "예루살렘을 기쁨이 가득한 도성으로 창조하고, 그 주민을 행복을 누리는 백성으로 창조"(사 65:18)하신 분이며, 인간은 강제 노동을 위해 반역자의 피로 창조한 것이 아니라 하나님의 생기로 하나님의 안식에 참여하도록 창조되었으니, "다시는 노예처럼 강제노동을 당하지도 말고 다른 사람을 강제노동에 동원하지 말라"는 믿음을 전승한 것이다. 그래서 폰 라드는 "창세기는 신앙 고백이라는 것을 인정해야 한다"고 한 것이다.

이런 점에서 롤랑 바르트가 『현대의 신화』에서 제시한 관점에서 보면 창세기는 조작된 신화 속에 숨겨져 있는 고대 근동의 제국종교의 지배 이데올로기를 파악하고 이를 탈신화화한 사례라 할 수 있다.

제 2 장

인간을 지으신 하나님,
신화적 인간관과
달랐다

1. 모든 남녀가 하나님 형상, 이집트 신화와 달랐다
2. 하나님의 생기로 창조, 바벨론 신화와 달랐다
3. 돕는 남녀로 창조, 고대 근동의 성적 제의와 달랐다

1. 모든 남녀가 하나님 형상, 이집트 신화와 달랐다

창세기에서는 인간 창조에 대하여 "하나님이 자기 형상, 곧 하나님의 형상대로 사람을 창조하시되 남자와 여자를 창조"(창 1:27)했다고 한다. 놀랍게도 십계명의 제2계명은 신의 형상을 만들지 못하게 금하고 있다. 위로 하늘에 있는 것이나 아래로 땅에 있는 것이나 땅 아래 물속에 있는 것의 아무 형상이든지 만들지 못하게 한 것이다(출 20:4). 그럼에도 불구하고 창세기에는 인간에게만 하나님의 형상이 부여되었다고 한다.[1]

도대체 신의 형상(*Imago Dei*)이 무엇인가? "우리의 형상을 따라 우리의 모양대로 우리가 사람을 만들고"(창 1:26)라는 구절에 나오는 히브리어 '형상'(zalem)과 '모습'(demuth)은 각각 라틴어로 '이마고'(*imago*)와 '시밀리투트'(*similitude*)로 번역되었다. 이레네우스(Irenaeus) 이래로 양자의 의미를 구분하여, 형상은 이성과 양심과 같은 인간의 자연적 특질을, 모습은 초자연적 은총을 통해 주어지는 영적 차원을 말한다고 했다. 그러나 형상과 모습은 동의어의 반복을 통해 내용을 강조하는 독특한 히브리 어법이지 내용적으로 서로 다른 특징을 지칭하는 것이 아니라고 성서학자들은 말한다.

---

1 허호익, 『현대조직신학의 이해』 (서울: 대한기독교서회, 2000). 이 주제에 관한 자세한 내용은 제2장 "하나님의 형상론의 관계론적 이해" 참고.

칼빈은 하나님의 형상은 인간에게만 주어진 이성과 양심과 같은 내적, 정신적, 영적 특징뿐 아니라 인간의 외형적, 신체적 유사성까지 포함한다고 했다. 구약성서 시대에는 인간의 육체적인 영역과 영적인 영역을 이처럼 날카롭게 구분하지 않았으므로, 하나님의 형상은 영육을 포함하는 인간의 전인성(全人性)을 표상하는 것으로 보인다.

19세기 이후 고고학적 발굴 결과 성서 외의 고대 근동 여러 고문서에서도 형상으로 번역된 히브리어 '첼렘'(צֶלֶם)과 유사한 단어가 폭넓게 사용된 것이 확인되었다. 루터나 칼빈조차 알지 못했던 성서 이외의 고대 문서의 용례와 의미가 밝혀짐으로써 '하나님의 형상'에 대한 전통적인 해석에 대한 재고가 불가피했다.

베스트만(C. Westermann)은 이집트의 궁정 문서에 왕 파라오를 태양신 '레의 형상'(image of Re)이라 표현한 것이 빈번히 등장한다고 했다.[2] 쉬미트(W. H. Schmidt)에 의하면 이집트 제4왕조(서기전 2600~2450년경) 때부터 왕은 태어나면서부터 신의 아들로 임명되고, 왕으로 즉위함으로써 신성을 획득하여 '신의 형상을 지닌 신의 대리자'로 통치하다가, 죽는 순간 완전한 신이 된다고 믿었다고 한다.[3]

한편, 왕들이 몸소 행차할 수 없는 변방일 경우, 그곳 역시 왕의 통치 영역이라는 것을 표시하기 위해 '왕의 동상'을 세웠는데, 이를 '왕의 형상'이라고 했다. 변방 지역에 왕이 통치의 대리자인 봉신(封臣)을 임명할 때도 왕의 형상을 그곳에 보내어 그 지역이 왕의 통치 영역이며, 봉신은 왕의 통치의 대리자임을 알리게 했다.

---

2 C. Westermann, *Genesis 1-11*, tr. J. J. Scullion (Mineapolis: Augsburg Pub., 1984), 152-153.
3 W. H. Schmidt, 『역사로 본 구약성서』 (서울: 나눔사, 1988), 272-273.

이러한 이집트 고문서의 여러 용례가 알려지면서 '신의 형상'은 "신의 통치를 대리하는 자요 신의 영광을 반사하는 자"를 뜻하며, 당시에는 신적 지위를 누리는 왕에게만 적용되는 용어였음이 밝혀졌다.[4]

1) 고대 근동 신화들에서는 파라오와 같은 왕만이 신의 형상을 독점했다. 이집트에서는 왕 한 사람만이 신의 형상을 지닌 자로 신처럼 행동했으며, 이 절대 권력자에 의해 이스라엘 백성들은 노예와 같은 처지가 되었다. 이런 배경에서 창세기는 '왕만이 신의 형상'이라는 제국 종교의 '인간 불평등 기원 신화'를 뒤집는 새로운 인간관을 고백한다. 왕만이 아니라 모든 인간이 동등하게 하나님의 형상으로 창조된 신의 대리자라는 선언이다. 이는 사람이 사람을 지배할 수 없다는 인류 최초의 '인간 평등 기원론'이다.

중세까지 "여자에게도 영혼이 있는가" 하는 질문이 제기되었던 것으로 보아, 남자뿐 아니라 여자들도 모두 하나님의 형상으로 창조되었다는 창세기의 선언은 인류 역사 최초의 '남녀 평등'의 혁명적인 신앙 고백이라고 여겨진다. 남녀가 모두 하나님의 형상으로 창조되었다는 창세기의 기록은 가부장적 남녀 차별을 거부하는 신학적 페미니즘의 주요한 근거로 논의된다.

2) 고대 근동에서 신의 형상은 '신의 통치의 대리자'라는 뜻으로 사용되었다. 이는 왕만이 신을 대신하여 모든 인간을 다스릴 수 있도록 위임 받았다는 제국종교의 통치 이데올로기이다. 그러나 성서는 남녀

---

4 W. H. Schmidt, *Die Schöpfungsgeschichte der Priesterschrift*, Neukirche, 2 Aufl (1967), 139.

모든 인간에게 하나님의 피조 세계를 다스릴 수 있도록 위임되었다고
한다. 하나님은 "그들에게 복을 주시며 생육하고 번성하여 땅에 충만하
라. 땅을 정복하라. … 모든 생물을 다스리라"(창 1:28)고 명했다. 어거스
틴은 하나님이 인간을 자기 형상으로 창조한 후 동물을 다스리게 한
것은 "사람이 사람을 다스리지 말고 짐승들을 다스리라고 한 것"이라고
해석했다.

3) 신의 형상은 또한 '신의 영광의 반사자'라는 의미로 통용되었다.
신의 형상을 지닌 왕은 땅에서 신과 같이 숭배를 받으며 부귀와 영화를
누렸다. 그러나 창세기는 왕들만이 온갖 특권을 누리며, 존귀와 영광을
누리는 것이 아니라고 선언한다. 하나님의 형상을 지닌 남녀 모든 인간
이 동등한 권한과 영광을 누리며, 억압과 착취의 위협 없이 평등하고
민주적인 생명의 새 질서 속에서 살도록 창조된 것이라고 한다. 그래서
시편에서는 "저를 천사보다 조금 못하게 하시고 영화와 존귀로 관을
씌우셨나이다"(시 8:5)라고 노래한다.

4) 하나님의 형상으로 창조되었다는 것은 인간의 인권과 그 존엄성
의 신적인 기원을 표상한다. 하나님의 형상을 지닌 인간을 해치는 것은
모든 인간에게 주어진 하나님의 형상 자체를 해치는 것이며 자신의
형상을 주신 하나님에 대한 도전이기 때문이다.

무릇 사람의 피를 흘리면 사람이 그 피를 흘릴 것이니, 이는 하나님이 자기
형상대로 사람을 지었음이니라(창 9:6).

성서는 가난한 자를 학대하거나 무고한 사람의 피를 흘리는 것은 하나님에 대한 반역이요, 그것 자체가 신성모독이라고 하였다(잠 14:31 등). 그들 모두가 하나님의 영광을 반사하는 존귀한 존재이기 때문이다. 하나님의 형상을 지닌 인간에게는 자기 자신의 생명을 파괴할 권리나 다른 사람의 생명을 함부로 해칠 권리가 없다는 것도 거듭 강조되고 있다(창 4:10, 9:6; 출 20:13; 신 5:17).

5) 하나님의 형상은 또한 하나님과의 관계의 능력이기도 하다. 인간이 하나님의 형상을 지녔다는 것은 인간이 하나님과의 인격적 관계를 맺을 수 있는 존재로 창조되었다는 의미다. 칼 바르트는 하나님의 형상을 관계의 유비(*analogia relationis*)로 해석했다. 하나님의 축복으로 주어진 은사인 하나님의 형상을 통해 인간은 하나님과의 수직적 사귐, 인간과의 수평적인 사귐, 세계와의 순환적 사귐을 가질 수 있게 되었다. 따라서 본회퍼는 하나의 관계가 단절되면 다른 관계도 단절된다고 했다. 하나님을 잃으며 형제를 잃고, 하나님이 없고 형제를 잃으며, 인간은 대지(자연)를 잃는다. 역으로 인간이 대지를 상실하면 하나님과 형제를 상실하기 때문이다.

하나님의 형상을 가진 인간은 마음과 뜻과 정성을 다하여 하나님을 사랑하고, 이웃을 자신의 몸과 같이 사랑하고, 세계를 다스리고 돌보는 과제를 수행해야 한다. 하나님은 인간에게 자기 형상을 주심으로 하나님의 영광의 반사자로 축복하시고 하나님의 통치의 대리자로서의 과제를 주신 것이기 때문이다.

2. 하나님의 생기로 창조, 바벨론 신화와 달랐다

창세기 2장에서는 하나님이 흙과 하나님의 입김인 생기로 인간을 창조했다고 한다.

여호와 하나님이 흙으로 사람을 지으시고 생기를 그 코에 불어넣으시니 사람이 생령이 된지라(창 2:7).

인간이 흙으로 창조되었다는 것은 동서양을 막론하고 널리 퍼져 있는 인간 창조 설화의 공통적인 내용이다. 중국의 창조 설화인 〈여와설화〉에도 흙으로 인간을 빚었다는 기록이 나온다. 흙으로 인간을 빚었다는 신화는 주로 토기를 빚어 생활한 신석기 시대의 문화적 배경에서 비롯된 것이다.

1) 기원전 7세기에 건립된 니느웨(이라크 티그리스 강변)의 아슈르바니팔 왕궁 서고에서 12개의 점토 서판이 출토되었다. 1862년에 영국의 조지 스미스가 이를 번역하였는데, 놀랍게 흙으로 인간을 창조했다는 바벨론 신화 〈에누마 엘리쉬〉가 포함되어 있었다. 이로 인해 성경의 창조 설화는 바벨론 신화를 모방한 것이라는 주장과 함께 '바벨-바이블(Babel-Bible) 논쟁'이 일어났다. 그러나 〈에누마 엘리쉬〉와 창세기를 자세히 비교 분석해 보면 둘 사이의 형식적 유사성이 있지만, 본질적 내용은 전혀 다르다는 사실을 알 수 있다.

〈에누마 엘리쉬〉의 여섯째 서판에 보면 상급신들은 노동하지 않는 반면 자신들만 노동을 담당하는 것에 불만을 품어온 하급신들이 소란을 일으키자, 반역자 킨구(Kingu)의 피와 흙으로 인간을 창조하여 하급신들의 노동을 대신하게 한 것을 묘사하고 있다. 신들의 왕 마르둑은 지혜의 신 에아(Ea)에게 "사람을 만들어 (하급) 신들의 노역을 감당시키고 그들을 쉬게 합시다"라고 상의한 후, 티아맛의 아들 킨구가 전쟁을 선동한 반역자라 하여 그의 피로 사람을 만들었다고 한다.

> '싸움을 시작한 이는 킨구입니다.
> 티아맛을 선동하고 전쟁을 일으킨 이입니다.'
> 그들은 그를 묶어 에아에게 데려왔다.
> 그에게 처벌을 내려, 그의 피를 흘렸다.
> 그의 피로 사람을 만들었다.
> (하급) 신들의 노역을 감당시키고, 신들을 쉬게 했다.[5]

2) 바벨론 신화 〈길가메쉬 서사시〉에도 비슷한 내용이 등장한다. 이기기(Igigi)라는 하급신들이 강제노동에 시달리다 못해 바람의 신 엔릴(Enlil) 집 앞에서 연장을 태우며 항의한다. 산파신인 닌투로 하여금 반역을 주도한 하급신들의 우두머리 웨일라를 죽이고, 그 살과 피와 흙을 섞어 인간을 만들어 인간에게 하급신의 노동을 대신 담당하게 한다.

> 그녀(벨레트-일리)가 인간적인 사람을 만들어서
> 그 사람이 이 멍에를 지게 합시다.

---

5 안성림 · 조철수, 『사람이 없었다 신도 없었다』 (서운관, 1995), 133.

그가 멍에를 지고, 신들의 노역을 맡게 합시다. …

그들의 모임에서 지능이 있는

신 웨일라(We-ila)를 잡아 죽였다.

닌투는 그의 살과 피에 찰흙을 섞었다.[6]

바벨론 신화의 출현으로 창세기 2장의 인간 창조 이야기는 바벨론 포로기의 경험이 반영된 것이라는 사실이 밝혀졌다. 바벨론 포로기에 활동한 이사야는 바벨론의 폭군이 꼬꾸라지고 하나님께서 이스라엘 백성들을 "강제노동에서 벗어나서 안식하게 하실 때"(사 14:3)가 올 것을 희망했다. 이러한 희망이 반영되어 인간은 하급신들의 강제 노역을 대신하기 위하여 창조된 것이 아니라 하나님의 생기로 창조되어 하나님의 안식에 참여하고 누리며 살아가는 존재로 창조되었다는 창조 신앙이 창세기 2장의 형태로 고백된다.

무엇보다도 창세기는 하급신들의 강제 노동을 대신하기 위해 반역자의 피와 흙으로 인간이 창조되었다는 바벨론 신화의 조잡한 지배 이데올로기를 거부한다. 강제 노동이 아니라 하나님의 안식에 참여하도록 하나님께서 인간을 창조했다고 고백한 것이다. 그래서 창세기에는 일곱째 날에 "하나님이 그 창조하시며 만드시던 모든 일을 마치시고 그날에 안식하셨다"(창 2:2)고 한다. 그리고 포로 후기에 최종 편집된 십계명에도 "엿새 동안 힘써 일하고 일곱째 날은 안식하라"는 계명이 포함된 것이다.

---

6 앞의 책, 160-163.

엿새 동안은 힘써 네 모든 일을 행할 것이나 일곱째 날은 네 하나님 여호와의 안식일인즉 너나 네 아들이나 네 딸이나 네 남종이나 네 여종이나 네 가축이나 네 문안에 머무는 객이라도 아무 일도 하지 말라(출 20:11).

고대 사회에는 노예에게 휴일이 없었다. 성서는 처음으로 일주일의 하루는 무조건 쉬게 하는 노동금지일을 정했다. 안식일의 창조의 질서이며 하나님의 계명으로 전승되어 오다가 기독교가 공인된 후 로마 제국의 콘스탄티누스 황제에 의해 321년 유대교의 토요일 대신 일요일이 법적 공휴일로 확정되어 전 세계로 퍼져 나간 것이다. 6일 동안 일하고 하루는 쉬게 한 것은 성서가 인류 역사에 끼친 큰 공헌 중 하나다.

3) 바벨론 신화와 달리 성서는 인간에게 반역자의 피가 흐르는 것이 아니라 하나님의 영적 생명의 기운이 넘쳐 나는 존재라는 점을 고백한다. 인간이 하나님의 생기에 따라 생령(living spirit)이 되었다는 것은 인간의 생명의 궁극적 근원은 하나님이라는 의미다. 하나님의 생기로 창조된 인간은 하나님이 그 생기를 거두어 가시면 더 이상 생존할 수 없다. 인간의 생명이 그 호흡에 달려 있기 때문이다(사 2:22; 시 104:29). 인간의 생명뿐 아니라 영적인 존재로서 인간의 삶의 궁극적 가치도 전적으로 하나님에게 달려 있다. 하나님을 떠나서는 인간은 자신의 고유한 영성을 유지하지 못한다. 하나님은 인간에게 생명의 영원한 가치를 부여하여 주신 것이기 때문이다.

인간이 하나님과 영적, 생명적 관계를 바르게 정립할 때 인간은 비로소 생령, 즉 새롭고 풍성하고 영원한 생명력이 넘치는 영적 존재가 되는 것이다. 하나님이 생명을 주셨기 때문에 하나님을 떠난 상태,

하나님과 무관한 삶을 사는 것이 생명의 죽음으로 상징된다.

창세기는 인간이 죽으면 그 육신은 흙이므로 흙으로 돌아간다(창 3:19)는 점을 겸허하게 받아들인다. 이는 당시의 이집트의 절대 군주들이 영원 불사의 신성에 도달하기 위해 육신을 방부제 처리하여 '미라'로 만드는 관습에 대한 비판의 뜻을 담고 있다. 범죄한 인간이 죽어 흙으로 돌아가지 아니하려는 오만에 대한 항거이기도 하다.

3. 돕는 남녀로 창조, 고대 근동의 성적 제의와 달랐다

창세기 2장에는 또 다른 인간 창조 이야기가 기록되어 있다.

사람의 독처하는 것이 좋지 못하니 내가 그를 위하여 돕는 배필을 지으리라. … 여호와 하나님이 아담에게서 취하신 그 갈빗대로 여자를 만드시고 (창 2:18, 22).

사람이 홀로 있는 것이 좋지 않다고 하신 것은 인간은 서로 돕고 더불어 사는 사귐의 존재로 창조되었음을 뜻한다. 하나님은 남자와 여자를 만드셨을 뿐만 아니라 그들 사이의 특수한 배필의 관계 자체를 창조했다. 남녀가 서로 돕고 의지하는 것이 인간 창조의 의미라는 것이다.

1) '돕다'라는 단어 '에제르'(ezer)는 구약성서의 특수한 용어로 "하나님이 나를 돕는다"(시 54:4, 121:1-2)는 의미로 사용되었다. "에벤 에셀(여기까지 도우시다)의 하나님"(삼상 7:12)이라는 복합 신명이 사용될 정도로 이스라엘 백성에 대한 하나님의 도우심을 표현하는 용어로 주로 사용되

었다. 하나님의 도우심은 무조건적이며 끝까지 온전하게 돕는 것이다. 인간이 동료 인간인 배우자를 하나님이 이스라엘 백성을 도우시듯 무조건적으로 끝까지 온전하게 도움으로써 더불어 사는 책임을 완수해야 한다.

2) 배필은 '짝'이라는 뜻으로 대등한 위치의 파트너를 말한다. 남자와 여자는 서로 동등한 위치에서 서로 돕는 보완의 관계로 창조된 것이다. 남자와 여자가 성은 다르지만 상하 관계가 아닌 수평적인 관계로 지음 받았다. 여자를 남자의 소유물로 여기던 당시로서는 전향적인 남녀관이 아닐 수 없다.

고대 신화에서는 원래 남녀는 한 몸으로 창조되었는데 어쩌다 둘로 쪼개졌다는 반쪽 신화가 주류이다. 반쪽 신화의 기본 정서는 자신의 반쪽을 찾아서 도움을 받아 자신의 부족을 보충하여 비로소 하나가 된다는 것이다. 반쪽 신화는 결혼을 통해 배우자의 도움을 받으려는 이기적인 동기가 깔려 있다. 동서고금의 모든 결혼 당사자들은 이런 반쪽 신화에 근거하여 배우자로부터 보다 많은 도움을 받으려고 하니 자연적으로 객관적인 조건을 따지게 되는 것이다. 그러한 외적 조건들은 모두 상대적인 것이다. 결혼의 필요조건은 되겠지만, 절대조건은 될 수 없다.

그런데 성경은 이러한 반쪽 신화의 이기적인 결혼관을 근본적으로 뒤집는다. 결혼은 하나님이 택하여 정해 준 배우자를 하나님 대신하여 '일생에 도움이 되지 않더라도' 끝까지 온전히 도우라고 짝지어 준 것이므로 인간이 가를 수 없다는 것이다. 이러한 기독교 결혼관이 잘 반영된 결혼 서약서에는 "가난하거나 병들거나 끝까지 보호하고 돌보고 사랑하겠다"고 다짐한다.

결혼을 비롯한 모든 인간관계의 비극은 인간이 동료 인간을 자신의 이기적인 욕구를 충족시키려는 도구로 여기는 데서 비롯된다. 돕고 보살피고 협력하는 대상으로 보지 않고, 경쟁하고 억압하고 착취하는 대상으로 보기 때문이다. 창세기는 인간이 '만인을 위한 만인의 투쟁'을 위하여 창조된 것이 아니라 남녀를 비롯한 모든 인류가 서로 돕고 더불어 살도록 창조한 것임을 선포한 것이다.

3) 왜 하필 갈빗대인가? 수메르어로 갈빗대(ti)는 '생명'(til)이라는 뜻이 들어 있다. 갈빗대는 심장을 보호하는 주요한 기능을 하기 때문에 그 돕는 배필의 표상일 수도 있다. 남자의 갈빗대로 여자가 만들어졌다는 구절을 남녀 불평등의 창조론적 근거로 제시되기도 한다. 그러나 그것은 잘못된 해석이다. 갈빗대는 여자를 만든 재료를 가리키는 것이 아니다. 그렇다면 흙으로 만들어진 남자는 갈빗대로 만든 여자보다 더 부실하고 천한 존재가 되고 만다.

잠이 깬 아담이 하와를 보고 "내 뼈에서 나온 뼈요, 내 살에서 나온 살이로구나!"(창 2:23, 공동번역)라고 환호한 것과 관련하여 보면 갈빗대가 표상하는 것은 남녀가 살을 섞는 생명의 사귐을 함축한다. 남녀 차별을 의미하는 것이 아님이 분명하다. 남녀가 성을 매개로 한 '생명의 사귐'이라는 배타적이고 절대적이고 책임적인 사귐을 통해 출산과 육아라는 하나님의 신비한 창조의 사역에 동참하여 생육하고 번성하는 축복을 누리는 것이며, 부부의 정과 가정의 화목을 나누는 환희의 기쁨을 만끽한다.

그러나 고대 근동의 풍요와 다산의 자연종교는 모두 성을 신성시하고 성관계를 제의적인 차원으로 숭배했다. 신들도 모두 배우자가 있었다. 이집트의 오시리스와 이시스, 바벨론의 탐무즈와 이쉬타르, 가나안의 엘과 아세라, 바알과 아스다롯은 각각 남녀 신으로 배우자 관계를 맺고 있다.[7]

특히 가나안 종교에서는 신은 본성상 성적인 존재라 생각했다. 성이 신의 영역까지 부상한 것이다. 풍요와 다산은 전적으로 바알신과 그의 배우자 신인 아스다롯 사이의 성적 관계에 달렸다고 생각했다. 바알과 아스다롯의 거룩한 결혼 의식을 재연함으로써 생식력과 번식력이 유감(類感)과 모방의 주술적인 방법으로 보장받을 수 있다고 믿었다.

당시 가나안 바알 종교의 신전에서는 성적 의식을 통해 그들의 신들을 예배했다. 신전 창기와의 제의적 매음이 제도화되어 음란하게 신들을 섬기고 있었다(호 4:14). 남자는 바알, 여자는 아스다롯과 동일시되어 신전 매음 행위를 벌였다. 이와 같이 남녀가 바알과 그 배우자의 성행위를 모방함으로써 풍요와 다산의 축복을 누린다고 여겼다.

이스라엘에 있어서 성적 양극성은 피조된 것이며 하나님의 창조 질서에 속하는 것이지 신성한 신적 질서가 아니었다. 야웨 종교에서는 신은 성을 초월하는 존재다. 본질상 성적 구분도 없고 성적 의식으로 예배해서도 안 된다. 히브리어에는 여신이라는 단어 자체가 없었다. '야웨 대 바알'이라는 말에서 가장 쟁점이 된 것은 이러한 성에 대한 의식의 차이였다.

4) 창세기는 당시의 성의 신화와 성적 제의와 같은 성속(性俗)을

---

7 B. W. Anderson, 『구약성서의 이해 I』(분도출판사, 1983), 52, 170-171.

거부하고 혁명적인 '성(性)의 비신성화(非神聖化)'를 선포하였다. 그렇지만 성을 부정적으로 생각하지 않고 오히려 성을 하나님에 의해 창조된 순수한 환희의 극치로 고백한다.

당시 평균적 의식으로 여성은 단순히 생식과 출산의 도구에 지나지 않았다. 남성의 성적 방종과 여성에 대한 성적 억압과 착취는 풍요와 다산의 성적 제의와 신화의 이름으로 합리화되었다. 여성은 많은 경우 자녀의 출산을 위한 씨받이에 지나지 않았다. 아이를 낳지 못한 많은 여인들이 남편의 박대와 고통 속에서 살았다.

그러나 창세기는 성은 쾌락과 출산의 도구가 아니라 하나님이 주신 생명의 기쁨을 함께 나누는 인격적이고 책임적인 관계인 것을 선언한다. 성은 "생육하고 번성하라"는 하나님의 명령을 수행하는 축복의 통로인 것이다. 따라서 성서는 신혼부부에게 징병조차 미루게 했다.

> 사람이 새로이 아내를 취하였거든 그를 군대로 내어보내지 말 것이요 무슨 직무든지 그에게 맡기지 말 것이며 그는 일 년 동안 집에 한가히 거하여 그 취한 아내를 즐겁게 할지니라(신 24:5).

아가서(7:1-9)에서 솔로몬은 여인을 왼손으로 머리에 베게 하고 여인의 육체의 아름다움을 묘사하는 "네 유방은 포도송이 같고 네 콧김은 사과 냄새 같고 네 입은 좋은 포도주 같을 것"이라고 표현할 정도다. 고린도전서의 "남편은 그 아내에게 대한 의무를 다하고 아내도 그 남편에게 그렇게 할지라"(7:3) 등의 말씀은 부부의 성행위는 '나보다는 상대를 더 즐겁게' 하는 배우자 섬김의 표현이 되어야 한다는 뜻으로 이해된다. 이처럼 건강한 성관계는 배우자를 서로 섬기는 행위일 경우 하나님의 아름다운 창조의 은총인 것을 고백한다. 그뿐만 아니라 부부의 정이 야말로 하나님이 주시는 최대의 행복이며 기쁨의 선물이라는 것이 성서의 일관된 가르침이다.

기독교 이단이었던 영지주의자들은 모든 물질이 악하기 때문에 육체는 악의 근원이며 죄악의 통로라고 생각했다. 그러나 성경은 분명히 하나님이 창조하신 것은 모든 것이 선하다고 말하고 있다. 그러므로 하나님의 창조물 가운데 하나인 성(性)도 아름답고 신성한 것이다.

이제까지 살펴본 창세기의 인간 창조 이야기는 왕만이 신의 형상이라는 이집트 신화와 달리 모든 남녀가 하나님 형상으로 창조되었다고 하였으며, 하급신의 강제노동을 대신하기 위해 반역자의 피로 창조되었다는 바벨론 신화를 뒤집어 하나님의 생기로 하나님의 안식에 참여하기 위해 창조되었다고 했다. 그리고 남녀는 서로 돕는 배필로 창조되었다고 한다. 당시의 관점에서 보면 이는 조작된 이집트와 바벨론 신화를 탈신화화하는 작업이었고 지배 이데올로기로 각색된 신화적 인간관을 뒤집어 전향적인 인간관을 제시한 재신화화의 시도였다. 이는 롤랑 바르트가 『현대의 신화』에서 분석한 것처럼 조작된 신화 속에 숨겨져 있는 지배 이데올로기를 파악하고, 이를 탈신화화하고 재신화화한 이스라엘 공동체의 독특한 신앙 고백으로 여겨진다.

제 3 장

하나님이 창조한 세계, 자연 숭배 신화와 달랐다

1. 천체는 하나님의 피조물, 숭배의 대상이 아니다
2. 인간에게 위임된 자연, 자연이 인간의 운명을 지배하지 못한다
3. 자연을 돌보라, 자연 숭배나 자연 정복과 다르다

1. 천체는 하나님의 피조물, 숭배의 대상이 아니다

창세기의 창조 신앙은 단호하게 "하나님이 두 큰 광명을 만드사 큰 광명으로 낮을 주관하게 하시고 작은 광명으로 밤을 주관하게 하시며 또 별을 만드셨다"(창 1:16)고 선포했다.

고대 근동 문명권에서는 예외 없이 천체(天體)를 숭배하여 신격화했다. 이집트에서는 태양신 라(Ra 또는 Re)와 달의 신 토트(Toth)를 숭배했다. 수메르에서는 최고신 아누(Anu)도 태양신이며 달의 신은 난나(Nana)였다. 신이라는 보통명사 딩기르(Dingir)는 '밝은, 빛나는'이라는 뜻이다. 로마의 제우스(Zeus, Dios, Deos) 역시 '밝은, 낮(dies), 비추다(div)'를 의미한다.[1]

1) 구약성경의 저자들이 하늘을 비롯한 해와 달과 별 등의 천체나 자연 현상에 대한 '의식적인 탈신화화'를 수행했다.[2] 태양신 아누와 달의 신 난나의 신격(神格)은 탈락되고 의도적으로 인간을 비추는 '큰 빛과 작은 빛'이라고 표현함으로써 천체 숭배를 거부한 것이다. 그리고

---

1 M. Eliade, 『종교형태론』 (서울: 한길사, 1996), 129, 145, 162. 엘리아데는 최초의 신은 천신이었다고 한다.
2 주원준, 『구약성경과 신들』 (서울: 한님성서연구소, 2012), 49.

해와 달을 사람들의 숭배를 받기 위한 존재가 아니라 낮과 밤을 비추어 사람들에게 시간을 알려 주고 방향을 알려 주기 위한 도구로서 하늘에 매달려 있을 뿐임을 분명히 했다(시 104:19).

> 그분께서 시간을 정하도록 달을 만드시고
> 제가 질 곳을 아는 해를 만드셨네(시 104:19).

무엇보다도 해와 달뿐 아니라 '하늘 위의 하늘'도 하나님의 피조물로서 하나님의 영광을 드러내고 찬양하기 위해 창조되었다고 한다.

> 해와 달아, 주님을 찬양하여라.
> 빛나는 별들아, 모두 다 주님을 찬양하여라.
> 하늘 위의 하늘아, 주님을 찬양하여라.
> 하늘 위에 있는 물아, 주님을 찬양하여라.
> 너희가 주의 명을 따라서 창조되었으니,
> 너희는 그 이름을 찬양하여라(시 148:3-5).

고대 근동에서는 하늘을 인격화 또는 신격화하여 하늘에 제물을 바치거나 하늘에 대고 맹세하는 민간신앙이 널리 퍼져 있었다. 그러나 이러한 숭배의 대상으로서 하늘의 신격화를 구약성서는 철저히 배격한다. 구약성경의 저자들은 하늘을 비롯한 해와 달과 별 등의 천체나 자연 현상에 대한 '의식적인 탈신화화'를 철저히 수행한 것이다.

2) 이스라엘 백성들이 바벨론 포로로 잡혀갔을 때 그곳에 태양,

달, 화성, 수성, 목성, 금성, 토성과 같은 천체를 신으로 숭배하는 일상화된 신화를 접하게 되었다. 고대 근동에서 처음으로 달이 7일을 주기로 보름-상현-하현-그믐 순으로 반복하는 것을 관찰하고 달력을 만들면서 일곱 천체의 이름을 붙여 요일 이름으로 삼았다. 그리고 이 일곱 천체는 각 요일을 주관하는 신으로 숭배되었다.

수메르 사람들은 이 일곱 신의 이름에 따라 날의 이름을 지었다. '태양신(샤마쉬)의 날', '달신(난나)의 날' 식으로 부른 것이다. 그래서 일곱 날이 한 주기가 되어 큰 신들의 이름이 반복되는 시스템을 만들어 날 수를 헤아리고 살았다. 로마는 로마식으로 이 체계를 '토착화'했다. 화, 금, 수, 목, 월, 일, 토(Mars, Venus, Mercury, Jupiter, Diana, Sol, Saturn)의 '로마식 일주일 체계'가 생겨난 것이다. 오랜 역사를 거치며 이 신들의 순서는 조금씩 바뀌어 유럽에서 정착되었고, 일본인들의 번역을 거쳐 우리나라도 '월화수목금토일' 체계를 수용했다.3 오늘날 우리는 이렇게 고대 근동 신들의 이름으로 요일을 지칭하며 살고 있다.

경건한 유대인들은 요일을 주관하는 일곱 주신(主神)을 경배하고 두려워하는 바벨론의 일상화된 신화를 받아들일 수 없었다. 창세기 1장은 천체를 신격화한 신명으로 명명한 요일 체계를 거부한다. 6일간의 창조 과정을 설명하면서 "이는 첫째 날이니", "이는 둘째 날이니"라고 서술한다. '월요일'(달의 신의 날), '화요일'(화성 신의 날)이 아니라 '첫째 날', '둘째 날' 식으로 부르고, 순서를 바꾸어 일요일은 일곱째 날로 삼고 하나님의 안식일로 고쳐 부른다. 요일의 명칭에 등장하는 천체들은 더 이상 신이 아니라 하나님의 피조물 지나지 않는다는 파격적인 고백

---

3 조철수, 『수메르 신화 1』 (서울: 서해문집, 1996), 47.

이다. 이러한 유대교의 전통을 수용한 초기 기독교는 첫째 날을 예수가 부활한 '주의 날'로 불렀다.

일(日)=Sol(샤마쉬) → 첫째 날(주의 날)

월(月)=Diana(난나) → 둘째 날

화(火)=Mars(에라) → 셋째 날

수(水)=Mercury(엔키) → 넷째 날

목(木)=Jupiter(마르둑) → 다섯째 날

금(金)=Venus(이쉬타르) → 여섯째 날

토(土)=Saturn(엔릴)[4] → 일곱째 날(안식일)

3) 가나안에서는 일월성신뿐만 아니라 목석을 숭배하기도 했다. 그래서 "나무를 향하여 너는 나의 아비라 하며 돌을 향하여 너는 나를 낳았다"(렘 2:27)라고 하였던 것이다. 북 왕국 이스라엘이 서기전 722년 앗시리아 제국에 의해 멸망된 후 남 왕국 유다 왕 아하스(서기전 735~715년)는 앗시리아의 환심을 사기 위해 앗시리아 제국의 태양신 상을 예루살렘과 각 성읍과 산당에 세워 분향했다(대하 28:3).

므낫세 시대(서기전 687~642년)에는 여호와의 성전 두 마당에 하늘의 일월성신(日月星辰)의 단을 쌓고 일월성신을 숭배하며 섬긴 것에 대하여 하나님이 진노하셨다는 기록(왕하 17:16; 참조, 대하 33:3-6; 렘 8:2; 단 8:10)으로 보아, 이러한 천체 숭배는 야웨 신앙의 큰 위협이 되었다.[5] 따라서 창세기는 이런 상황을 반영하여 모든 천체뿐 아니라 모든 동식물을

---

4 조철수, 『메소포타미아와 히브리 신화』 (서울: 길, 2000), 57.
5 황성일, "구약의 신들," 「광신논단」 15 (2006), 36.

더 이상 숭배의 대상이 아니라 하나님의 피조물이 지나지 않는다는 것은 선포한 것이다. 자연 현상의 신격의 상실은 히브리어의 한 특징이 되었다.[6] 예컨대 곡식의 신 다간(Dagan)은 단순히 '곡식'을 의미하고, 포도주의 신 티르수(Tirsu)는 단지 '포도주'를 의미하게 되었다.

2. 인간에게 위임된 자연, 자연이 인간의 운명을 지배하지 못한다

셈족들은 태양은 신이었고 별들이 인간의 생사화복과 운명을 지배한다고 여겼다. 그러나 성서는 해, 달, 별이 더 이상 신성을 지닌 신적 존재가 아니며 인간의 운명의 주관자가 될 수 없음을 선언한다. 성서는 하나님께서 지켜주시기 때문에 해도 달도 인간을 해칠 수 없다고 했다.

주님은 너를 지키시는 분 주님은 너의 그늘 네 오른쪽에 계시다.
낮에는 해도, 밤에는 달도 너를 해치지 않으리라(시 121:5-6).

특히 천체 중에서 시시때때로 변하는 별자리가 인간의 운명뿐 아니라 집단이나 국가의 운명을 결정한다는 천체 숭배 사상에서 점성술이라는 민간신앙이 생겨나게 된 것이다. 서기전 3000년경에 메소포타미아에서 시작된 것으로 알려진 점성술(Astrologyd)은 개인이 태어난 때의 해, 달, 별들의 위치에 따라 개인의 운명이 좌우된다고 믿었다.

점성술에 대한 신학적 비판은 어거스틴의 『고백론』 제4권에서 잘

---

6 G. H. Livingston, 『모세오경의 문화적 배경』 (서울: 기독교문서선교회, 1990), 248-249.

나타나 있다. 어거스틴 자신이 9년 동안 마니교와 점성술에 미혹되었던 적이 있음을 고백한다.

> 점성가들은 나에게 이렇게 말하였습니다. "네가 죄를 짓게 된 것도 하늘이 준 운명적인 일이기 때문에 별 수 없다." 그리고 이런 말도 하였습니다. "금성 아니면 토성이나 화성이 시킨 일이다."[7]

어거스틴은 별자리가 인간의 운명을 지배한다면, "쌍둥이 아이가 태어나는 시간 차이가 다소 있었다 하더라도 사람의 관찰로써 별자리의 차이"는 없으므로 두 사람의 운명은 같아야 한다고 반론했다. 그 실례로 '성서에 기록된 쌍둥이 에서와 야곱의 경우'를 제시했다. 에서는 장자로 태어났지만, 야곱에게 장자권을 팥죽 한 그릇에 팔았고, 이러한 자신의 잘못된 결정 때문에 자신의 운명은 엇갈리게 되었기 때문이다. 점성술은 우주에서 인간의 위치를 격하시키는 것이요, 인간이 자연의 위협 앞에 무력하게 무릎을 꿇게 만드는 것이므로, 사람들은 점성술에 의해 속고 속이고 있다고 했다.[8]

아직도 우리 주변에 있는 서양의 점성술과 유사한 사주팔자가 이어져 오고 있다. 중국 당나라를 통해 우리나라에 들어온 명리학에서 말하는 사주(四柱)는 태어난 '년, 월, 일, 시'다. 이를 갑자 을축과 같은 육십갑자로 치환하면 여덟 개의 문자, 즉 팔자(八字)된다. 이 팔자를 분석해 그 속에 있는 음양과 오행을 살피고 상생상극의 관계를 따져 개인의 생사화복과 그 운명을 점쳐 왔다. 그러나 사주가 말하는 생년, 월, 일,

---

7 Augustine, *The Confessions*, IV, 3.
8 Augustine, *The Confessions*, VII, 6.

시는 따지고 보면 해와 달과 지구의 위치에 지나지 않는다. 따라서 사주팔자는 이들의 위치에 따라 사람의 운명이 결정된다는 점에서 서양의 점성술과 유사한 민간신앙이다.

하비 콕스는 『세속도시』에서 "히브리의 창조관은 하나님으로부터 자연을 분리시키고, 자연으로부터 인간을 구분한다. 이것은 마력을 풀어놓는 시작이다"[9]라고 했다. 천체를 비롯하여 자연은 더 이상 인간의 생명을 위협하는 마력을 지닌 신적인 존재가 될 수 없다. 따라서 자연이 인간의 운명을 지배하는 것이 아니다. 그러므로 인간은 더 이상 하나님의 피조물인 자연을 경배하거나 두려워해야 할 이유가 없다고 선언한 것이다.

3. 자연을 돌보라, 자연 숭배나 자연 정복과 다르다

창세기는 점성술처럼 자연이 인간을 지배한다고 믿는 원시 자연종교를 거부한다. 우주에서 인간의 위치를 새롭게 설정한 것이다. 자연이 인간의 운명을 지배하는 것이 아니라, 인간이 자연을 다스리고 정복하도록 창조주 하나님으로부터 위임받았다고 한다.

하나님이 그들에게 복을 주시며 그들에게 이르시되 생육하고 번성하여 땅에 충만하라, 땅을 정복하라, 바다의 고기와 공중의 새와 땅에 움직이는 모든 생물을 다스리라(창 1:28).

---

9 H. Cox, 『세속도시』 (서울: 대한기독교서회, 1971), 33.

인간은 자연의 마성적 위협에서 해방되었을 뿐만 아니라 자연을 다스리고 정복함으로써 자연을 통해 인간의 삶을 풍요롭게 할 수 있는 새 질서가 생겨나게 되었다. 인간은 비인격적인 자연을 숭배하는 대신 인격적인 창조주 하나님만을 섬기게 되었고, 그 대신 비인격적인 자연은 인간의 지배와 관리와 돌봄의 대상이 된 것이다. 우주 안에서 자연과 인간의 위상 전환이 이루어진 것이다. 창세기에 기초한 자연의 비신성화와 비마성화로 인하여 인류는 자연과 인체의 원시적 마성을 제거하고 그것을 거리낌 없는 탐구의 대상으로 삼게 되었다. 그리하여 자연을 신성시 여긴 동양 문화보다 자연을 비신성화 한 서양 기독교 문화에서 자연과학과 의학이 발달하게 되었다.

동양에서는 자연뿐 아니라 인체도 신성시하거나 부정 타는 것으로 마성화하였기 때문에 사체의 해부를 금기시했다. 결과적으로 해부학에 기초한 의학의 발전이 크게 저조하게 된 것이 사실이다. 현대 문명의 풍요로움은 이처럼 서구의 물질문명과 의학의 발전이 가져다 준 가장 큰 혜택이다. 이러한 혜택은 기독교 창조 신앙에 기초한 자연의 비신성화로 인해 가능하게 된 것임을 부정할 수 없다.

창세기가 기록될 당시에는 홍수와 한발과 같은 자연의 위력과 인간의 운명을 지배하는 자연의 마력이 초래한 온갖 생명의 위협이 문제 상황이었다. 그러나 오늘날은 도시화와 문명의 발전을 위해 자연을 무절제하게 파괴하고 오염시켜 생태계의 위기를 초래한 것이 생명을 위협하는 심각한 문제 상황으로 새롭게 대두되었다. 생태계의 위기로 하나님이 창조한 인간을 포함한 무수한 생명들이 생존의 위기와 함께 멸종의 위협에 놓이게 된다. "피조물이 다 이제까지 함께 탄식하며 함께 고통하는 것"(롬 8:22)이 눈앞의 현실로 다가온 것을 직시하게 된 것이다. 그리하여 신학자들은 "자연을 정복하고 다스리라"는 창조의 명령을 다시 검토하게 되었다.

생태계의 위기, 특히 최근에 이슈로 대두되는 기후 위기의 신학적 원인은 "생육하고 번성하여 땅에 충만하라. 땅을 정복하라. … 모든 생물을 다스리라"(창 1:28)는 명령을 인간 중심적으로, 일방적으로 해석한 데서 기인한다는 주장이 없지 않다.

1) 하나님이 천지를 창조하고 이를 인간에게 위임했다는 것은 자연에 대한 인간의 권리와 동시에 자연에 대한 인간의 책임을 선언한 것이다. 그러나 기독교에 기초한 서구 문명은 자연에 대한 인간의 권리만 강조하고 그 책임을 약화시켰다. "땅에 충만하고 땅을 정복하고, 모든 생물을 다스리라"는 말을 일방적으로 해석하여 인간이 자연을 이용하기 위하여 자연을 착취하고 파괴하는 것마저 정당화하는 방향으로 나아가게 되었다. 그리하여 자연의 마성적 지배로부터 해방된 인간이 이제는 자연의 폭군적 지배자가 되어버린 것이다.

2) "정복하고 다스리라"는 명령은 "생육하고 번성하여 땅에 충만하라"는 명령 다음에 주어졌다는 점에 착안해야 한다. 자연을 정복하고 다스려서 인간의 번영은 고사하고 인간의 생존조차 위협할 정도로 자연을 파괴하거나 착취될 경우 인간조차도 그러한 생태계에서는 '생육하고 번성할' 수 없기 때문이다. 따라서 "땅을 정복하고 모든 생물을 다스리라"는 하나님의 명령의 전제 조건은 '인간의 생육과 번성'이다. 자연을 적절히 이용하여 인간이 생육하고 번성할 수 있도록 땅과 모든 생물을 돌보라는 것이 "정복하고 다스리라"는 명령의 본래적 의미다.

자연의 정복과 통치는 인간에게 주어진 하나님의 축복인데, 자연의 정복과 통치의 결과가 자연생태계를 파괴하고 그 안에 거하는 인간의 생존을 위협한다면, 그것은 축복이 아니라 오히려 저주가 될 것이다. 따라서 자연을 파괴하는 것은 하나님이 창조한 세계가 '하나님 보시기에 좋았다'는 창조의 선한 의지와도 위배되는 것이다.

3) "정복하고 다스리라"에 해당하는 히브리어 '카바쉬'(kabash)와 '라다'(radah)는 '관리'와 '돌봄'의 뜻으로 해석되어야 한다는 주장이 제기되었다.[10] 정복하고 다스리라는 말씀은 착취와 파괴하여 자연을 훼손하라는 하나님의 명령이 아니라 에덴동산을 잘 관리하고 돌봄을 통해 자연을 적절히 활용하고 새로운 생명의 창조 질서를 보존하라는 하나님의 위임으로 해석해야 한다. 하나님이 천지를 창조하시고 인간에게 그 통치를 위임한 것은 인간이 자연을 하나님의 선한 의지에 따라 선하게 활용하라는 것이며, 하나님이 보시기에 참 좋은 창조 질서로 계속 보존하라는 명령이다.

이처럼 최근의 세계 신학계는 하나님이 태초에 인간에게 자연의 관리권을 위임한 것을 새롭게 이해하게 되었다. 그리하여 창조의 보존을 기독교인들이 지향해야 할 최고의 규범으로 제시하고 있다. 개인적으로 예수를 영접하는 신앙의 결단을 통해 복음화를 이루는 '개인 구원'이나 삶의 질을 향상하기 위해 사회 구조악을 혁파하고 인간화를 지향하는 '사회 구원'보다도, 생태계의 위기를 극복하고 창조의 보존을 지향

---

10 J. Moltmann, 『창조 안에 계시는 하느님』 (서울: 한국신학연구소, 1983), 46-47. 특히 창세기 2장 15절과 관련하여 지배의 명령이 아니라 "돌보고 유지하라"는 관리의 명령으로 이해해야 한다.

하는 '생태 구원'의 필요성이 더 강조되고 있다.[11]

　구약성서 시대에는 자연의 신성화와 마성화로 인해 자연의 위력을 두려워하고 천체가 인간의 운명을 지배한다고 믿었기 때문에 인간의 생존과 자유로운 삶이 위협받았다. 그래서 창세기는 '인간에 대한 자연의 지배'를 거부하고 '땅에 대한 지배를 인간'에게 위탁한 것이다. 창세기가 기록될 당시에는 자연 정복 사상이 자연 숭배의 평균적 의식을 극복할 수 있는 대안으로서 그 시대의 앞선 생각이었다. 그러나 지금은 수천 년간 인간이 자연을 무한정 정복한 결과, 자연의 파괴와 오염으로 인해 동식물을 비롯한 인간의 생태계가 큰 위협을 받고 있다. 도시화와 경작지 확보를 위한 삼림 훼손으로 서식지를 상식할 무수한 동식물의 종[12]들이 사라지고 있으며, 특히 지구 온난화로 인한 기후 위기는 동식물은 물론 인간의 생존을 위협하고 있는 실정이다.

　따라서 자연에 관한 성서적 통찰과 생태신학적 재고가 절실하다. 자연과 인간의 관계에 대한 세 가지 입장이 제시되었다. 자연 숭배와 자연 정복 그리고 자연 친화의 관계이다. 전통적인 서구 신학은 창세기를 '자연 숭배 사상'을 배격한 '자연 정복 사상'으로 해석한 것이다. 따라서 최근에는 자연이 숭배나 정복의 대상이 아니라 돌봄과 관리의 대상으로 그 관계 설정을 새롭게 할 수 있는 '자연 돌봄과 자연 친화'를 지향하는 '정의 평화 창조의 보전(JPIC)의 신학'이 제기되었다.

---

11 서남동, "생태학적 신학 서설,"「기독교사상」(1970. 11.), 84.
12 2023년 한 연구에 따르면 전 세계 멸종위기 동식물이 200만 종이라고 한다. 세계자연기금은 지난 50년 동안 야생동물 개체수가 73% 감소했다고 한다.

제 4 장

범죄한 인간과 폭력적 세계를 구원하시는 하나님

1. 선악과 이야기, 신목 숭배와 달랐다
2. 가인과 아벨의 이야기, 살인으로 세워진 도시 문명
3. 노아의 홍수 이야기, 바벨론의 홍수 신화와 달랐다
4. 바벨탑 이야기, 도시 문명을 찬양하는 바벨론 신화와 달랐다

1. 선악과 이야기, 신목 숭배와 달랐다

창세기 3~11장은 하나님이 금지한 선악과를 따먹은 아담과 하와가 에덴에서 추방당한 이야기(3장)에 이어 하나님의 창조 질서의 파괴가 확산되어 가는 이야기로 구성되어 있다. 아담의 타락에서부터 시작하여 바벨탑 이야기로 이어지는 일련의 이야기들은 인간의 범죄 규모가 점점 확대되어 감에도 불구하고 그들을 '심판하시며 동시에 구원하시는 하나님이 바로 창조주 하나님'이라는 사실을 직관적으로 고백한다.

창세기에 의하면 하나님이 천지는 말씀으로 창조하였으나, 인간에게는 그의 말씀이 위임되었다고 한다. 하나님이 인간에게 위임한 말씀은 두 가지였다. 하나는 "하라"는 허락의 말씀이고, 하나는 "하지 말라"는 금지의 말씀이다.

하라(作爲): "그들에게 복을 주시며… 생육하고 번성하여 땅에 충만하라. 땅을 정복하라. … 모든 생물을 다스리라"(창 1:28).

말라(不作爲): "선악을 알게 하는 나무의 실과는 먹지 말라. … 정녕 죽으리라 하시니라"(창 2:17).

하나님의 말씀을 위임받은 인간의 행동 준칙이 직관적으로 고백된 것이다. 그것은 하나님께서 '하라는 것은 하고, 하지 말라는 것은 하지 않아야 한다'라는 뜻이다. 하라는 것을 하지 않으면 태만의 죄(omission)가 되고, 하지 말라는 것을 하면 범행의 죄(commission)가 된다. 그럼에도 불구하고 아담과 하와는 하나님의 최초의 명령을 거역한다. 뱀의 유혹을 받아 선악과를 따먹고 만 것이다. 선악과 이야기는 인간이 하나님의 명령을 어기고 불복종할 경우 무의미한 고통과 생명의 위협에 처하게 된다는 사실을 직관적으로 보여준다.

1) 왜 선악을 알게 하는 나무일까? 고대 근동 지방에서도 지식의 나무와 생명의 나무에 관한 신화들이 등장한다. 나무는 인간의 생존에 필요한 의식주를 공급하며, 어둠과 추위를 막아 주는 불의 매개체일 뿐만 아니라 겨울에 죽은 것 같으나 봄에 다시 살아나는 불멸성을 지녔다고 여겼다. 그리고 지상, 지하, 천상의 삼계(三界)를 관통하기 때문에 생명의 근원으로서 신성시되어 왔다. 이 신성한 나무가 생명을 공급하는 '생명의 나무' 또는 운명에 관한 지식을 주는 '지식의 나무'로 숭배되었다.[1]

이집트 신화에는 신들이 이 영생의 나무를 통해 불멸의 생명과 불멸의 지혜를 얻는 것으로 묘사한다. 그리하여 신목(神木)이나 거목 숭배가 널리 퍼져 있었다. 이런 배경에서 예레미야가 "나무를 향하여 너는 나의 아비라"(렘 2:27)라고 숭배하는 것을 비판한 것으로 보아 이스라엘에서도 신목 숭배가 낯선 것이 아니었기 때문이다.

창세기에서는 신화에 등장하는 '지식의 나무'가 '선악을 알게 하는 지식의 나무'로 바뀌었고, 이를 따먹는 것을 금지한다. 선악을 알게

---

1 M. Eliade, 『종교형태론』 (서울: 한길사, 1996), 353-433.

하는 지식은 도덕적 판단 능력이 아니라 선악 간에 자신의 운명에 관한 지식을 미리 알려고 하는 주술적 신앙을 암시한다.[2] 점성술처럼 자신의 운명에 관한 지식이 미리 알려진다면 인간은 자유의지와 진취적인 기상으로 자신의 삶을 주도적으로 이끌어 가려는 선택을 포기하고 만다. 선악 간에 자신의 운명에 대한 사전 지식은 인간에게 자유의지를 박탈하고 운명의 노예로 만드는 파괴적인 결과를 가져올 뿐이다. 성서는 지식의 나무가 인간의 운명에 대한 지식을 알려 주고, 생명의 나무가 인간에게 영원한 생명을 가져다주는 것이 아니라며 신목 숭배를 경고한 것이다.

2) 왜 하필 뱀인가? 성서는 뱀을 피조물 중 가장 교활한 짐승으로 묘사한다. 아마도 뱀이 다른 대상에게 소리 없이 몰래 다가갈 수 있는 능력을 지녔기 때문이 아닌가 한다.

원시인들이 겨울의 동면을 거쳐 봄에 허물을 벗고 거듭나는 뱀을 영원히 생명을 유지하는 불멸의 존재로 보았다. 뱀은 또한 삶과 죽음의 비밀을 아는 지혜의 상징으로 여겨졌다. 프레이즈J. Fraze는 뱀 신화는 생명나무의 신화와 함께 고대 근동 지방에 널리 유포되어 있는 신화라고 한다.[3]

실제로 홍수 이야기가 담긴 바벨론 신화 〈길가메쉬 서사시〉에서는 길가메쉬가 어렵게 구한 영생에 이르게 하는 생명나무를 몰래 탈취하여 영생의 기회를 강탈한 아카드의 뱀 이야기가 등장한다. 생명나무를 뱀에게 빼앗긴 결과 길가메쉬는 불사의 신이 되지 못하고 2/3는 신이고

---

2 H. K. Gottwald, 『히브리성서 1』 (서울: 한국신학연구소, 1987), 396.
3 J. Fraze, 『구약시대의 인류민속학』 (서울: 강천, 1996), 92-100.

1/3은 인간인 반신반인이 되고 말았다. 영생의 지혜를 최고의 지혜로 여겼기 때문에 바벨론에서는 뱀을 영생의 지혜를 지닌 영물로 숭배하였던 것이다.4 창세기의 뱀 이야기에는 이러한 바벨론 신화의 흔적이 엿보인다.

유대 지역에는 뱀이 많았고, 오늘날에는 36종의 뱀이 알려져 있다. 가나안 종교에서도 풍요와 다산을 관장하는 바알신의 대표적인 상징 중 하나가 뱀이었으며, 뱀의 그림이나 조각이 부적이나 호신부로 사용되었고 뱀을 부리는 기술도 널리 알려져 있었다(출 7:8-13; 전 10:11; 사 3:3). 이러한 뱀의 신화와 숭배는 광야에서 치유의 기적을 일으킨 청동의 뱀 사건 등으로 보아 야웨 신앙에도 큰 영향을 끼친 것으로 짐작된다(민 21:8-9; 왕상 18:4; 요 3:14).

뱀은 생명과 죽음 모두와 연관된 양면적 성격을 지닌 상징물이다(민 21:4-9). 한편으로 뱀은 치명적인 독을 품고 있었기 때문에 바벨론 유배 시대 이후로는 마귀 또는 악마와 동일시되었고(지혜 2:24, 공동번역), 이러한 생각은 초대 기독교에 그대로 이어졌다(요 8:44; 롬 16:20; 요일 3:8; 계 12:9, 20:2).

창세기는 이 '뱀의 신화'를 '뱀과 선악과의 이야기'로 재구성하여 새롭게 해석한다. 뱀은 지혜와 영생의 상징이 아니라 창조의 질서를 파괴한 장본인으로 등장한다. 뱀의 정체가 무엇이냐가 아니라 뱀이 무엇을 말했는가가 중요하다.

---

4 C. Westermann, *Genesis 1-11*, tr. J. Scullion (Minneapolis: Augusburg Pub., 1984), 237-239.

하나님: "네가 먹는 날에는 정녕 죽으리라"(창 2:17).

뱀: "너희가 결코 죽지 아니하리라"(창 3:4).

뱀은 하나님의 말씀을 뒤집어 놓았다. 하나님은 인간이 하나님의 말씀을 거역하면 필멸(必滅)한다고 했으나, 뱀은 하나님의 명령을 거역해야 영생한다고 했다. 성서에 기록된 이 최초의 거짓말에 미혹된 아담과 하와는 선악과를 따먹었다. 그래서 성서는 뱀을 하나님의 피조물 중에 가장 간교한 자, 즉 "진리가 그 속에 없는 거짓말쟁이요 거짓의 아비"(요 8:44)로 묘사한다. "악한 것을 선하다 하고 선한 것을 악하다 하는 것"(사 5:20)이 모든 거짓과 악의 본질이다. 뱀은 그런 의미에서 이 땅에 최초의 거짓을 가져온 자다. "선악과를 따먹으면 정녕 죽는다"는 하나님의 진실을 "선악과를 따먹으면 영원히 살지도 모른다"는 간교한 거짓으로 둔갑시켰기 때문이다.

예수께서 "너희는 그저 '예' 할 것은 '예' 하고 '아니오' 할 것은 '아니오'만 하여라. 그 이상의 말은 악에서 나오는 것이다"(마 5:37) 하신 말씀도 이런 관점에서 보아야 한다. 뱀은 말은 전형적으로 '예' 할 것은 '아니오' 하고, '아니오' 할 것은 '예' 했기 때문에 그 자체가 악인 것이다.

아담과 하와는 "먹음직하고 보암직하고 지혜롭게 할 만하다"는 착각과 욕망, 편견과 무지에 사로잡혀 하나님의 명령을 망각하고 분별력을 상실했다. 진리와 거짓 사이에서 거짓을 택한 것이다. 모든 죄와 악은 이 거짓에서 비롯된 것이다.

3) 범죄한 인간의 죄에 대한 반응도 세 가지로 나타난다. 선악과를 따먹은 뒤 인간의 반응이 창세기에 자세히 서술되어 있다. 선악과를

따먹은 인간은 눈이 밝아 자기들의 몸이 벗은 줄을 알고 무화과나무 잎을 엮어 치마를 하고 하나님의 낯을 피하여 동산 나무 사이에 숨었다.

하나님은 아담을 찾으시며 "네가 어디 있느냐?"고 부르신다. 그리고 "먹지 말라고 명한 나무의 실과를 먹었느냐?"고 추궁하자 아담과 하와는 서로 책임을 미룬다. 이 짧은 기록 속에서 죄를 지은 인간의 심리를 아주 직관적으로 묘사한다.

죄의 첫 반응은 수치이다. 하나님과 사람 앞에서 부끄러움을 느낀 것이다. 인간의 고통 중에 견디기 어려운 것은 육신적 고통이 아니라 정신적 고통이다. 정신적 고통 중에서 가장 참을 수 없는 것이 수치심이다. 명분과 의미와 보람을 전혀 찾을 수 없는 고통이며, 죄의 결과로 주어지는 고통이다. 양심범은 옥중에서도 자유를 누리지만, 파렴치범은 그렇지 못하다.

둘째로 죄지은 자는 숨기고 감추거나 도망하려고 한다. 아담과 하와도 본능적으로 벌거벗은 자신들의 모습에 수치를 느끼고 나뭇잎으로 이를 은폐하고 하나님을 피하여 동산 나무 사이에 숨었다. 모든 범죄자는 범죄의 흔적을 숨기거나 현장에서 도망가기 때문이다.

셋째로 책임을 전가하거나 변명함으로써 자신을 합리화하려고 한다. 더 이상 숨을 수도, 감출 수도 없을 때는 책임을 전가하려고 한다. 아담은 "하나님이 주셔서… 여자 그가 그 나무 실과를 내게 주므로 먹었다"(창 3:12)고 변명한다. 하와는 "뱀이 나를 꾀므로 내가 먹었다"(창 3:13)고 책임을 전가하고 자신을 합리화한다. 죄를 죄로 인정하지 않는 것이 가장 큰 죄인 것을 직관적으로 표현한 것이다.

4) 왜 하나님은 선악과를 따먹은 아담과 하와에게 "생명의 나무

열매까지 따먹고 끝없이 살게 해서는 안 된다"(창 3:22, 표준새번역 개정판)
고 하였을까? 〈길가메쉬 서사시〉를 알고 있었던 당시의 독자들에게는
아마도 영생 나무 열매를 먹고 신들의 반열에 들어가서 영생하려고
했던 길가메쉬가 반신반인으로 살게 되었다는 바벨론 신화를 거부하는
내용으로 읽혔을 것이다. 다른 한편으로 범죄한 죄인이 수치심을 느끼
면 영원히 사는 것은 오히려 저주가 되기 때문에 하나님은 생명나무에
의 접근을 금지시키고 인간을 에덴동산에서 추방한 것으로 설명할
수 있다.

선악과를 따먹은 인간은 그것을 따먹는 날 "너는 반드시 죽는다"(창
2:16)는 하나님의 명령은 유보되었다. 그 대신 하나님께서는 가죽옷을
손수 지어 입히며 그들의 수치를 가려주시고, 그들의 죽음을 미루신다.
그리고 그들을 에덴동산에서 내쫓는다. 이러한 일련의 하나님의 조치
는 그가 창조한 인간이 불순종하고 범죄하였으나, 그들에게 구원의
길을 열어 주시는 구원의 창조 행위로 이해된다. '창조의 하나님'은
구원도 창조하시는 '구원의 하나님'이라는 고백인 것이다.

2. 가인과 아벨의 이야기, 살인으로 세워진 도시 문명

아담과 하와는 두 아들을 낳는다. 형 가인은 농경민으로서 곡식으로
제사를 지냈고, 동생 아벨은 유목민으로서 양 떼의 맏배를 제물로 바쳤
는데, 하나님은 아벨의 제사만을 받아들였다. 제물이 거절된 가인이
동생 아벨을 죽이면서 최초의 살인 사건이 벌어진다.

카인은 아우 아벨을 '들로 가자'고 꾀어 들에 데리고 나가서 달려들어 아우

아벨을 쳐 죽였다(창 4:8, 공동번역).

가인이 동생 아벨을 살해한 동기는 하나님께서 자신이 드린 제물은 받지 않고 동생의 제물은 받은 것에 대한 분노와 질투에서 비롯되었다. 하나님에 대한 분노와 동생에 대한 질투는 이미 하나님과의 관계가 잘못되었을 뿐만 아니라 동생과의 관계도 잘못되었음을 시사한다.

1) 이스라엘 왕국의 분열(서기전 722년)과 예루살렘 멸망(서기전 587년) 이후의 저작으로 알려진 가인과 아벨의 이야기는 솔로몬 사후 남북 왕국으로 갈라져서 형제끼리 서로 미워하고 죽이는 적대 관계에 빠진 이스라엘의 남북 분단의 역사적 상황을 반영한다. 가나안에 정착하여 이스라엘 왕조를 세운 후 솔로몬 시대에 접어들면서 반유목민이었던 이스라엘 백성들은 점차 도시화를 이루어 갔다. 예루살렘에 거대한 궁전과 대성전이 세워지고 인구가 집중된다. 이러한 도시화는 물질적 풍요와 거주의 안정을 가져다주었지만, 동시에 치열한 생존경쟁을 초래하여 반유목민들의 혈연적 연대성을 상실하게 만들었다. 도시의 이웃은 생존의 협력자가 아니라 경쟁자로 등장하며, 인간과 인간 사이의 유대 관계도 일시에 사라져 버린다. 초기 도시인들은 더 이상 형제처럼 '이웃을 지키는 자'(창 4:9)가 아니라 '이웃을 등쳐먹는 자'(사 10:2, 공동번역)들이 되고 말았다. 약탈자의 피로 젖은 도시 문명을 저주한 나훔의 예언은 이러한 상황을 반영한다.

피로 절은 이 저주받을 도시야, 협잡이나 해먹고 약탈을 일삼고 노략질을 그치지 않더니(나훔 3:1, 공동번역).

이처럼 가인과 아벨 이야기는 농경 혁명 이후 생겨난 농경 문화와 유목 문화의 갈등을 반영하는 것으로 보인다. 도시의 지배자들이 모든 반대자들을 무자비하게 살해하는 죄악상을 주제로 다룬다. 살인을 하는 사람은 자신의 이익을 위한 최후의 수단으로 다른 사람을 죽인다. 명예와 권력과 부를 독점하기 위한 인간의 이기심과 적대감이 온갖 살생으로 이어지는 것이다.

2) 가인이 아벨을 죽인 결과, 모든 관계는 더욱 악화되었다. 하나님이 돌보고 지키라고 보내 준 동생 아벨을 죽였기 때문에 하나님과의 관계는 멀어졌고, 결국 야웨를 멀리 떠나 에덴 동편으로 거주지를 옮겼다. 자연과의 관계도 불편하여졌다. 땅을 피로 물들였기 때문에 땅에서 저주를 받아 어느 땅에서도 정착하지 못하는 방랑자의 신세가 되었다. 이웃과도 단절되었다. 더불어 사는 '이웃을 지키는 자'의 의무를 다하지 못하였기 때문에 모든 이웃의 보호에서 제외되었다. 이 최초의 살인자는 언제, 어디서, 누구에게 죽을지 모르는 불안한 상태로 살아가야 했다. 만나는 모든 자가 그를 죽이려 하는 살해의 위협에 그대로 노출되어 있었다.

3) 아벨이 죽자 그의 '피들'이 하늘에 호소했다. 피는 생명이며, 생명은 하나님이 주신 것이다. 따라서 무죄한 자의 피를 흘리는 것은 하나님의 주권에 대한 도전이므로 억울하게 죽은 자들은 하늘에 호소할 수 있다. 하나님은 '억울하게 죽은 자들의 호소'(*vox oppresorum*)를 들으시고 피의 복수를 하시는 심판자이기도 하다. 피와 생명은 하나님께 속한 것이므로 살인은 인간이 하나님의 소유권을 침해하는 것이 된다

(창 18:20; 왕하 8:3; 욥 16:18-19).

4) 가인은 만나는 자들마다 다 자기를 죽일지도 모른다는 두려움에 하나님께 호소했다.

벌이 너무 무거워서, 저로서는 견디지 못하겠습니다. 오늘 이 땅에서 저를 아주 쫓아내시니 저는 이제 하느님을 뵙지 못하고 세상을 떠돌아다니게 되었습니다. 저를 만나는 사람마다 저를 죽이려고 할 것입니다"(창 4:13-14, 공동번역).

하나님은, 살인자이지만 범죄자의 고통을 하소연하며 구원을 울부짖는 인간을 몰인정하게 배척하지 않는다. 그래서 가인에게 구원의 길을 열어 주신다. 가인의 이마에 표를 주고 "가인을 죽이는 자는 벌을 칠 배나 받으리라"(창 4:15)고 선언하신다. 가인의 표는 하나님에 의해 보호되는 신비스러운 보호를 뜻한다. 살인자이지만 그 생명을 보호하여 주신 것이다. 그리고 피의 복수의 악순환을 막으심으로 어떤 명분으로도 인간이 인간을 죽일 권리가 없음을 선언하고 모든 생명을 보호하도록 명하신 것이다. 가인의 표는 살인자일지라도 그 생명은 보호되어야 한다는 하나님의 구원 의지를 천명한 것이다.

성서는 첫 도시가 최초의 살인자 가인에 의해 건설되었다고 쓴다(창 4:17). 어거스틴도 『신의 도성』에서 지상의 도시가 살인자에게서 시작하여 살인자에게서 끝난다고 했다. 위대한 로마 제국 역시 쌍둥이 형 로물루스(Romulus)가 동생 레무스(Remus)를 살해함으로 시작된 것이며, 로마 건설의 영광과 권력을 독점하기 위하여 그 성벽에 아우의

피를 흘린 것이라고 했다.5

가인의 후손 가운데 철기로 무장한 '힘센 자'라는 뜻의 이름을 가진 라멕이 등장한다. 가인의 6대손인 라멕은 피의 복수를 금지한 하나님의 명령을 거역하고 세상을 무법천지로 만든다. 폭력과 살인을 미화하고 찬양한 것이다.

라멕의 아내들아, 내 말에 귀를 기울여라.
나를 다치지 말라. 죽여 버리리라.
젊었다고 하여 나에게 손찌검을 하지 말라. 죽여 버리리라.
카인을 해친 사람이 일곱 곱절로 보복을 받는다면,
라멕을 해치는 사람은 일흔 일곱 곱절로 보복을 받으리라
(창 4:23-24, 공동번역).

라멕은 살인자 가인의 생명을 보호하기 위한 보복 금지의 뜻으로 주어진 하나님의 명령을 왜곡하여 자신의 부당한 살인 행위를 정당화하는 엄포로 사용한다. 이는 당시의 통상적인 동태동형복수법(*lex talionis*)을 능가하는 복수였다. 라멕의 엄포는 일곱 번씩 일흔 번이라도 용서하라는 예수의 말씀과 날카로운 대조를 이룬다(마 5:38-42, 18:21-22).

결국 농경 이후 힘센 정복자들이 등장하여 전쟁과 약탈로 거대도시들을 세우고 폭력을 자랑하는 군사적 지배가 출현한다. 이들이 무자비한 폭행과 횡포를 자행함으로 땅 위에 죄악이 가득 차게 되자, 하나님은 의로운 노아를 불러 방주를 만들게 한다.

---

5 Augustine, *City of God*, IV, xix, 21.

3. 노아의 홍수 이야기, 바벨론의 홍수 신화와 달랐다

대홍수에 관한 신화나 전설은 모든 민족의 오래된 민담에 공통으로 등장한다. 고고학적으로도 마지막 빙하기 이후 대홍수가 일어난 것을 증거한다. 우리나라에도 홍수 설화들이 전래되어 오는데, 그 주제는 홍수 후에 유일하게 살아남은 남매의 결혼으로 새로운 세대가 이어지게 되었다는 내용이다.

노아 홍수 이야기의 첫머리는 홍수 직전에 "세상이 사람의 죄악으로 가득 차고 사람마다 못된 생각만 하는"(창 6:5) 무법천지로 묘사한다. 온 세계가 구조적으로 악하게 된 상황을 암시한 것이다. 이런 상황에서 '하나님의 아들들'이 사람의 딸들을 마음대로 취하는 폭력이 자행되었다.

당시에 땅에 네피림이 있었고 그 후에도 하나님의 아들들이 사람의 딸들을 취하여 자식을 낳았으니 그들이 용사라. 고대에 유명한 사람이었더라(창 6:4).

1) 본문에 나타나는 '하나님의 아들들'(sons of Elohim)이라는 용어는 천사(욥 1:6)나 보통 인간(호 1:17)을 지칭하기도 했다. 타락한 천사라는 주장도 있지만, 본문 전후 문맥에서 보면 '그들이 유명한 용사'라 했다. 외경에는 네피림을 '몸집이 크고 전쟁에 능한 자'(바룩 3:26, 공동번역)라고 하였으므로 '라멕의 뒤를 잇는 폭력적인 제왕'이라 볼 수 있다.[6]

이집트에서는 제4왕조(서기전 2600년) 때부터 왕은 태양신 '레의 아

---

6 김지찬, "창 6장의 '하나님의 아들들'," 「신학지남」 304 (2010), 68.

들'로 여겨졌고, 성경에도 왕을 '하나님의 아들'(삼하 7:14; 시 2:7, 82:6)로 표현한 구절이 자주 등장한다. 그러므로 본문에 등장하는 '하나님의 아들들'은 스스로 보통명사 '신들의 아들'(son of god)로 자처하며 등장한 '세계의 폭력자들'인 절대 군주들이었다.7 그들은 자신의 힘만 믿고 신처럼 행사하여 '사람의 딸들', 즉 아무 여자나 마음대로 취하는 약탈혼의 폭력으로 세상을 무법천지로 만든 범죄자들이었다. 오랫동안 유럽에서 군주들이 평민들이 결혼할 때 그 아내를 취하는 초야권(初夜權)을 행사해 온 것도 이런 배경에서 이해해야 한다.

이스라엘 백성들이 바벨론에 포로로 잡혀갔을 때 그들은 바벨론제국의 무법천지가 된 죄악상을 목격한다. 제국의 절대 군주는 신처럼 행세하며 온갖 진악무도한 폭행으로 일삼고 있었으며, 무엇보다도 아무 여인들이나 마음대로 취하는 무지막지한 권력의 횡포를 일삼는 대도시의 지배자들이 모두 사악하게 보였을 것이다. 반유목민으로 '흩어져서' 평화롭게 살아오던 이스라엘 사람들로서는 포로민의 처지에서 이러한 사악한 도시에 '갇혀' 사는 것에 경악하지 않을 수 없었을 것이다. 이로써 살인과 폭력이 난무하는 도시국가는 멸망하고 모두가 흩어져서 자유롭게 생활할 수 있는 새 시대가 도래하기를 바라는 개벽사상이 싹트게 되었다. 노아의 홍수 이야기는 이런 배경에서 전승되었다.

2) 조지 스미스가 판독하여 1872년에 발표한 〈길가메쉬 서사시〉 11토판에 나오는 '홍수 이야기' 역시 성서의 노아 홍수 이야기와의 유사성 때문에 큰 충격을 주었다. 노아의 홍수 이야기는 바벨론의 홍수

---

7 J. Moltmann, 『오시는 하나님』 (서울: 대한기독교서회, 1997), 175-176.

설화의 영향을 직접적으로 받은 것이 분명하다. 따라서 노아의 홍수 이야기와 '길가메쉬의 홍수 이야기'가 언뜻 보면 아주 유사한 것 같지만, 그 골자는 판이하게 다르다.

바벨론의 홍수 이야기는 영생불사를 얻기 위해 길을 떠난 우트나피쉬팀이 홍수에서 살아남아 신이 되어 영생하게 된 이야기를 들은 내용을 적은 것이다. 줄거리는 요약하면 다음과 같다.

신들이 자신이 만든 인간이 많아져 그 소음에 괴로워한다.

홍수 재앙을 내려 옛 도시와 함께 인간을 제거할 것을 결정한다.

신들은 이 비밀을 숨기고 오직 우트나피쉬팀에게 은밀히 알린다.

아이들을 포함한 여러 사람들이 함께 방주를 만든다.

모든 가족과 친척과 모든 장인이 방주에 탄다.

모든 금과 은도 함께 싣는다.

여러 신들이 함께 홍수를 일으킨 후 홍수를 두려워한다.

우트나피쉬팀은 자신의 판단으로 배에서 내린다.

살아남은 자들은 신들의 진노를 달래는 제사를 지낸다.

우트나피쉬팀과 그의 아내도 신이 되어 영생한다.[8]

반면 노아 홍수 이야기는 무엇보다도 인간의 죄악으로 세상이 어떻게 바뀌었는지 보여준다. 창조 시에는 하나님이 보시기에 참 좋았던 세상이(창 1:31) 이제는 사람의 죄악으로 가득 찬 세상(창 6:5), 즉 "파괴하

---

8 S. Smith(1988), "The Chaldean Account of the Deluge," *The Myth Flood*, ed. A. Dundes (California: California Univ. Press), 29-48.; 황성일, "길가메시 서사시와 성경," 「광신논단」 17 (2008), 81-83.

여 강포가 땅에 충만한"(창 6:11) 무법천지가 되어버렸다.

> 여호와께서 사람의 죄악이 세상에 관영함과 그 마음의 생각의 모든 계획이
> 항상 악할 뿐임을 보시고…나의 창조한 사람을 내가 지면에서 쓸어버리되
> 사람으로부터 육축과 기는 것과 공중의 새까지 그리하리니…(창 6:5, 7).

큰 홍수가 나면 그 땅에 있던 많은 생명이 죽거나 사라진다. 인간이 가꾼 농토나 세운 가옥이나 도시의 거주물들도 다 휩쓸려 간다. 부자나 가난한 자, 강자나 약자도 홍수 앞에는 속수무책인 것이다. 그리고 물이 빠진 뒤에는 살아남은 자들을 중심으로 새롭게 시작하는 신천지가 전개된다. 홍수 전의 불평등 구조가 재편되는 것이다. 이스라엘 사람들은 바벨론에서의 홍수 경험을 통해 인간의 죄에 대한 하나님의 심판과 천지개벽의 새 창조의 비전을 보았다.

3) 〈길가메쉬 서사시〉에는 홍수의 동기가 인간들이 소음을 유발하는 옛 도시를 없애기 위함이라고 한다. 유프라테스 강가에 있던 200년이나 된 오래된 옛 도시 슈루파크에 인구가 늘어나 도시의 소음으로 괴로웠던 신 엔릴(바람의 신)은 자신이 만든 도시에 싫증을 느껴 이 도시를 없애기 위해 홍수를 내리기로 결정한다.

> 200년이 지나지 않아서
> 땅이 넓어지고 번성하였을 때
> 그는 사람들이 내는 소음으로 인하여 괴로워했다.
> 그들의 고함 소리에 잠이 그를 찾아올 수 없었다.

마침내 엔릴이 회중을 소집하여

자기 자손인 신들에게 선포했다.

"나는 인간들의 소음을 더 이상 견딜 수 없구나.

나는 그들의 소음으로 인하여 무척 괴롭다.

그들의 고함 소리에 잠이 내게 찾아오지 않는구나.

재앙을 내리도록 명령하여라."9

반면 아담의 7대손 노아는 '당대의 의롭고 흠 없는 사람이요, 하나님과 동행한 사람'(창 6:9)이었지만, 그의 아버지 라멕은 그의 아들과 달리 살인을 일삼고 이를 당연시하며 자랑하는 인물로 묘사된다. 심지어 자신을 해치면 일흔일곱 곱절로 보복하겠다 공언(창 4:23-24)하기도 했다. 라멕의 아들 두발 가인은 구리와 쇠를 다루는 사람(창 4:22)이라 했으니, 청동기 시대에 접어들어 칼과 창 같은 신무기로 살인과 폭력이 확대 재생산된 것으로 보인다. 이런 상황에서 하나님은 "땅은 사람들 때문에 무법천지가 되었고, 그 끝 날이 이르렀으니, 내가 사람과 땅을 함께 멸하겠다"(창 6:13)고 선포한다. 그리고 노아에게 "내가 보니, 세상에 의로운 사람이 너밖에 없구나, 너는 식구들을 데리고 방주로 들어가거라"(창 7:1)고 하시며 정결한 짐승은 암수 일곱 쌍과 부정한 짐승 암수 두 쌍씩을 방주에 태워 살아남게 했다. 하나님은 "내가 홍수를 일으켜서, 하늘 아래에서 살아 숨 쉬는 살과 피를 지닌 모든 것을 쓸어 없앨 터이니, 땅에 있는 모든 것은 죽을 것이다"(창 6:7)고 했다.

홍수가 끝나자 노아와 그의 가족들은 방주에서 나와, 그들을 의롭게

---

9 황성일, "구약의 신들", 「광신논단」 15 (2008), 82.

여겨 홍수의 심판에서 구원하여 주신 여호와를 위하여 단을 쌓고 번제를 드린다. 여호와는 그 제사를 흠향하고 노아와 새 계약을 맺으신다(창 9:9-12). 그리고 이 계약의 징표로 무지개를 보여주신다. 노아와의 계약은 두 가지 명령으로 되어 있다.

무릇 사람의 피를 흘리면 사람이 그 피를 흘릴 것이니 이는 하나님이 자기 형상대로 사람을 지었음이니라. 너희는 생육하고 번성하며 땅에 편만하여 그중에서 번성하라(창 9:6-7).

창조 시 아담과 하와에게는 "선악과를 따먹지 말라"고 했으나, 이제는 "더 이상 사람의 피를 흘리지 말라"는 명령으로 바뀐다. 철기로 무장한 정복자들로 인해 그만큼 전쟁과 살생이 극심하였던 것을 반영한 것이다.

그러나 창조의 새로운 질서인 생육과 번성의 축복은 다시 한번 반복된다. 노아의 계약은 노아 가족뿐만 아니라 그의 모든 후손에게도 적용되며 모든 생명 있는 것들도 이 계약의 대상으로 포함된다. 홍수는 죄악으로 붕괴된 창조 질서를 회복하는 하나님의 새로운 창조의 역사로 펼쳐진다. 그리고 다시는 홍수로 심판하지 않겠다는 하나님의 약속의 징표로 무지개를 둔다(창 9:15). 이는 생명의 새로운 질서에 대한 열망을 상징한다.

반면 바벨론의 홍수 이야기에서 우트나피쉬팀('생명을 찾았다'는 뜻)에게 홍수를 예고하고 배를 만들게 한 것은 그를 편애한 지혜의 신 에아(Ea)였다. 우트나피쉬팀은 장인들의 도움으로 배를 만든 다음 금과 은 그리고 온갖 씨앗과 가축과 짐승들을 싣고 모든 친척과 가족을 배에 태운다.

홍수 이후 우트나피쉬팀은 배에서 모든 것을 꺼내 놓고 사방으로 제물을 바쳤다. 신들은 그 향내를 맡고 이 "제물 위로 파리 떼처럼 모여들었다." 바람의 신 엔릴이 당도하여 배를 보고는 "어떻게 생명이 빠져나갔느냐? 어떤 사람도 파멸에서 살 수 없어야 했다"고 화를 내며 외쳤다. 지혜의 신 에아를 의심하자 에아는 우트나피쉬팀에게 꿈을 보여주었을 뿐인데 그가 현명하게도 신들의 비밀을 알게 되었다고 변명한다. 엔릴은 홍수에도 불구하고 지혜롭게 살아남은 우트나피쉬팀과 그의 아내를 일으켜 세우고 "지금까지 우트나피쉬팀은 인간이었으나 지금부터 우트나피쉬팀과 그의 아내는 우리 신들처럼 되었다"[10]고 축복한다. 그리하여 그들은 홍수 덕분에 운 좋게 영원한 생명을 지닌 신들의 무리에 끼게 되었다.

4) 양자를 비교해 보면 성서는 노아를 택해 방주를 만들게 한 것은 '세상에 의로운 사람이 노아밖에 없었기' 때문이며, 홍수는 무법천지에 대한 하나님의 심판이며, 노아의 방주에는 금과 은을 싣지 않은 대신 새 세상을 준비하기 위해 모든 짐승을 태웠다. 홍수 이후에는 노아와의 새 계약을 통해 모든 생명이 다시는 피 흘림이 없이 생육하고 번성할 수 있는 새 역사를 펼쳐 나갈 것을 명하신다. 바벨론제국에 대한 심판과 천지개벽에 대한 열망을 새 창조에 대한 신앙으로 고백한 것이다.

반면 바벨론 홍수 이야기는 다신론적 구조 안에서 옛 도시를 없애기 위한 신들의 계획을 한 신이 그가 편애하는 우트나피쉬팀에게 알려주고, 우트나피쉬팀이 몰래 배를 만들어서 홍수에서 살아남게 되자 반신

---

10 안성림 · 조철수, 『사람도 없었다. 신도 없었다』 (서울: 서운관, 1995), 265-266.

반인이 되었다는 줄거리다. 바벨론 대홍수 이야기와 성서의 노아의 홍수를 비교해 보면 몇 가지 점에서 본질적인 차이를 발견할 수 있다.

두 홍수 이야기의 본질적 차이

비교의 주제	바벨론의 홍수 이야기	노아의 홍수 이야기
홍수의 동기	인간의 소음 제거 위해	무법천지에 대한 심판
방주 제작 요청	신들의 갈등과 편애	의인 노아 선택과 구원
승선 인원	다양한 사람들	노아의 가족
함께 실은 것	동물과 금은보화	암수 동물
홍수의 결과	생존자들이 신이 됨	노아와의 새 계약 체결

성서는 당시에 잘 알려진 바벨론 홍수 신화를 탈신화화하여 이스라엘 신앙 공동체에 죄악된 도시에 대한 야웨 하나님의 심판과 새 창조를 위한 구원의 메시지로 선포한 것이다.

4. 바벨탑 이야기, 도시 문명을 찬양하는 바벨론 신화와 달랐다

바벨탑 이야기는 이렇게 시작된다.

온 땅의 구음이 하나이요 언어가 하나이었더라. …
성과 대를 쌓아 대 꼭대기를 하늘에 닿게 하여
우리 이름을 내고 온 지면에 흩어짐을 면하자(창 11:1-4).

홍수 이후 노아의 세 아들 셈과 함과 야벳을 통해 많은 민족이 생겨나고, 그들의 자손들은 세계 전역으로 흩어져 산다(창 10:1-32). 노아의 후손 중 '힘센 사냥꾼'이었던 니므롯이라는 '세상에 처음 난 장사'가 시날 땅에 바벨과 같은 아주 큰 성을 세웠다(창 10:8-12).[11] 그들은 탑을 높이 쌓아 홍수를 피하고 하나님의 간섭으로부터 벗어나려 했다. 거대한 건축물이나 신전을 조성하여 권력을 과시하려 했던 것이다. 하나님은 그 의도를 악하게 보시고 언어를 혼란시켜 그들의 공사를 중단시키고 그들을 지면으로 흩으셨다(창 11:9).

바벨탑 이야기 역시 이스라엘 백성들이 서기전 587년 바벨론의 포로로 잡혀가 목격하게 된 바벨론의 문화적, 종교적 상황을 뚜렷이 반영한다. 바벨론 포로로 끌려간 이스라엘 민족과 같은 약소국가의 생존을 위협하는 강대국 바벨론제국에 대한 경고가 바벨탑 이야기로 전승된 것이다.

서기전 607년 느부갓네살왕이 세운 바벨론은 인구가 15만 명에 달하는 거대도시였지만, 서기전 482년 페르시아의 침공으로 무너졌다. 바벨탑은 구운 흙벽돌로 쌓아 올린 피라미드 구조의 층계식 건축물로서 그 꼭대기에는 신전이나 제단이 있는 일종의 신전탑이었다. 그중에서 가장 유명한 것은 1913년 발굴된 바벨론의 최고신 마르둑을 위한, 당시 지구라트(Zigurat)라 불린 신전탑이다. 현재 30여 개의 지구라트 유적이 남아 있는데, 역사가 헤로도토스에 의하면 그 높이가 91.5m에 달하는 것도 있다고 한다. 당시 지구라트들은 농업혁명 이후 거대도시 문명을 이룬 바벨론제국과 바벨론 종교의 상징이었으며 도시의 자랑이

---

11 Augustine, *City of God*, IV, xvi, 4.

요 활력소였다.

바벨탑 이야기는 도시화와 문명화의 부작용으로 등장한 거대한 바벨론제국의 횡포와 죄악상을 세 가지로 제시한다.

(1) 그 꼭대기가 하늘에 닿게 하자. 바벨탑은 바벨론에 있던 마르둑 신의 주요 신전으로 '꼭대기가 하늘로 치솟은 집'이라는 뜻을 가진 에사길라(Esagila)를 지칭하는 것으로 보인다. 노아 홍수 이야기를 도시 문명의 죄악상에 대한 하나님의 심판으로 이해한 창세기의 저자는, 바벨론의 높이 치솟은 탑을 다시는 홍수와 같은 하나님의 심판을 면하려는 인간의 불순한 의도요 신에 대한 도전으로 여긴 것이 분명하다. 그것은 마치 에덴동산에서 '하나님과 같이 되려고' 하나님의 명령을 거역하고 선악과를 따먹은 인간의 교만한 모습을 연상하게 하였을 것이다. 바벨론제국은 여러 민족을 정복하고 그들을 포로로 잡아 와 노예로 삼았으며, 이스라엘 백성들도 그중에 포함되었다. 다양한 인종이 유입되면서 종교 혼합이 가중된 불신앙적 상황을 반영한 것이다.

(2) 우리 이름을 날리자. 농경 혁명 이후 거대한 도성을 쌓은 도시의 정복자들은 자신들의 '이름을 날려' 그 누구도 넘보지 못하게 할 요량으로 거대한 건축물을 경쟁적으로 건설했다. 비실용적인 거대 구조물은 절대 군주의 권력과 야망의 상징이자, 하나님의 뜻은 전혀 개의치 않고 스스로의 능력으로 한계를 초월하여 이름을 떨치려는 오만의 산물로 여겨졌다. 이사야는 바벨론의 오만을 지적하면서 "언제까지나 내가 여왕이라고 뽐내지만, 마침내 가난한 과부 신세가 될 것"(사 47:7-8)이라고 경고한다.

(3) 사방으로 흩어지지 않도록 하자. 도시의 건설자들은 자기들끼리 흩어짐을 면하자고 똘똘 뭉쳐 배타적인 특권 계층을 형성하고 있었다.

이는 노아의 홍수 이후 "땅에 편만하여 그중에서 번성하라"(창 9:7)는 하나님의 명령에 반하는 일이었다. 도시는 지배자들은 성을 높이 쌓고 그 안에서 똘똘 뭉쳐 압제와 착취, 폭력과 음란, 차별과 적대 그리고 온갖 우상숭배를 일삼는 범죄의 소굴을 만든 것이다.

그러나 반유목민의 후예였던 이스라엘 백성들의 입장에서 보면 거대한 도시 안의 질서는 모든 사람이 생명의 위협을 느끼지 않고 살 수 없는 곳으로 여겨졌다. 하나님의 심판의 대상으로 여겼던 것이다. 제국의 도시인은 '이웃을 지켜주는 자'(창 4:9)가 아니라 지배자들이 끼리끼리 뭉쳐 '이웃을 등쳐먹는 자'(사 10:2, 공동번역)였기 때문이다.

바벨탑 이야기는 온 땅의 구음(口音)이 하나요 언어가 하나였지만, 도시 문명의 죄악을 심판하심으로 언어 혼란이 일어났다는 점을 부각한다. 언어가 하나였다는 것은 무엇을 의미하는가? 바벨론에는 여러 민족이 노예로 잡혀 와 있었고 그들은 각기 자신들의 방언을 사용했을 것이다. 바벨론제국의 정복자들은 노예들을 일사불란하게 부리기 위하여 일체 방언 사용을 금했다. 바벨론의 포로민으로 잡혀간 유대인들도 역시 바벨론제국의 통용어인 갈대아 방언(바벨론어)을 배워야 했으며(단 1:4), 다니엘과 그의 세 친구처럼 히브리어 이름이 갈대아어로 개명되었다(단 1:7). 일본이 식민지 지배를 원활히 하기 위해 한글 사용을 금지하고 일본어 통용과 창씨개명을 강요한 것과 같이 이러한 정책이 바벨론에서도 시행된 것이다.

반면 창세기는 바벨론이라는 강대국이 약소민족의 방언 사용을 금지하고 강제적으로 '구음을 하나로 통일'시킨 언어 정책에 대한 심판의 상징으로 언어를 혼란케 한 것으로 설명한다. 하나님께서 "그들의 언어를 혼잡하게 하자"라고 선언한 것은 약소민족이 저마다의 고유한 문명과 언어의 가치를 찾도록 문화적 주체성을 회복하신 것으로 해석된다.

농업혁명 이후 전개된 도시화는 물질적 풍요와 안정을 가져다주지만, 동시에 범죄와 탐욕의 혼란을 초래했다. 계급이 분화되고 노예제도가 생겨 억압과 착취가 판을 칠 수 있는 도시적 상황이 전개된 것이다. 제국종교는 이러한 지배를 합리화하는 혼란스러운 다신론적 신화를 꾸몄다. 언어 혼란은 이처럼 강대국의 문화적 차별과 적대를 해소한 조치이지만, 동시에 국제적 대도시의 여러 종교적 언어적 혼란상을 드러내는 것이기도 하다.

유발 하라리는 "제국을 건설하고 유지하려면 수많은 사람을 악랄하게 살해하고 나머지 사람들을 무자비하게 억압할 필요가 있었다. 전쟁, 노예화, 국외 추방, 대량 학살은 제국의 일반적인 수단으로 꼽힌다"[12]고 했다. 기존의 도시 안에서 제국의 기득권을 누리며 안주하기 위해 높은 탑을 쌓고 언어를 통일하고 흩어지지 말자고 하는 바빌론의 도시 문명에 대해, 성서는 하나님께서 바벨탑을 무너뜨리고 언어를 혼란시키고 온 땅에 흩어지게 했다고 한다. 인류의 분산과 언어의 분화를 통해 땅에 충만할 수 있도록 새 역사를 전개하게 하신 것으로 재해석한 것이다.

창세기 3~11장에 의하면 죄는 인간과 하나님, 인간과 인간(남자와 여자, 형제, 부모와 자녀), 인간과 자연 세계(가시와 엉겅퀴) 그리고 자신 안에(부끄러움) 부조화를 일으킨다. 죄는 가족과 일터(창 3:14-19, 9:20-27), 문화와 공동체(창 4:17-24), 민족들(창 10-11), 보다 큰 창조 질서(홍수)에 악영향을 끼치며, 심지어 하늘의 영역까지 침범한다(창 6:1-4). 하나님은 혼돈

---

12 Yubal N. Harari, 『사피엔스』 (서울: 김영, 2015), 277.

에서 새 질서를 창조하였으나, 인간은 범죄하여 다시 하나님께서 창조한 질서를 혼돈으로 만든다. 하지만 인간의 이러한 죄에도 불구하고 하나님께서는 그때마다 새로운 구원 질서를 창조하신다.

타락한 아담과 하와에게는 죽음을 유예하고 추방하면서 가죽옷을 입혀 수치를 가려준다. 가인도 범죄로 인해 세상을 떠돌아다니는 신세가 되지만, 사람들이 그를 살해하지 못하도록 가인에게 표를 주신다. 또한 홍수로 인간을 멸하셨지만, 노아의 가족과 모든 동물을 방주를 통해 구원하시어 새 역사의 그루터기로 삼으시고 다시는 홍수로 멸망치 않을 것을 무지개로 약속하시며 새로운 계약을 맺으신다. 이제 바벨탑 사건으로 흩어진 인류를 위해 하나님은 새 역사를 계획하고, 이를 위하여 바벨론에 살고 있던 아브라함을 불러내어 새 역사의 장을 여시고 구원의 새 역사를 창조하신다.

제 5 장

조상들의 하나님, 고대 신전의 국지신과 달랐다

1. 아브라함 · 이삭 · 야곱의 하나님, 철학자의 하나님과 다르다
2. 아브라함의 이삭 번제, 그리스의 비극적 영웅과 달랐다
3. 조상들과 동행하는 하나님, 이동신은 국지신과 다르다
4. 다윗과 솔로몬의 성전 건축과 반성전 전승

1. 아브라함·이삭·야곱의 하나님, 철학자의 하나님과 다르다

창세기의 뒷부분(12-50장)에는 아브라함, 이삭, 야곱, 요셉에 이르는 초기 이스라엘 족장들의 역사가 기록되어 있다.

아브라함 집안은 본래 메소포다미아 남부 지역에 있는 우르(Ur) 출신이었는데, 그의 아버지 세대에 시리아 북부 지역 하란(Haran)으로 이주했고, 아브라함은 하란에서 가나안으로 이주했다. 하나님은 그에게 나타나 이렇게 명령한다.

> 너는 네가 살고 있는 땅과 네가 난 곳과 너의 아버지의 집을 떠나서 내가 보여주는 땅으로 가거라. 내가 너로 큰 민족이 되게 하고 너에게 복을 주어서, 네가 크게 이름을 떨치게 하겠다. 너는 복의 근원이 될 것이다. … 땅에 사는 모든 민족이 너로 말미암아 복을 받을 것이다(창 12:1-2).

아브라함은 식솔들을 데리고 하나님의 명령에 따라 현실에 안주하는 것을 포기하고 고향(지연 공동체)과 친척(혈연 공동체)을 떠나 미지의 세계로 향한다. 히브리서는 "믿음으로 아브라함은 부르심을 받았을 때 순종하여 장래의 유업으로 받을 땅에 나아갈 새 갈 바를 알지 못하고 나아갔다"(히 11:8)고 했다. 아브라함은 오직 하나님의 약속의 말씀을 의지하며 1,000km가 넘는 머나먼 길을 떠난 것이다.

하나님은 아브라함에게 새 역사를 위해 떠날 것을 명하면서 몇 가지 축복을 약속했다. 그 약속을 마침내 이루어졌지만, 그 과정은 순탄하지 않았다.

1) 많은 후손에 대한 약속이다. 아브라함은 우여곡절 끝에 아들 하나를 얻지만, 그의 손자 야곱이 열두 아들을 낳게 된다. 야곱 때 다시 기근이 들어 식솔 70명이 이집트로 이주하였고, 400여 년이 지나는 동안 12지파로 번성했으나 결국은 파라오의 노예로 전락했다.

2) 땅에 대한 약속이다. 아브라함은 하나님의 말씀에 따라 머나먼 가나안 땅으로 갔으나, 그곳의 쓸 만한 땅은 이미 원주민들이 정착하고 있었다. 원주민들의 방해를 받지 않고 거주할 곳은 남부의 네겝 사막 근처의 척박한 땅밖에 없었다. 그곳은 젖과 꿀이 흐르는 땅은 고사하고 강수량이 아주 적은 곳이었으므로 항상 가뭄과 기근에 시달려야 했다. 그의 손자 야곱 때 다시 기근이 들어 이집트로 이주하였고, 결국 그곳에서 노예로 전락하여 400여 년 동안 땅 없는 백성의 고통을 겪는다. 모세의 인도로 이집트를 탈출하여 황폐한 불모의 땅 광야에서의 유랑 생활 40년을 거쳐 우여곡절 끝에 가나안 땅으로 되돌아왔다.

창세기에 기록된 아브라함에게 약속한 땅의 축복이 출애굽기, 레위기, 민수기, 신명기를 거쳐 여호수아에 와서 비로소 이루어진다. 이스라엘 계약 공동체는 이 땅이 바로 조상들에게 약속한 하나님이 주신 땅으로 믿었기 때문에 이 땅을 온 백성이 골고루 나눠 가진 것이다. 마침내 모든 백성이 평등하게 분배받으므로 이 가나안 땅은 '젖과 꿀이 흐르는 땅'이 된 것이다.

3) 이름을 떨치게 되는 복이다. 반유목민이었던 아브라함은 떠돌이 생활을 하는 동안 여기저기서 토박이들의 홀대와 박해를 당했다. 약자의 서러움과 강자들의 횡포를 직접 겪은 아브라함은 자신들이 하나님의 선택받은 민족이 되어서 선한 영향력으로 이름을 떨치는 것을 큰 축복으로 여겼을 것이다.

4) 복의 근원이 되어 복이다. 땅과 자손과 명예에 대한 축복은 세속적 축복이다. 여기에 또 다른 하나의 축복이 추가된다. 복의 근원이 되어 "세상 사람들이 네 덕을 입게 될 것"(창 12:3하, 공동번역)이라는 축복이다.

하나님이 아브라함을 택하여 새 역사를 펼치는 목적이 여기에 있었다. 하나님은 아브라함이 '젖과 꿀이 흐르는 땅'의 축복과 '하늘의 별, 바닷가의 모래만큼 많은 자손'의 축복과 '믿음의 조상'이라는 명예의 축복을 모두 받아 저 혼자 누리라고 그를 택한 것이 아니다. 그 많은 개인적인 축복이 복의 근원이 되어 결국은 세상 모든 사람에게 베풀어지게 하기 위함이다.

여기서 히브리 종교의 전향적인 축복관을 볼 수 있다. 진정한 축복은 저 혼자 받아 누리기를 바라는 기복(祈福)이 아니라 그것을 보다 많은 사람에게 베푸는 선복(宣福)이라는 것이다. 이것이 바로 '복의 근원'이 되어야 한다는 하나님의 마지막 약속의 의미다. 하나님은 아브라함을 축복함으로써 그를 통해 그의 가족과 그의 후손과 온 인류가 축복을 누리도록 약속하신 것이다.

아브라함은 이기적인 기복의 동기가 아니라 이타적인 선복의 동기에 따라 그의 삶의 방향을 재정립한 것이니, 이스라엘을 통해 온 인류에게 복을 주시려는 야웨의 새 역사 창조의 위대한 서사시의 서막이 펼쳐진 것이다.

아브라함과 이삭과 야곱과 요셉을 거쳐 모세와 여호수아로 이어지는 초기 이스라엘 족장들의 역사가 주는 교훈은 (1) 하나님이 아브라함을 택하여 떠나보낸 목적은 모든 사람의 복의 근원이 되게 함이다. (2) 하나님의 약속은 궁극적으로 반드시 성취된다. (3) 하나님의 약속은 인간적으로 불가능한 상황에서도 하나님의 능력으로 실현된다. (4) 하나님의 약속과 성취 사이의 중간기는 긴장과 회의의 시련 기간이며, 따라서 이 기간을 사는 사람들에게는 하나님에 대한 절대적인 신앙과 신뢰가 요청된다.

최근의 고고학적 연구에 따르면 주전 13세기 초 아시리아의 침략으로 하란 일대의 거주지가 대규모 파괴된 것이 확인되었다. 따라서 "하란에서 가나안으로 들어온 초기 이스라엘인들이 아시리아군에게 패한 전쟁난민이었다는 사실은 야곱이 '내 조상은 떠돌아다니면서 사는 아람 사람'이었다는 표현 속에 암시되어 있다."[1]

2. 아브라함의 이삭 번제, 그리스의 비극적 영웅과 달랐다

아브라함이 하란을 떠난 지 10년이 되고 아브라함의 나이도 85세가 되었지만, 여전히 아들을 얻지 못하자, 초조한 아내 사라는 자신의

---

1 이스라엘 크놀, 『신의 설계자들』 (서울: PCK, 2024), 71.

몸종인 하갈을 씨받이로 하여 이스마엘을 낳게 한다. 다시 13년이 지나 아브라함의 나이가 99세가 되고 가나안에 정착한 지 24년이 되는 해에 하나님이 아브라함에게 나타나서 계약을 체결한다(창 17:1-11).

이 계약의 상대자는 아브라함의 모든 후손도 포함된다. 하나님은 아브라함에게 후손의 축복과 모든 후손에게 가나안 땅을 영원한 기업(상속재산)으로 줄 것을 약속하신다. 그리고 이 계약의 증표로 모든 남자의 양피를 베는 할례(割禮)를 행하게 했다.

하나님은 다시 한번 나타나 사라가 잉태하여 아들을 낳을 것이라 약속했다. 사라는 나이가 90이 되어 경수(經水)도 끊어졌는데 아이를 낳는다는 것이 믿어지지 않아 속으로 웃었다(창 17:17). 마침내 하나님의 약속이 이루어져 이삭('웃다'라는 뜻)이 태어났다. 25년 만에 하나님의 방식으로 아들 하나를 겨우 얻은 것이다.

이삭이 자라 청년이 되었을 때 하나님은 아브라함을 시험하시려고 "네 아들 네 사랑하는 독자 이삭을 데리고 모리아 땅으로 가서 내가 네게 지시하는 한 산 거기서 그를 번제로 드리라"(창 22:2)고 명했다.

1) 이삭을 번제로 바치라는 하나님의 명령은 자기모순이 포함되어 있다. 이삭을 제물로 바치라는 것은 살인하라는 요구이다. 다른 사람도 아니고 사랑하는 독자를 아버지로 하여금 죽이도록 한 것은 윤리 이전에 부자 간의 정리(情理)와 도리에 어긋나는 것이 분명하다.

이삭을 번제로 바치라는 명령은 이성적으로 볼 때 아브라함에게 무수한 자손을 축복하겠다는 하나님 자신의 약속과 모순된다. 수많은 자손의 축복을 받으려면 현재의 유일한 자손인 외아들 이삭의 생존을 통해서만 가능하기 때문이다. 이 아이마저 데려가면 밤하늘의 별만큼

은 고사하고 무슨 수로 대를 잇는단 말인가?

키에르케고르는 아브라함이 모리아로 가는 3일 동안 "제물로 바칠 양이 어디 있느냐"는 이삭의 질문에 침묵으로 일관한 것은 자신조차 이해할 수 없는 자기 모순적 하나님의 명령이므로 설명할 길이 없었기 때문이라고 한다. '그럼에도 불구하고' 아브라함은 단지 하나님이 명했다는 이유로 이를 수행하기로 신앙의 결단을 내린 것이다.

2) 키에르케고르는 아브라함이 이삭을 번제로 바치기로 결단한 행위는 그리스의 무수한 비극적 영웅의 모습과 전적으로 다르다고 했다. 그리스의 영웅들이었다면, 신이 자신의 아들을 희생시키라고 명했을 때 '사랑하는 아들을 죽이는 것보다 차라리 내가 대신 죽겠다고 나서는 것이 아비의 도리가 아닐까?'라는 합리적인 대안을 모색하며 자기희생의 길을 선택했을 것이라는 설명이다. 키에르케고르가 가정한 것처럼 만약 아브라함이 모리아 산으로 가서 제단을 쌓은 다음, 칼을 들고 "하나님, 사랑하는 아들 대신 이 늙은 몸을 드립니다. 아들로 청춘을 즐기게 하시고, 흡족하지 않으시더라도 이 제물을 물리치지 마옵소서"라고 외치며 자신의 가슴에 칼을 꽂았다면, 아브라함은 세상 사람들에게 감동을 주는 비극적인 자기희생의 영웅으로 길이 칭송되었을 것이라고 한다.[2]

3) 아브라함은 수많은 위기나 난제를 지혜와 용기 그리고 엄청난 자기희생을 통해 이겨낸 그리스의 '비극적 영웅'과 달랐다. 아브라함은

---

2 S. Kierkegaard, 『공포와 전율』 (서울: 다산글방, 1991), 32.

부자간의 정리로나 도덕적으로나 이성적으로 도저히 납득이 가지 않는
하나님의 명령 앞에서 '두렵고 떨리는 마음'으로 말없이 그 명령에 따르
는 신앙의 위대한 모습을 보여준 것이다. 이런 의미에서 키에르케고르
는 아브라함이 모든 인류에게 자명한 인간의 보편적인 윤리적 의무보다
하나님에 대한 절대적인 의무인 믿음을 앞세운 최초의 인물이었다고
한다. 하나님에 대한 의무와 인간에 대한 의무가 충돌을 일으키는 위기
와 모순의 순간, 아브라함은 하나님의 말씀에 순종하는 것이 절대선에
이를 수 있다는 신앙적 결단을 내린 것이다.

키에르케고르는 "믿음을 통해서만 아브라함처럼 될 수 있는 것이지
살인을 통해 되는 것은 아니다"라고 했다. 그리고 "아브라함처럼 위대
한 사람은 한 사람도 없었다. 확실히 아브라함을 이해할 수 있는 사람은
위대하다"[3]고 했다. 심지어 이러한 아브라함의 믿음을 이해하는 것은
헤겔의 체계를 이해하기보다 어렵다고 했다.

아브라함은 인간의 지혜로는 납득하기 어려운 하나님의 명령 앞에
서 '그럼에도 불구하고' 그 약속을 믿고 그 명령에 순종했다. 이것이
절대적인 순종을 통한 '믿음의 의'에 이르는 길이기 때문이다. 그래서
아브라함은 '믿음의 조상'(갈 3:7)이 되었고 그를 통해 야웨 신앙의 새
역사가 펼쳐지게 된 것이다.

3. 조상들과 동행하는 하나님, 이동신은 국지신과 다르다

아브라함에게 "내가 보여준 땅으로 가라" 하셨던 하나님은 아브라

---

3 앞의 책, 44, 184.

함의 아들 이삭에게 나타나서 "나는 너를 보살펴 주며(너와 함께하며) 너에게 복을 내려 주리라"(창 26:3)고 했다. 그리고 이삭의 아들 야곱에게 "네 곁을 떠나지 않겠다"는 약속이 반복된다.

내가 너와 함께 있어 네가 어디로 가든지 너를 지켜주다가 기어이 이리로 다시 데려오리라. 너에게 약속한 것을 다 이루어 줄 때까지 나는 네 곁을 떠나지 않으리라(창 28:15; 31:3).

아브라함과 이삭과 야곱에게 "네가 어디로 가든 지켜주며 네 곁은 떠나지 않겠다"고 약속하신 하나님은 그들의 구체적인 삶의 여정과 역사적 고난 속에 '동행하시는 임마누엘 하나님'이었다. 그리고 이스라엘의 선조들은 하나님의 부름에 응해 하나님의 약속을 믿고 새로운 역사를 이루기 위해 미지의 불확실한 세계로 순례하는 모험가들이었다.

아브라함과 이삭과 야곱과 요셉의 우여곡절 많은 구체적인 삶 속에서 그들의 개인적인 삶을 인도하시는 '조상들의 하나님'(신 6:3 등)이라는 관용적 구절이 구약성서에 31번 정도 등장한다. 파스칼이 『팡세』에서 "아브라함의 하나님, 이삭의 하나님, 야곱의 하나님은 철학자들이나 학자들의 하나님이 아니다"라고 한 것처럼, '조상들의 하나님'은 철학자들이 추론해 낸 전지전능하고, 영원불변하고, 도덕적으로 완전한 형이상학적인 존재가 아니었다. 조상들의 하나님은 조상들에게 "네가 어딜 가든지 함께 하겠다"라고 약속하고, 그 약속을 이루기 위해 조상들의 구체적인 고난의 역사에 동참하시며 동행하고 이동하시는 하나님이었다.

1) 아브라함, 이삭, 야곱을 택하여 그들과 계약을 맺고 그들의 삶의

여정에 동행하시는 조상의 하나님은 출애굽 이후 시나이산에서 모세에게 성막(聖幕)을 만들도록 명령했다(출 27:1-8).4 조상의 하나님은 특정한 장소나 성전에만 거하시는 분이 아니기 때문에 모세에게 이동식 성막을 지으라 하신 것이다.

반면 고대 근동의 신들은 특정 지역신으로 한정되어 있다. 수메르의 중요한 신들은 특정 도시의 주신(主神)이었다. 초기 이집트에는 '노메스' 라는 42개의 행정구역으로 나누어져 있었는데, 각 노메스마다 섬기는 신이 따로 있었다. 도시나 마을마다 대개 그 지역신을 모시는 신전이 있었기 때문에 도시가 달라지면 신들이 달라졌다. 자연히 도시가 늘어날수록 신들의 수는 수없이 늘어났다.

폴 헨슨에 의하면 수메르의 경우 왕위가 바뀔 때마다 성전이 이동되었다고 한다. 이집트의 경우도 마찬가지다. 새로운 왕은 천도와 더불어 새로운 신상을 만들어 안치할 신전을 세우고, 신전과 신상을 관리하는 제사장 중심의 중앙집권적 체계를 구축했다. 당시의 국가종교에서는 왕위 교체의 역사는 곧 신전 교체의 역사였다.

그러나 성서에는 신의 선택이 장소 중심으로 이루어지지 않고 인간 공동체 중심으로 일어난다. 하나님은 자기 백성을 택하여 "나는 너희 하나님이고 너희는 나의 백성"(출 6:6)이라는 계약을 체결하신 것이다. 자기 백성을 택하신 하나님은 이집트의 노예 생활을 할 때나 바벨론에서 포로 생활을 할 때도 그들을 찾아오신 것이다. 신의 존재가 고정된

---

4 성막은 길이 약 45.6m, 폭 약 22.8m의 직사각형 뜰 사면에 휘장을 치고, 그 가운데 여러 쪽을 나무판자로 길이 약 14m, 너비 약 4m의 성소를 세우고 두꺼운 휘장으로 성소와 지성소를 구분했다(출 26:15-30). 이 휘장은 청동으로 만든 기둥 60개로 지탱되었다(출 27:9-19). 뜰(마당) 안에는 번제를 위한 큰 제단이 있었고(출 27:1-8), 제사장들이 제사를 위하여 자기 몸과 제물을 씻는 청동 물두멍이 있었다(출 30:17-21).

성전 중심의 제사 구조 안에서 현현하는 것이 아니라 변화하는 공동체의 역사적 사건 안에 출현하였기 때문이다. 그 당시의 성전 중심의 종교관에 맞선 공동체 중심의 종교라는 혁명적 대안이었다.

2) 하나님은 이스라엘 백성이 가나안에 정착한 후에도 "너희가 나를 찾으면 살겠지만, 그러나 벧엘, 길갈, 브엘세바에서 나를 찾지 말라"(암 5:4-5)고 했다. 성소가 있는 특정한 장소에 국한되지 않는 무소 부재하신 하나님이시기 때문이다. 다윗이 성전을 지으려고 했을 때 "나의 거할 집을 건축하지 말라"고 하신 '반성전(反聖殿) 전승'(렘 7:4; 사 66:1)이 이를 뒷받침한다.

> 가서 내 종 다윗에게 말하기를 여호와의 말씀이 너는 나의 거할 집을 건축하지 말라. 내가 이스라엘을 올라오게 한 날부터 오늘날까지 집에 거하지 아니하고 오직 이 장막과 저 장막에 있으며 이 성막과 저 성막에 있었나니 (대상 17:4-5).

종교학자들은 '티로의 바알'처럼 특정 장소에 국한되어 있는 신을 국지신(局地神)이라 하고, '아브라함의 하나님'처럼 조상들과 동행하는 신을 이동신(移動神)이라 한다.

3) 몰트만은 이러한 성막 중심의 이동신 개념을 발전시켜 조상들을 택하여 그들에게 새로운 역사의 미래를 약속과 계시로 보여주고 그들의 가는 길을 앞장서서 인도하시는 '우리 앞에 있는 신'(God before us), 즉 '희망의 하나님'이라는 독특한 성서적 신관을 주장했다. 고대 근동의

자연종교나 희랍종교의 신은 초월적인 존재가 특정한 장소에 내재한다
는 현현의 신과는 달리, 조상들과 동행하시며 갈 바를 알지 못하며 새출
발하는 그들보다 '앞서가시는 하나님'(신 31:8; 사 52:12)이라는 것이다.

여호와 그가 네 앞에서 가시며 너와 함께 하사 너를 떠나지 아니하시며
버리지 아니하시리니 너는 두려워하지 말라 놀라지 말라(신 31:8).

4. 다윗과 솔로몬의 성전 건축과 반성전 전승

사울에 이어 다윗이 왕이 되었을 때 법궤를 자신의 성으로 옮기고
다른 나라처럼 성전을 세울 계획을 하였으나, 하나님은 "지금까지 천막
을 치고 옮겨 다녔고, 집안에서 살아 본 적이 없다"는 사실을 내세워
강력하게 반대한다.

나는 이스라엘 자손을 에집트에서 이끌어 내던 때부터 지금까지 천막을
치고 옮겨 다녔고, 집안에서 살아 본 적이 없다. 내가 이스라엘 백성과 함께
여기저기 옮겨 다니는 동안, 내 백성 이스라엘을 맡겨 보살피게 한 어느
영웅에게 어찌하여 나의 집을 송백으로 지어 주지 않느냐고 말한 적이 있었
더냐?(삼하 7:5-7, 공동번역).

솔로몬은 그의 부친 다윗이 성전을 건축하려 했을 때 하나님의 반대
가 있었다는 '반성전 전승'을 알면서도 성전 건축을 강행한다. 다윗은
전쟁에서 피를 많이 흘려서 거룩한 성전 건축에 부적합한 인물이었지
만, 솔로몬은 그러하지 않아 성전 건축이 허용된 것이라고 합리화했다

(대상 22:8-10, 28:3-6).

성전 건축은 이집트에서 나온 지 480년 되는 해에 시작했다는 기록을 보아 서기전 967~958년 사이로 추정된다. 솔로몬은 성전 건축이라는 국가적 건축 사업이라는 명분으로 3만 명에게 근로소집령을 내려 1만 명은 교대로 레바논으로 보내 목재를 가져오게 하고, 나머지 2만 명은 성전 건축에 투입했다. 또한 짐 나르는 사람 7만 명과 돌 깨는 사람 8만 명을 산지로 보내 채석하고 운반하게 했으며, 고급 관리 3,300명을 두어 이들을 감독하게 했다(왕상 5:27-31). 근로소집령은 왕정 도입의 반대 이유 중 하나로 사무엘(삼상 8:12-16)이 경고한 일이 벌어진 것이다. 솔로몬 시대에 와서 궁전과 성전을 건축하기 위해 대규모 강제적인 노동력 동원이 시행됨으로 이스라엘 백성들은 자기들의 조상들이 이집트에서 당했을 강제노동의 고통과 공포를 자기 땅에서 겪게 되는 것에 대한 자괴감과 좌절감이 극심했다(출 1:11-14, 5:4-19; 신 26:6 등). 예언자 미가는 궁전과 성전 건축의 부조리를 이렇게 비판했다.

너희는 백성의 피를 빨아 시온을 세웠고 백성의 진액을 짜서 예루살렘을 세웠다(미 3:10, 공동번역).

솔로몬은 왕이 된 지 4년째 되던 해 예루살렘에 야웨의 성전을 짓기 시작하여 7년 만에 완성했다(왕상 6:1).[5] 솔로몬 성전은 성막을 모델로 하여 뜰, 성소, 지성소로 구성되었다. 외국의 건축가(왕상 7:13f)가 설계한 것이므로 이교적 신전의 요소가 가미된 이교의 '새로운 풍조'를 나타

---

5 N. K. Gottwald, 『히브리성서 1』 (한국신학연구소, 1987), 204.

내는 주요한 상징이었다. 그럼에도 불구하고 열왕기서는 솔로몬이 성전 건축을 마쳤을 때 하나님은 솔로몬의 성전 건축을 추인한 것으로 기록했다.

> 네가 짓는 이 집 말인데… 만일 네가 나의 규범대로 살아가면 네 아비 다윗에게 약속한 바를 너에게 이루어 주리라. 그리하여 내 백성 이스라엘을 저버리지 아니하고 오히려 그 가운데서 지내리라(왕상 6:12-13, 공동번역).

솔로몬이 지은 성전에 거하겠다는 것이 아니라 솔로몬이 하나님의 규범을 지키면 이스라엘 백성 가운데 지내겠다는 약속이었다. 여전히 순종이 성전 제사보다 중요하다는 내용을 함축하며, 하나님은 성전에만 거하는 국지신이 아니라 조상들과 동행하시는 이동신이라는 사실을 다시 확인시켜준다.

조상들과 동행하시는 하나님은 성막 중심의 이동신이라는 계약 공동체의 특이한 신관과 '반성전 전승의 정신'은 후기 유대교의 성전주의를 반대한 예수와 스데반을 통해 이어진다. 예수는 성전을 특권과 착취와 통제의 수단으로 삼고 '강도의 소굴'로 만든 성전주의자들을 채찍으로 내몰았으며 "네가 이 큰 건물을 보느냐 돌 하나도 돌 위에 남지 않고 다 무너뜨려지리라"(막 13:2)고 성전 멸망을 선언하심으로 자신의 죽음을 자초했다.

스데반은 예수의 죽음으로 성전 중심의 제사 종교는 의미가 없다고 선언한다. "지극히 높으신 이는 손으로 지은 곳에 계시지 아니하시나니"라고 설교(행 7:48-50)한 까닭에 그는 유대인들에 의해 투석형으로 순교했다. 기독교가 성전 중심의 종교가 아님을 시사해 주는 대목이다.

신약성서의 교회(ekklesia)라는 말이 예배당이라는 장소의 개념이 아니라 '부름 받은 자들의 모임'이라는 회중의 뜻을 지닌 것도 이런 배경에서 이해되어야 한다.

요한과 바울은 하나님의 현존의 장소요 당신의 백성을 만나시는 공간이었던 성전은 이제 부활하신 예수 자신으로 인격화되었다(요 2:21; 골 2:9; 계 21:22)고 한다. 나아가 성도들 개개인이 하나님이 거하는 거룩한 성전이 되었다(고전 6:15, 12:27)고 선언한다.

> 여러분은 여러분이 하나님의 성전이요 하나님의 성령이 여러분 가운데 계시다는 것을 모르십니까? … 하나님의 성전은 거룩합니다. 여러분은 하나님의 성전입니다(고전 3:16-17, 새번역).

제 6 장

히브리의 하나님, 제국종교의 수호신과 달랐다

1. 노예들의 부르짖음을 들으시는 하나님
2. 노예들의 하나님, 정복자의 수호신과 달랐다
3. 다시는 노예가 되지 말고 노예를 부리지 말라

1. 노예들의 부르짖음을 들으시는 하나님

종교개혁자들이 구약성서에서 가장 중요한 내용으로 여긴 십계명 서문에는 하나님께서 친히 자신이 어떤 분인지를 명시하고 있다.

너희 하느님은 나 야훼다. 바로 내가 너희를 이집트 땅 종살이하던 집에서 이끌어 낸 하느님이다(출 20:2, 공동번역; 새번역).

구약성서학자 폰 라드는 십계명 서문의 하나님의 자기 규정이 다음과 같이 구약성서에서 '가장 오래된 역사적 신앙 고백'(신 26:5-9)으로 전승되어 왔다고 했다.[1]

내 조상은 떠돌아다니면서 사는 아람 사람으로서
몇 안 되는 사람을 거느리고 이집트로 내려가서,
거기에서 몸 붙여 살면서, 거기에서 번성하여,
크고 강대한 민족이 되었는데,
이집트 사람이 우리를 학대하며 괴롭게 하며,

---

1 G. von Rad, 『구약신학』 1권 (서울: 대한기독교출판사, 1976), 113.

우리에게 강제노동을 시키므로,

우리가 주 우리 조상의 하나님께 살려 달라고 부르짖었더니,

주께서 우리의 울부짖음을 들으시고,

우리가 비참하게 사는 것과 고역에 시달리는 것과

억압에 짓눌려 있는 것을 보시고,

강한 손과 편 팔과 큰 위엄과 이적과 기사로,

우리를 이집트에서 인도하여 내시고,

주께서 우리를 이곳으로 인도하셔서,

이 땅, 곧 젖과 꿀이 흐르는 땅을 우리에게 주셨습니다

(신 26:5-9, 공동번역).

출애굽의 역사는 아브라함의 증손자인 요셉이 이집트로 팔려 가 총리대신이 되자 흉년을 피하여 그의 부모와 형제들이 다 이집트로 이주하여 정착한 데서 시작된다(창 37-50장).[2] 세월이 흘러 400년(출 12:40) 또는 430년(창 15:30)이 지나 '요셉의 사적을 모르는 왕들'이 등장하여 이스라엘 자손은 학대 당하는 노예로 전락한다. 그들의 노예적 상황은 네 가지로 요약된다.

(1) 강제노동이었다. 이집트 왕은 곡식을 저장해 둘 비돔과 라므세스 도성을 세우기 위해 이집트 공사 감독관은 이스라엘 자손을 '강제노동으로 억압'하며 '혹독하게 부렸다'(출 1:11, 13). "흙을 이겨 벽돌을 만드는 일"뿐 아니라 "밭일과 같은 온갖 고된 일"로 "그들을 괴롭혔다"(출 1:15). 이스라엘 자손의 작업반장들은 이집트 왕에게 가서 자신들을

---

2 B. W. Anderson, 『구약성서의 이해 I』 (왜관: 분도출판사, 1983), 55.

종이라 지칭하며 다음과 같이 하소연했다.

> 어찌하여 저희 종들에게 이렇게 하십니까? 저희 종들은 짚도 공급받지
> 못한 채로 벽돌을 만들라고 강요받고 있습니다. 보십시오, 저희 종들이
> 이처럼 매를 맞았습니다(출 5:15-16, 공동번역).

람세스 2세 15년에 기록된 가죽 두루마리에는 매일 40명이 8만
개의 벽돌을 만들었다고 적혀 있다. 하루에 한 사람이 2,000개를 만들
어야 하는 엄청난 중노동에 시달렸던 것이다.

(2) 경제적 착취였다. 강제노동에 동원된 사람들에게는 통상적인
임금이 지불되지 않았다. 강제노동 동원 지체가 경제적 착취였다. 이스
라엘 백성을 부리는 강제노동 감독관들과 작업반장들은 파라오의 명령
을 하달했다.

> 너희는 벽돌을 만드는 데 쓰는 짚을 더 이상 이전처럼 저 백성에게 대주지
> 말아라. 그들이 직접 가서 짚을 모아 오게 하여라. 그러나 벽돌 생산량은
> 이전과 같게 하여라(출 6:6-8).

벽돌을 만드는 데 쓰이는 재료까지 무상 공급하지 않고 강제 동원된
이스라엘 백성들이 스스로 구하도록 한 것이다.

(3) 강제 산아 제한이다. 이집트 왕은 이스라엘 산파들에게 "아기가
아들이면 죽이고, 딸이면 살려두어라"(출 1:16)라고 명했다. 이스라엘 노
예의 숫자를 일정 비율로 제한하기 위한 인종적, 민족적 차별 조치였다.[3]

이 백성, 곧 이스라엘 자손이 우리보다 수도 많고, 힘도 강하다. 그러니 이제, 우리는 그들에게 신중히 대처해야 한다. 그렇게 하지 않으면 그들의 수가 더욱 불어날 것이고, 또 전쟁이라도 일어나는 날에는, 그들이 우리의 원수들과 합세하여 우리를 치고, 이 땅에서 떠나갈 것이다(출 1:9-10, 표준 새번역).

갓 태어난 남자아이는 강물에 버리도록 명령하였는데, 강물에 버려진 갓 태어난 모세를 발견한 이집트 공주가 그를 몰래 왕궁으로 데려다 키운 것이다. 이집트 왕궁에서 왕자로 자란 모세가 장성한 후 자신의 출생의 비밀을 알고 미디안 광야로 달아나 양치는 목자로 생활하다가 불타는 떨기나무 가운데서 들리는 야웨의 부르심을 받는다. 야웨는 모세에게 다음과 같이 말한다.

나는, 이집트에 있는 나의 백성이 고통받는 것을 똑똑히 보았고, 또 억압 때문에 괴로워서 부르짖는 소리를 들었다. 그러므로 나는 그들의 고난을 분명히 안다. 이제 내가 내려가서, 이집트 사람의 손아귀에서 그들을 구하여 이 땅으로부터 저 아름답고 넓은 땅, 꿀이 흐르는 땅…으로 데려가려 한다(출 3:7-8, 공동번역).

이어서 모세에게 "이제 내가 너를 바로에게 보내어 내 백성 이스라엘 자손을 이집트에서 이끌어 내게 하겠다"(출 3:10)고 명한다. '이끌어 내

---

3 통계적 추론이 가능한 사례로서 서기전 5세기 말경 아테네의 인구 중 노예가 30%였고, 로마공화국 말기 노예 비율은 35%였으며, 심지어 1860년 노예 해방 직전 미국 남부의 노예 구성 비율이 33%에 달했다고 한다.

다'라는 표현이 구약성서에는 83번 나오는데, '자유하게 하다, 해방하다'라는 의미가 있다.

이집트에서 신으로 숭배받는 정복자 파라오는 고난당하는 노예들의 울부짖음을 외면하지만, 야웨 하나님은 다르다. 야웨 하나님은 온갖 종류의 불의하고 부당한 학대와 착취를 당하는 '노예들의 부르짖음을 들으시고 그들을 이집트의 강제노동에서 해방시킨 하나님'이라는 독특한 신관이 반복하여 고백되고 있다(출 2:23, 3:7, 6:5).

나는 이집트 사람들이 너희를 강제로 부리지 못하게 거기에서 너희를 이끌어 내고, 그 종살이에서 너희를 건지고, 나의 팔을 펴서 큰 심판을 내리면서, 너희를 구하여 내겠다. 그래서 너희를 나의 백성으로 삼고, 나는 너희의 하나님이 될 것이다. 그러면 너희는, 내가 주 곧 너희를 이집트 사람의 강제노동에서 이끌어 낸 너희의 하나님임을 알게 될 것이다(출 6:6-7, 표준새번역).

야웨 하나님은 절대 군주 파라오가 다스리고 있는 거대 제국 이집트의 사람들을 택하지 않고 그들에 의해 종살이하는 히브리 노예들을 택해 "너희를 나의 백성으로 삼고, 나는 너희의 하나님이 될 것이다"라고 선언한다. 이처럼 해방된 노예들을 자기 백성으로 삼으신 하나님은 억눌린 자, 굶주린 자, 묶인 자들 같은 모든 약자의 구원자이며, 그분이 바로 창조주 하나님이라고 고백하게 된 것이다.

하느님은 하늘과 땅, 바다와 거기 있는 모든 것을 지으신 분
언제나 신의를 지키시고 억눌린 자들의 권익을 보호하시며,
굶주린 자들에게 먹을 것을 주시고

야훼는 묶인 자를 풀어 주신다.

야훼, 앞 못 보는 자들을 눈뜨게 하시고

야훼, 거꾸러진 자들을 일으켜 주시며

야훼, 의인을 사랑하신다.

야훼, 나그네를 보살피시고,

고아와 과부를 붙들어 주시나

악인들의 길은 멸망으로 이끄신다(시 146:6-9, 공동번역).

성서는 창조주 하나님 야웨는 가난하고 불행한 자(시 74:21), 억울한 자(시 9:9), 가련한 자(시 10:12)들이 고통 중에 부르짖는 하소연을 들어 주실 뿐 아니라 그들을 그 고난에서 건져 주시는 구원의 하나님인 것을 명백히 고백하고 있다.

내가 고통 중에 야웨께 부르짖었더니, 야웨께서 들으시고 나를 건져 주셨다(시 118:6, 참조 시 18:6, 17).

2. 노예들의 하나님, 정복자의 수호신과 달랐다

아브라함 후손들이 이집트에서 노예로 전락하였을 때 하나님은 모세에게 나타나 자신을 '여호와, 너희 조상의 하나님, 곧 아브라함의 하나님, 이삭의 하나님, 야곱의 하나님'(출 3:14-15)이며 또한 '히브리 사람의 하나님 여호와'(출 3:18)라고 밝힌 후 "가서 내 백성 이스라엘을 구하라"고 명하신다. 출애굽기에는 이처럼 '히브리 사람들의 하나님'(출 3:18, 5:3, 7:16, 9:1, 13, 10:3)이라는 표현이 관용어처럼 등장한다. 그리고 이스라엘 사람들은 종종 히브리 사람들(출 1:15f, 19, 2:6f, 11, 13)이라 불린다. 신약에서는 바울이 자신을 가리켜 '히브리 사람'(고후 11:2; 빌 3:5)이라고 했다. '히브리 말'(요 5:2)이라는 표현도 11번 등장한다. 그래서 '히브리'란 단어는 '히브리 민족'이나 '히브리어'라는 뜻으로 민족이나 언어를 지칭하는 용어로 사용해 왔다.

1) 19세기에 들어와서 구약성경에 33회 등장하는 '히브리'라는 단어는 성서 이외의 고대 근동의 여러 문서에서도 등장하는 것이 확인되었다. 1887년 카이로 남방 약 300km에 위치한 나일 강변 도시 아마르나(Tell El-Amarna)에서 400여 개의 토판 문서가 발굴되었는데, 이집트 18왕조 마지막 왕 아멘호텝(Amenhotep) 4세(서기전 1403~1347년)의 외교 공문서인 아마르나 문서에는 어떤 집단을 지칭하는 '하비루'(habiru)라는 단어가 125회 등장하였다. 아마르나 문서 발견 이후 메소포타미아, 히타이트, 시리아, 페니키아, 가나안, 이집트 등 광대한 지역의 고고학적 발굴을 통해 '히브리'와 같은 의미를 지니는 '하비루, 하삐루, 아삐루'와 같은 단어들이 다양한 지역에서 다양한 언어로 발견되었다.[4]

2) '하비루'는 주로 전쟁포로나 용병 등으로 강제노동에 동원된 노예들을 지칭했다. 세토스 1세를 이어 수도 아바리스 재건 사업을 계속한 람세스 2세(서기전 1290~1224년) 시대에는 하비루들이 '람세스의 집' 건설 사업장에 동원되어 일하는 국가 노예들로 기록되어 있다.

요셉의 형제들이 기근으로 인해 가나안 땅에서 더 이상 살 수 없어

---

4 박준서, "구약성서의 하나님," 『민중과 한국신학』 (서울: 한국신학연구소, 1982), 133-
134.

이집트로 이주하였는데, 이들도 모두 하비루에 속한다. 왜냐하면 하비
루 중에는 전쟁포로로 잡혀 온 자들도 있었으나, 가나안 도시국가들의
과도한 세금 부과와 부역의 횡포에다 기근과 흉년이 겹치자 생존을
위해 무리를 이루어 이집트로 흘러 들어와 자발적으로 고용되거나
노예가 된 자들도 적지 않았기 때문이다.

3) 하비루는 기존 사회에서 소외된 사람들로서 불평불만이 가득
차 때때로 폭동과 반란을 일으키는 주체가 되기도 했다.

하비루의 이러한 개념들은 한결같이 그들이 도망쳐 나온 노예들이나, 토지
에 예속된 봉건 농노들, 임금을 제대로 받지 못한 노동자들 또는 용병들이
나 계절적으로 이동하는 유목민, 그 사회의 불량배로 구성된 무법자 무리
나 떠돌이 수공업자들, 사회의 기존 체제 안에서 자리를 잡지 못하고 떠돌
아다니는 무리들이나, 빚에 몰린 채무자들 그리고 불만에 찬 사제들과 온
갖 불평분자들을 떠올리게 함으로써 그 사회가 소요와 폭동이 불가피했던
상황을 반영해 주고 있다.[5]

실제로 이집트 제18왕조의 투트 모세(Thut Moses) 3세(서기전 1490~?
년)는 가나안 원정에 나섰고, 그의 아들 아멘호텝 2세(서기전 1439~1412년)
는 시리아 원정을 감행하여 두 번째 원정에서 9만 명의 아시아 포로를
끌고 왔는데 그 가운데 3천6백 명이 '하비루'였다. 이집트의 지배력이
점차 상실되어 가던 아멘호텝 3세(서기전 1412~1375년)의 통치 말기에는

---

5 엄원식, 『히브리 성서와 고대 근동문학의 비교연구』 (서울: 한들, 2000), 596.

광범위한 지역에서 벌어진 하비루들의 폭동과 반란에 관한 기록이 생생하게 묘사되어 있다.

4) 무엇보다도 성경은 400여 년간 노예 생활 후 이집트를 탈출하여 나온 사람들은 60만 명의 "이스라엘 자손"뿐 아니라 "다른 여러 민족들도 함께했다"라고 기록하고 있다(출 12:37-38).

> 이스라엘 자손이 라암셋을 떠나서 숙곳으로 갔는데, 딸린 아이들 외에, 장정만 해도 육십만 가량이 되었다. 그 밖에도 다른 여러 민족들이 많이 그들을 따라나섰고, 양과 소 등 수많은 집짐승 떼가 그들을 따랐다(출 12:37-38, 새번역).

여기서 말하는 '이스라엘 사람들과 섞여 사는 무리'(민 11:4)도 사실은 이집트에서 강제노동에 동원된 전쟁포로나 국가 노예들인 히브리였던 것이다. 그 당시 최하계층에 속하는 무수한 하비루들 가운데 야웨 하나님을 '히브리의 하나님'으로 고백한 구별된 신앙의 집단이 이스라엘 민족을 형성한 것이다.

도올 김용옥은 "구약성경은 유대인들의 민족신인 야웨가 유대인들이 다른 신을 섬기지 않고 오직 자신만을 믿는 조건으로 애굽의 식민에서 해방시켜 젖과 꿀이 흐르는 가나안 땅으로 이끌어주겠다고 유대인만을 대상으로 한 계약이며, 예수의 출현으로 새로운 계약(신약)이 성립된만큼 구약은 당연히 효력이 없다"[6]고 했다. 그러나 위에서 살펴본 것처

---

6 "도올 '구약 믿는 것 성황당 믿는 것과 다름없어'," 「한겨레신문」 2007. 2. 16.

럼 출애굽 당시에는 '이스라엘 자손'뿐 아니라 '이스라엘 백성과 섞여 사는 다른 여러 민족들'도 출애굽 공동체에 포함되었고, 이들도 시내산 계약 공동체의 일원이었다. 따라서 시내산 계약 조문에도 "본토인에게 나 너희 중에 거류하는 이방인에게 이 법이 동일"(출 12:49)하게 적용되었다. 따라서 '히브리 사람의 하나님'(The God of the Hebrews)은 실은 유대인에 국한하지 않고 '피정복자 히브리의 노예들의 하나님'이라는 뜻이 된다.

모세에게 나타난 야웨 하나님은 자신을 '히브리 사람의 하나님'이라고 했다. 출애굽기에는 이러한 관용적 표현이 6번이나 등장한다. 정복자들의 신만이 존재하던 국가종교 시대에 노예들의 해방자인 히브리 노예들의 하나님이 이집트에서 종살이하던 히브리 노예들을 찾아오신 것이다. 인류 역사 최초로 피정복자 노예들의 신이 등장하여 노예 해방의 역사를 펼친 것이다.

5) 히브리의 하나님은 국가종교의 지배자들이 통치 이데올로기를 위해 만들어 세워 놓은 신이 아니라 노예들을 직접 찾아오신 하나님이다. 히브리의 하나님은 노예들의 고통의 부르짖음을 듣고 그들을 그 압제에서 해방시키려 친히 그들에게 임하신 것이다.

히브리 사람의 하나님 여호와께서 우리에게 임하셨은즉…(출 3:18).

고대 근동 종교의 기본적인 틀은 절대 군주가 신이라 자처하거나 신이 되려고 한 것이다. '신이 인간을 찾아오는 구조가 아니라 인간이 신을 찾아 나서는 구조'였다. 그래서 절대 군주들은 스스로 신으로 자처하면서 신처럼 되기 위해 도처에 자신의 형상을 신상으로 세워 숭배하게 했다. 그러나 그들에게 닥쳐오는 죽음의 문제는 절대 권력으로도 해결할 수 없었다. 스스로 불사(不死)의 신이 되기 위해 필사적인 노력을 기울였다. 지배자들은 자신의 죽음을 받아들이기를 거부하고 영생불사를 위해 미라, 피라미드, 거묘 등을 만들었다. 심지어 자신의 가재도구와 몸종들을 함께 순장하여 죽은 뒤에도 산 사람처럼 행세하며 대접받을 수 있음을 과시했다.

6) 농경 혁명 이후 등장한 종교적 제의는 정복자들의 전유물이었다. 부족이나 민족 간의 전쟁은 신들의 전쟁이 되었다. 패배자들의 신은 무력한 신으로 격하되고 그 추종자는 노예로 전락하거나 역사에서 사라졌다. 정복자들의 신만이 신으로 존재하며 숭배를 받을 수 있었다. "결국 가장 강한 신이 다른 신들을 정복하고 승리를 거두어 왕이 되었다. 패배한 신들은 독립성을 잃고 왕궁의 신하가 되어야 했다."[7]

피정복자 노예들의 신은 무력한 신으로 역사에서 사라졌다. 정복자의 종교가 판치는 무법천지 속에서 하나님은 히브리 노예들을 자기 백성으로 삼으시고 그들을 이집트의 압제에서 해방시키신 것이다. 히브리 노예들의 하나님의 출현으로 인류 역사 최초로 정복자, 지배자의 종교가 아니라 피정복자, 피지배자의 종교가 등장하게 된 것이다.

폴 핸슨(P. Hanson)은 이러한 출애굽 사건을 통해 드러나는 히브리의 하나님 야웨에 대한 신앙은 '야웨는 권력을 쥔 특권층의 수호신이 아니라 피억압자의 옹호자'라는 확신에 기초해 있다고 했다.[8]

---

7 D. Sölle, 『사랑과 노동』 (서울: 한국신학연구소, 1993), 29.
8 P. Hanson, 『성서의 갈등구조』 (서울: 한국신학연구소, 1996), 42.

7) 야웨 하나님의 도움으로 이집트를 탈출한 출애굽 공동체는 "야웨께서 이스라엘 사람들 편이 되어 우리 이집트 군대를 치신다"(출 14:25)고 고백했다. 하나님은 고대 근동에서 가장 강력한 제국을 가장 오랫동안 지속해 온 '이집트와 파라오'를 택하지 않으시고, 그들의 국가 노예였던 보잘것없는 '이스라엘과 모세'를 택하여 "너희를 나의 백성으로 삼고, 나는 너희의 하나님이 될 것이다"(출 6:7)라고 약속하신 것이다. 야웨 하나님은 강력한 이집트 군대를 편들지 않고, 이집트에서 노예 처지에 있는 약소민족 이스라엘 사람의 편이 되었다.

이런 관점에서 보면 아라비아 종족인 구스의 세라가 침략하였을 때 남 왕국 아사왕(서기전 913~873년)은 야웨 하나님이 '강한 자와 약한 자'가 싸울 때 약자를 도우시는 분이라는 확신을 보여준다.

아사가 그의 하나님 여호와께 부르짖어 이르되 여호와여 힘이 강한 자와 약한 자 사이에는 주밖에 도와 줄 이가 없사오니 우리 하나님 여호와여 우리를 도우소서(대하 14:11).

8) 이집트 제19왕조 람세스 2세 치하(서기전 1290~1224년)에 여호와 하나님의 소명을 받은 모세가 히브리 노예들을 해방시키기 위해 파라오에게 가서 담판을 벌이지만, 파라오는 이를 번번이 거절한다. 모세는 파라오에게 하나님의 요구를 거절하면 재앙이 임하게 될 것을 경고하지만(출 4:22-23), 파라오는 이 경고마저 무시한다. 마지막으로 이집트의 모든 맏아들이 죽음을 맞이하게 될 것이라고 경고한다.

출애굽기는 하나님께서 열 가지 재앙을 통해 파라오를 굴복시킨 것으로 기록하고 있다. 이 열 가지 재앙의 주체들은 당시 이집트 민중이 섬기는 신들의 명칭에 해당하는 것들이었다.

열 가지 재앙과 관련된 이집트 신들의 명단

	재앙	재앙과 관련된 이집트 신들	출애굽기
1	피	나일강의 신 '크눔'과 '하피'	7:14-25
2	개구리	부활과 다산의 신 '핵트'	8:1-15
3	이	땅의 신 '셉'	8:16-19
4	파리	곤충의 신 '하트콕'	8:20-32
5	악질	황소의 신 '아피스'와 '므네비스'	9:1-7
6	독종	의술의 신 '임호텝'과 '타이폰'	9:8-12
7	우박	하늘의 신 '누트'와 대기의 신 '수'	9:13-35
8	메뚜기	곤충의 재앙을 막는 신 '세라피아'	10:1-20
9	흑암	태양의 신 '라'와 여신 '세게트'	10:21-29
10	장자 죽음	다산의 신 '오시리스'와 생명의 신 '이시스'	12:29, 30

이집트 사람들은 열 가지 재앙에 속수무책으로 당하지만, 이스라엘 백성은 하나님의 도움으로 재앙을 건너간다. 이집트인들이 신격화시킨 자연 현상들이 이집트인에게 재앙을 가져다주는 것은 역설적으로 이집트 제국종교의 다신론적 신화의 허상을 드러낸다. 출애굽은 단순히 정치적 압제에서의 해방만을 의미하지 않는다. 서기전 3000년경부터 왕정의 시작과 함께 2,000년이 넘도록 왕을 신으로 여기고 파라오를 신격화시키고 그의 지배 정당화시켜 온 이집트의 제국종교의 다신론적 신화를 해체시킨 상징적 사건으로 묘사된다.9

---

9 B. W. Anderson, 『구약성서의 이해』 (왜관: 분도출판사, 1983), 48-49. 정치가 보겔(E. Voegel)은 이런 점에서 모세는 세계의 정치 무대에 새로운 유형의 인간으로 등장한다고 했다.

　　유발 하라리는『사피엔스』에서 농경 혁명 이후 출현한 제국들이
여러 피정복 민족을 효과적으로 다스리기 위해 구속력 있는 '초인적인
질서'를 꾸며 종교를 만들었다고 분석했다. 수천 년 동안 가장 일반적인
정치 형태로 이어온 제국은 '파괴와 약탈의 사악한 엔진'이지만, 인류의
문화적 성취에 기여한 측면도 있다고 했다.[10] 그러나 유발 하라리는
농경 혁명 이후 등장한 정복자들의 '제국종교'에 반기를 들고 일어난
'야웨 종교'를 제대로 평가하지 못했다. 야웨는 십계명 서문에서 "나는
너희를 이집트 땅 종살이하던 집에서 이끌어 낸 너의 하나님 야웨이다"
라고 선언한다. 야웨는 '정복자 제국의 수호신'이 아니라 '피정복자
노예들의 해방자'였다. 인류 최초로 '제국종교'의 다신론적 신화를 우상
숭배라고 거부하는 '피정복자 노예들의 종교'가 탄생하여 오늘에 이르
게 된 것이다. 반면 바벨론이나 이집트나 로마처럼 수많은 민족을 정복
하고 그들을 노예로 삼은 최고의 통치자가 신으로 추앙받는 '제국종교'
는 그 유물만 남긴 채 제국의 멸망과 함께 사라졌다.

3. 다시는 노예가 되지 말고 노예를 부리지 말라

　　고대 이집트제국 역시 계급사회였다. 귀족 계급, 평민 계급인 자유
시민과 농민, 평민, 노예로 구성되어 있었다.[11] 당시 노예는 '상전의
재산'(출 21:21)이었다. 요셉은 형들에 의해 은 20세겔에 이집트 상인에
게 팔려 갔다(창 37:28). 우가릿(라스 샤므라)에서는 노예의 값이 40세겔이
었다. 당시 품꾼이 1년에 약 10세겔을 받은 것(신 15:18)으로 보면 3,

---

10 Yubal N. Harari,『사피엔스』(서울: 김영, 2015), 275.
11 문희석,『사회학적 구약성서해석』(서울: 양서각, 1984), 268.

4년 치 품삯이 노예의 몸값이었던 것으로 추산된다.[12]

1) 출애굽 사건은 인류 역사 최초의 노예 해방 사건이다. 노예들의 부르짖음을 듣고 그를 찾아와 종살이하던 집에서 해방시킨 사건이다. 그리고 출애굽 사건은 고대 근동 세계를 널리 지배하고 있던 "파라오의 노예제도는 악하다는 것"을 말하며, "왕은 언제나 왕으로, 노예는 언제나 노예로 남았던 신화적 정통주의"에 대한 저항이었다.[13]

출애굽이 있은 지 약 1,000년 후에 활동한 위대한 철학자 아리스토텔레스조차도 노예제도를 정당화했다. 그는 시민 계급의 자유를 위해 노예 계급은 필수적이라고 했다. 그리고 본성상 노예에 적합한 사람이 있으며, 노예로 태어나 노예로 자란 사람은 노예가 되는 것이 자연스럽다는 주장을 펼치기도 했다. 다만 노예가 되기엔 부적합한 사람을 노예로 삼는 것은 부자연스러운 일을 강요하는 것이므로 나쁘다고 했다. 실제로 근세 이전까지 모든 나라는 노예를 부리는 노예 국가였다.

그러나 출애굽 사건은 이러한 노예제도 자체를 거부한 혁명적인 사건이다. 노예로 있으면서 이집트에서 야웨를 섬기는 것을 전혀 고려하지 않았다. 그들은 이집트에서 노예로 존재하면서 주인의 호의에 따라 어느 정도의 자유와 부귀를 누릴 수 있겠지만, 신분 자체는 여전히 노예인 것이다. 노예는 노예일 뿐이다. 만약 이스라엘 백성들이 이집트에서 노예로 생활하면서도 야웨를 온전히 섬기고 야웨의 거룩한 백성의 삶을 살 수 있었다면, 출애굽 사건은 원초적으로 필요하지 않았을 것이다.

---

12 R. de Vaux, *The Early History of Israel* (Philadelphia: Westminster Pr., 1983), 156, 163-164.
13 P. D. Hanson, 『성서의 갈등구조』 (서울: 한국신학연구소, 1987), 39-40.

2) 출애굽 사건은 노예들을 이집트의 종살이하던 집에서 해방시킨
'인류 역사상 최초의 집단적 노예 해방 사건'일 뿐 아니라, 이집트의
노예 국가와 구별되는 오직 야웨만 섬기며 노예나 가난한 사람이 없는
'제사장 나라, 거룩한 나라'라는 일종의 대안적 국가를 세우기 위한
첫걸음이었다. 이집트를 탈출한 이스라엘 백성을 향해 하나님은 다음
과 같이 선언한다.

> 너희는 내가 선택한 백성이 되고, 너희의 나라는 나를 섬기는 제사장 나라
> 가 되고, 너희는 거룩한 나라가 될 것이다(출 19:5-6, 표준새번역).

이스라엘의 경우 자신들이 히브리 노예였고 히브리인들의 하나님
야웨의 은총으로 노예 신분에서 해방되어 자유인이 되었던 출애굽의
역사에 기초하여, 더 이상 노예가 되지 말고 노예를 부리지도 못하게
했다. 당시 주변 국가들은 어떤 의미에서 노예 국가였으나, 이스라엘의
경우 실제로는 이러한 노예제도를 완전히 철폐하지는 못했지만, 원칙
적으로는 노예제도에 대한 전향적이고 대안적인 제도를 마련했다.

3) 이스라엘 사회에서는 동족을 종으로 삼지 못하게 하였으며 품꾼
이나 동거인으로 대우하게 했다. 원칙적으로는 노예제도를 금지한
것으로 볼 수 있다.

> 너와 함께 있는 네 형제가 가난하게 되어 네게 몸이 팔리거든 너는 그를
> 종으로 부리지 말고 품꾼이나 동거인과 같이 함께 있게 하라(레 25:39-40).

불가피하게 남종과 여종을 부리더라도 혹독하게 부리는 것을 금지하는 등 노예들을 보호하기 위한 다양한 율법이 기록되어 있다. 출애굽기에 의하면 이집트인들은 이스라엘 백성을 더욱 '혹독하게 부렸'으나(1:13), 레위기는 "너희는 하나님 두려운" 줄 알아 그를 "심하게 부리지 말라"고 했다(레 25:43, 46, 53). 매질로 인해 종이 즉사하면 주인도 처벌을 받았으며(출 21:20-21), 동족을 노예로 팔아먹은 사람은 사형에 처하도록 했다(출 21:16; 신 24:7). 따라서 이스라엘 자유인들이 누리는 모든 종교적 특권이 노예들에게도 해당되었고, 그중 안식일(출 20:10), 절기나 잔치(신 16:10, 11), 율법 강의를 듣기 위한 모임 장소에 참석하는 권리(신 31:10-13) 등이 포함된다.

또한 도망친 노예를 보호했다. 신명기는 "주인의 손을 벗어나 너희에게 피신해 온 종을 너희는 본 주인에게 내주지 못한다. … 그리고 그가 고르는 곳에서 살게 해주어야 한다"(신 23:16-17)고 규정한다. 반면 함무라비 법전에 따르면 도주하도록 도와준 자, 숨겨 준 자, 주인에게 내주지 않은 자는 사형에 처했다.

4) 히브리인들은 같은 동포 사이에 한시적인 '고용 노예'가 허용되었다. 보통 가난 때문에, 즉 빚을 갚지 못하거나(레 25:39) 절도죄로 손해 배상을 하지 못하여(출 22:2, 3) 노예가 되기도 했다. 이런 히브리 동족 노예는 언제라도 친척이 구조할 의무가 있었다(레 25:48, 49). 친척을 구해 주지 못하더라도 6년 동안 봉사하면 안식년에는 모든 노예를 해방시켰다(출 21:2-6). 현실적으로 자기 몸까지 담보로 해서 노예가 된 사람은 노예해방법에 의해 7년째 되는 해에 해방을 얻더라도 생계의 대책이 없으면 영구 노예를 자청하지 않을 수 없었는데, 이런 경우라도

일곱 번째 안식년인 희년에는 영구 노예도 해방하도록 했다. 〈탈굼 요나단〉(Targum Jonathan)에서는 '영구 노예'에서 '영구'라는 단어를 '희 년까지'의 뜻으로 해석한다.

5) 이스라엘 백성은 이집트 노예살이를 역지사지하여 외국인 거류 민을 압제하지 못하게 했다.

너에게 몸 붙여 사는 외국인을 네 나라 사람처럼 대접하고 네 몸처럼 아껴 라. 너희도 이집트 나라에 몸 붙이고 살지 않았느냐? 나 야훼가 너희 하느님 이다(레 19:34, 공동번역).

그러나 현실적으로 이 율법은 온전히 지켜지지 않았다. 이스라엘 사람들 중에는 소수이긴 하지만 동족의 노예들도 있었던 것이 확실하 다. 왕조 시대에는 두 종류의 공적 노예들이 있었는데, 이것은 이웃 나라들에서와 똑같은 상태였다. 왕의 노예들과 성전의 노예들, 이들은 모두 외국에서 들어온 자들이며 일반적으로는 전쟁의 포로들이거나 그들의 후손들이었다. 포로 후기에 와서는 많은 노예들이 성전의 시종 에 편입되었고 성전에서 시중드는 일을 맡게 되었다. 에스라(2:64)와 느헤미야(7:66)에 의하면 포로 생활에서 귀환한 자들 중에서 노예들의 수가 남녀 합하여 7,337명이었고, 자유인은 42,360명이었다.

6) 노예제도를 거부한 야훼 종교의 꿈이 3,000년 만에 이루어지면 서 노예제도가 폐지되고 인권과 복지의 근대 국가의 출현을 가능하게 했다. 약 1만 년 전 농경 혁명이 시작된 이후 시행되어 온 노예제도가

근대에 접어들면서 공식적으로 폐지되기 시작했다. 최초의 노예 해방은 영국의 찰스 얼 그레이 수상에 의해 선포되었다. 그는 1834년 8월 1일 "영국의 모든 식민지에서 노예제를 폐지하며, 75만 명의 노예를 해방한다"고 발표했다. 프랑스에서는 영국보다 늦은 1848년 2월 혁명 이후 제2공화정에서 노예제도 폐지가 이루어졌다. 러시아에서는 1861년 3월 3일 차르 알렉산드르 2세가 농노해방을 선포했다. 대지주들의 반대에도 불구하고 "우리가 위로부터 농노를 해방하지 않으면 그들이 아래로부터 스스로를 해방시킬 것이다"라는 유명한 말과 함께 농노해방이 불가피함을 역설한 것이다.

심지어 기독교 국가를 표방한 미국은 노예 폐지 여부로 남북전쟁(1961~1965)을 치를 정도였다. 1863년 1월 1일 링컨에 의해 "노예해방 선언"으로 이루어졌으나, 제대로 해방된 것은 1865년 북부 연방의회가 노예제도에 대한 전면 금지 수정헌법을 통과시킨 다음이었다.

우리나라의 경우 1801년 순조가 공노비 6만 6천 명의 노비문서를 소각하였고, 1866년 3월 흥선대원군이 노비 세습을 폐지하였으며, 1894년 갑오개혁으로 노비제도가 공식적으로 완전 폐지되었다.

유발 하라리는 사르곤 대제(서기전 2250년경)가 아카드 제국을 세운 이후 수천 년 동안 지속해 온 제국은 가능한 보다 많은 타민족을 정복하고 노예화한 오래된 정치 조직이라고 했다.

제국을 건설하고 유지하려면 수많은 사람을 악랄하게 살해하고 나머지 사람들을 무자비하게 억압할 필요가 있었다, 전쟁, 노예화, 국외 추방, 대량학살은 제국의 일반적인 수단으로 꼽힌다.[14]

　　제국의 이러한 부정적인 측면에도 불구하고 거대한 제국의 엘리트들이 철학과 예술 등 인류 문화 발전에 기여했다고 한다. '아직 남아 있는 인류 문화 성취 중 상당 몫은 제국이 피정복민들을 착취한 덕분'이었다는 것이다. 유발 하라리조차도 제국의 노예들의 울부짖음 들으시고 그들을 자기 백성으로 삼아 노예제도가 없는 '거룩한 백성, 제사장 나라'를 세우려고 했던 야웨 종교의 진면목을 제대로 평가하지 못했다. 실로 출애굽의 노예 해방 사건이 있은 지 3,000여 년이 지나서 비로소 법적 신분으로서의 노예제도가 인류 역사에서 철폐되었다. 그렇다고 해서 노예적 삶은 사는 이들이 실제로 모두 사라졌다는 의미는 아니다.

---

14 Yubal N. Harari, 『사피엔스』(서울: 김영, 2015), 277.

제 7 장

계약의 하나님, 계약 공동체의 종교 제도는 달랐다

1. 노예들의 계약 파트너가 되신 하나님

해방된 이스라엘 백성이 홍해를 건너 광야에 이른다. 400년 또는 430년간의 노예 생활에서 해방되긴 했으나, 노예근성에서 해방된 것은 아니었다. 물이 떨어지고 양식이 다하게 되자 광야에서 죽을 바에는 차라리 이집트로 돌아가자는 원성이 자자했다. 야웨께서 마실 물과 만나와 메추라기를 일용할 양식으로 골고루 공급하여 그들의 생존을 보장하여 주셨지만, 해방된 노예에게 가장 필요한 것은 노예근성에서 벗어날 수 있는 자유혼과 노예제도가 없는 새로운 나라를 건설하는 것이었다.

노예들을 해방시킨 히브리의 하나님은 그들로 하여금 자유혼을 지닌 '거룩한 백성'이 되어 노예제도 위에 세워진 이방 나라와 전적으로 다른 하나님의 나라, 즉 '제사장 나라'(출 19:6) 건설하기 위하여 그들과 계약을 맺고, 계약 조문인 십계명을 주시고, 성막을 만들게 하셨다.

기원전 13세기 이집트 왕과 헷 왕 사이에 맺어진 "나는 너의 주군(主君)이 되고 너는 나의 봉신(封臣)이 된다"는 종주권 조약(suzerainty treaty)처럼, 국가들 사이의 계약은 고대 근동 문서들에도 흔히 발견된다. 이런 조약 체결 시에는 계약 조문을 낭독한 후 송아지를 잡아 쪼개어 놓고 그사이를 내왕했다. 목숨을 걸고 계약을 지키겠다는 이러한 의식에서 '계약을 자르다'(cut the berith)는 관용어가 생겨났다.

이집트를 탈출시킨 히브리 노예들을 자기 백성으로 삼기 위해서 야웨 하나님은 모세를 중재자로 세우고 이스라엘 백성과 더불어 "너희는 나의 백성이 되고 나는 너희 하나님이 될 것이다"(출6:7)라는 계약을 체결한다. 시내산 계약 조문에는 전문(前文)에 해당하는 역사적 서언에서 야웨 하나님은 자신이 히브리 노예들의 해방자임을 밝힌다.

> 너희 하나님은 나 야웨이다. 내가 너희를 이집트 땅 종살이하던 집에서 이끌어 낸 하느님이다(출 20:2, 공동번역).

이 계약의 요체는 "나 야웨는 너희를 이집트에서 해방시킨 하나님이고, 너희는 나의 자유한 백성"이라는 사실을 확인하는 것이었다. 하나님과 인간 사이의 계약 체결도 놀라운 일인데, 야웨 하나님은 해방된 히브리 노예들을 계약의 파트너로 삼으신 것이다. 출애굽기는 시내산 계약이 종교사적으로도 전무후무한 '온 세상에 처음 있는 깜짝 놀랄' 역사적 사건이라고 증거한다.

> 내가 이제 너희와 계약을 맺겠다. 온 세상 어느 민족 사이에서도 이루어진 적이 없는 놀라운 일… 세상이 깜짝 놀랄 일을 너희와 더불어 해 보이겠다(출 34:10, 공동번역).

이어서 계약의 당사자인 이스라엘 백성이 지켜야 할 열 가지 계약 조문(출 20:3-17; 신 5:7-21)인 십계명을 모세가 낭독하자 모든 백성이 한목소리로 "야웨께서 말씀하신 대로 다 따르겠습니다"(출 24:7)라고 다짐한다. 모세는 희생 제사를 드린 후 양을 잡아 그 피를 양푼에 담고 반은 제단에, 반은 백성에게 뿌림으로써 계약을 자르는 의식을 행하며 "이것은 야웨께서 너희와 계약을 맺으시는 피다. 그리고 이 모든 말씀은 계약의 조문이다"(출 24:8)라고 선언한다.

'계약의 피'가 상징하듯이 하나님께서 노예로 죽을 목숨을 살려 주셨기 때문에 이제는 목숨을 바쳐 하나님과 체결한 계약 조문을 지키겠다고 다짐한 것이다. 시내산 계약은 하나님과의 조건적이며 쌍무적인 관계다. 하나님이 이스라엘 백성을 이집트의 종살이에서 해방시켜 구원하여 주신 무한한 은혜가 베풀어졌기 때문에, 그 은혜(Gabe)에 응답하기 위해 하나님의 계명을 준수해야 할 과제(Auf-Gabe)가 주어진 것이다. 전에는 '파라오의 종'이었지만 이제는 '야웨의 거룩한 백성'이 되었으니, 야웨의 말씀을 지켜 계약의 의무를 준수해야 한다는 것이다.

> 오늘날 네가 네 하나님 여호와의 백성이 되었으니, 그런즉 네 하나님 여호와의 말씀을 복종하여 내가 오늘날 네게 명하는 그 명령과 규례를 행할지니라(신 27:9-10).

시내산 계약은 출애굽 공동체가 광야 생활 1년 동안 생존을 위협받을 때마다 "광야에서 죽을 바에야 이집트로 돌아가자"고 외쳤던 노예들을 위한 자유혼의 지침이라고 볼 수 있다. 이제는 계약 조문을 지침으로 삼아 이집트에서 노예로 살기보다는 야웨의 백성으로서 자유인으로 살겠다는 새로운 결단이 요청되었기 때문이다.

유발 하라리는 『사피엔스』에서 "종교는 인간의 변덕이나 계약의 산물이 아닌 초인적인 질서가 있다고 여긴다는 것"[1]이라고 했다. 자연

종교에서는 이러한 초인적인 질서가 자연발생적으로 형성되었지만, 제국종교에서는 이러한 초인적인 질서를 지배자들에게 유리하도록 꾸몄다. 유발 하라리는 이러한 초인적인 질서가 보편성을 띨 수 없다고 했다.

그러나 야웨 종교는 이러한 초인적인 질서가 하나님과 이스라엘 백성 사이의 역사적 계약 조문으로 만들어졌다는 것을 천명한다. 하나님이 이스라엘 백성과 시내산에서 계약을 맺으시고 계약 조문인 십계명을 주셨다는 것은 하나님과 인간 사이의 계약 관계를 드러내는 성서의 독특성을 반영하는 아주 중요한 사건이다. 계약의 하나님 야웨로부터 출발하는 계약의 종교는 자연종교나 제국종교와 달리 보편성을 지닌 종교 제도나 정치 제도나 경제 제도가 시행되는 계약 공동체를 이루기 위한 지침으로 계약의 조문을 채택하였고 계약 공동체의 성막에 세 가지 상징물을 두게 했다.

2. 성막의 세 가지 상징물, 신전의 신상들과 달랐다

초기 이스라엘 계약 공동체는 고대 근동의 다른 자연종교나 제국의 종교처럼 대성전이나 제사장 제도가 없었다. 광야 40년과 사사 시대 200여 년 동안 그들의 종교적 상징은 이동식 천막인 성막(聖幕, tabernacle)에 집중되어 있었다. 하나님은 이스라엘 백성들에게 성막을 짓게 하고 지성소에 계약 공동체의 가장 중요한 종교적 상징물 셋을 넣어 두게 했다.

---

1 Yubal N. Harari, 『사피엔스』 (서울: 김영, 2015), 299.

금향로와 사면을 금으로 싼 언약궤가 있고 그 안에 만나를 담은 금항아리와 아론의 싹 난 지팡이와 언약의 비석들이 있고 그 위에 속죄소를 덮는 영광의 그룹들이 있으니(히 9:4, 공동번역).

계약 공동체가 이동식 성막의 지성소에 세 가지 상징물을 두게 한 것은 종교사적으로 일대 혁명적인 사건이라고 할 수 있다. 당시 다른 모든 종교의 성전에도 지성소가 있었지만, 그 지성소에는 그들이 만든 신상(神像)을 둔 것과는 너무나 대조되기 때문이다. 이제까지 서구 신학자들은 별로 주목하지 못했지만, 성막 지성소의 이 세 가지 상징물은 각각 계약 공동체의 종교 제도와 정치 제도와 경제 제도의 지침을 상징하는 것으로 해석할 수 있다.

1) 십계명 두 돌판(출 25:16)은 이스라엘 백성이 목숨을 다해 지켜 행해야 할 야웨 하나님과의 계약 조문이다. 야웨 종교 가나안의 자연종교와 달리 제사 행위보다 야웨의 계약의 말씀을 지키는 것에 우선을 두라는 의미에서, 제사의 대상인 신상(神像) 대신 야웨의 말씀인 십계명 두 돌판을 성막에 두게 한 것이다. 신을 제사의 대상으로 보느냐, 순종의 대상으로 믿느냐에 따라서 종교 제도는 달라진다. 야웨의 종교는 말씀에 순종하는 것이 제사 행위보다 중요하다(삼상 15:22)는 종교 제도의 기본 지침을 제시하기 위해 성막에 십계명 두 돌판을 두게 한 것이다. 이에 관한 자세한 내용은 이 장에서 다룰 것이다.

2) 만나를 담은 항아리(출 16:33)를 성막에 둔 것은 계약 공동체의 경제 제도의 지침을 제시하기 위함이다. 광야의 양식 만나는, 온 백성이

'남지도 모자라지도 않게'(출 16:17-18) 먹거리가 골고루 분배되어야 한다는 평등한 경제를 상징한다. 이러한 만나의 경제 신학은 가나안 정착 후 그 땅을 골고루 분배하고 매매를 금지한 전향적인 경제 제도로 이어졌다. 물질을 공유의 대상으로 보느냐, 독점의 대상으로 보느냐에 따라 경제 제도가 달라지기 때문이다. 이에 관한 자세한 내용은 제8장 "땅의 하나님, 토지공유의 경제 제도는 달랐다"에서 다루려 한다.

3) 아론의 싹이 난 지팡이(민 17:4)가 상징하는 것은 야웨께서 택한 지도자를 세워야 한다는 계약 공동체의 정치 제도의 지침을 제시한 것이다. 아론의 지팡이가 싹이 난 것은 하나님께서 아론을 지도자로 택한다는 것을 상징한다. 따라서 계약 공동체는 하나님이 택하여 세운 자만이 '백성을 섬기는 통치자'(왕상 12:7)가 되어야 한다는 것이다. 백성들을 지배의 대상으로 보느냐, 섬김의 대상으로 보느냐에 따라 정치 제도가 달라지기 때문이다. 이 주제에 관해서는 제9장 "왕이신 하나님, 지파 연합의 정치 제도는 달랐다"에서 자세히 다루게 될 것이다.

400여 년간 이집트에서 노예 생활을 하던 이스라엘 백성들 해방시켜 광야로 인도하신 후 그들과 계약을 체결하신 이유는 이스라엘 계약 공동체를 '오직 야웨만을 섬기는 제사장 나라, 거룩한 백성'으로 삼기 위해서라고 한다.

> 너희는 내가 선택한 백성이 되고, 너희의 나라는 나를 섬기는 제사장 나라가 되고, 너희는 거룩한 민족이 될 것이다(출 19:5-6, 표준새번역).

새 나라 새 백성이 되기 위해서는 그 당시 이스라엘 백성들이 노예살이한 이집트는 물론, 가나안에 거주하던 여섯 부족과 같은 나라가 되어서는 안 된다. 새 나라 새 백성이 되려면 적어도 종교적으로는 오직 야웨만 섬기는 나라, 정치적으로는 억압 받는 노예가 없는 나라, 경제적으로는 가난한 자가 없는 나라가 되어야 한다. 이를 위해서 세 가지 제도, 즉 종교 제도, 정치 제도, 경제 제도가 다른 나라와는 혁명적으로 달라야 하기 때문에 계약 공동체의 성막 지성소에 앞서 말한 세 가지 상징물을 두게 한 것이다.

3. 십계명, 거룩한 백성이 지켜야 할 계약 조문

계약 공동체의 종교적 중심인 이동식 성막 지성소에 둔 것 중 첫째가 십계명 두 돌판(출 25:16)이다. 십계명은 하나님과 이스라엘 백성 사이에 모세의 중재로 체결된 역사적이고 쌍무적인 열 가지 계약 조문이다.

계약 조문은 계약의 정신과 취지를 명시하기 위하여 작성된 것이기 때문에 조문의 문자적 의미보다 중요하고 본질적인 것이 그 조문의 정신이다. 법조문보다 입법 정신이 우선하는 것과 같은 이치다. 따라서 십계명은 문자적 조문들의 배후에 있는 계약의 정신을 살펴보아야 한다. "하나님을 사랑하고 이웃을 사랑하라"는 것이 율법과 선지자들의 가르침의 골자(마 22:4)라고 하신 예수의 가르침에 따라 십계명의 정신을 하나님 사랑과 이웃 사랑으로 해석했다. 따라서 열 가지 계명의 문자적 의미보다 그 정신을 지키기 위해 1~4계명까지는 하나님과의 바른 관계에 대한 계명, 5~10계명은 인간과의 바른 관계에 대한 계명이라고 설명해 왔다.

브루그만은 "성서는 하나님의 백성과 하나님의 땅 사이의 관계에 대한 이야기"라고 했고,[2] 스텍은 "하나님, 인간, 땅의 셋은 성경의 위대한 삼중적 조화를 이룬다"[3]고 했다. 따라서 십계명을 이중적 관계로만 해석하면 '물질 또는 자연을 함축하는 땅과의 바른 관계'라는 성서의 주제가 배제된다.

이런 관점에서 한태동은 십계명을 삼중적 관계로 해석한 바 있다. 1~3계명은 하나님과 바른 관계를 가지라는 계명이고, 5~7계명은 동료 인간과 바른 관계를 가지라는 계명이고, 8~10계명은 물질 또는 자연과의 바른 관계를 가지라는 계명이라는 것이다. 제4계명은 안식일에 관한 것인데, 이날에는 자연의 저주에 의해 땀 흘려 수고했던 인간이 그 수고로부터 쉬며 상호 소외된 인간이 한자리에 모여 멀리했던 하나님을 다시 섬기라고 가르친 것이라고 했다.

1. 하나님과 바른 관계의 계명

1계명: 다른 신 예배 금지는 다른 신을 섬기지 못하며, 다른 신이 이스라엘 백성에게 요구할 권리가 없다는 것이다.

2계명: 신의 형상 제조 금지는 야웨를 표상하는 것이나 다른 신을 나타내기 위한 두 경우를 모두 말한다.

3계명: 야웨 이름 오용 금지는 경솔하게 또는 주술적으로 야웨의 이름을 사용하지 말라는 것이다.

2. 이웃과 바른 관계의 계명

5계명: 부모에 대한 저주 금지는 부모의 이름을 더럽히거나 노부모를

---

2 W. Brueggemann, 『성서로 본 땅』 (서울: 나눔사, 1992), 24.
3 John H. Steck, 『구약신학』 (서울: 솔로몬, 2000), 169.

돌보지 않는 것을 뜻한다.

6계명: 살인 금지는 원한에 의한 살인이나 적절한 법적 절차 없이 살인자
　　　를 처형해서는 안 된다는 것이다.

7계명: 간통 금지는 레위기(18:6-18)에 언급된 각종 인간 사이의 비정상
　　　적인 성관계를 금지한 것이다.

3. 물질과 바른 관계의 계명

8계명: 절도 금지는 모든 종류의 개인 소유물을 훔치는 것과 사람을 유괴
　　　하는 것을 못 하게 한 것이다.

9계명: 거짓 증거 금지는 공정한 재판을 위해 위증을 금한 것뿐만 아니라
　　　상업상의 거래에서 문서 위조나 거짓 저울(호 12:7; 미 6:11; 암
　　　8:5)을 사용하거나 이웃을 속여 재산을 빼앗는 것(겔 22:12,
　　　45:9) 등으로 부당 이익을 취할 수 없다는 뜻이다.

10계명: 탐욕 금지는 다른 이의 재산을 탈취하려는 내적 욕망뿐 아니라
　　　타인의 재산을 제멋대로 빼앗은 탈취 금지를 의미한다.

4. 천지인 삼중적 바른 관계의 계명

4계명: 안식일 준수는 모든 사람뿐 아니라 가축도 일하지 않고 하나님의
　　　안식에 참여하는 것으로 안식년과 희년으로 확장된다.

그동안 서구 신학이 십계명을 이중적으로만 해석하였기 때문에
땅과 바른 관계라는 성서적 주제가 배제되었다. 그 결과 '남지도 모자라
지도 않게' 만나를 주시고 땅을 골고루 분배해 주신 '땅의 하나님'이라는
신관이 지닌 '평등한 경제 신학'을 살려내지 못했으며, 자연과 육축에게

도 안식을 허락하신 '자연 친화적 생태신학'이 묻히게 된다.

특히 현대와 와서 분배의 문제와 생태계의 위기가 초래하였으므로 십계명에 대한 새로운 해석이 불가피하다고 여겨진다. 서구 신학은 그동안 물질에 대한 바른 신앙적 관계를 성서적으로나 신학적으로 정립하지 못했기 때문에 자본주의의 모순이 극대화되었고, 그 반발로 공산주의가 생겨나게 된 것이다. 그리고 자연에 대한 바른 관계를 정립하지 못한 채 자연 정복을 부추겨 환경오염과 생태계의 위기 및 기후 위기를 초래했다는 비판을 면치 못하고 있다. 따라서 서구 신학의 이러한 약점을 보완하고 새로운 대안을 제시하기 위해서 십계명의 삼중적 해석이 요청된다.

4. 안식일, 십계명 계약 조문의 정신

2장 2절에서 살펴본 것처럼 바벨론 신화는 포로로 잡혀 온 여러 민족을 강제 노동에 동원하기 위해 '피정복자 포로들은 반역자의 피로 창조된 인간'이라는 신화를 만들어 그들에게 가하는 강제노동을 합리화했다. 그러나 포로로 잡혀간 유대인들은 이러한 정치적으로 조악한 신화를 거부했다.

이사야는 자기 백성들이 강제노동에서 벗어나 안식을 누리게 될 날, 바벨론 폭군이 정복한 모든 민족이 안식과 평안을 누릴 날을 고대했다.

주께서 너희에게서 고통과 불안을 없애 주시고, 강제노동에서 벗어나서 안식하게 하실 때에, 너희는 바벨론 왕을 조롱하는, 이런 노래를 부를 것이

다. "웬일이냐, 폭군이 꼬꾸라지다니! 그의 분노가 그치다니! … 화를 내며
백성들을 억누르고, 또 억눌러 그칠 줄 모르더니, 정복한 민족들을 억압해
도 막을 사람이 없더니, 마침내 온 세상이 안식과 평안을 누리게 되었구나.
모두들 기뻐하며 노래 부른다"(사 14:4-7).

바벨론 포로기의 경험이 반영된 제사장 문서인 창세기(2:3)에서
하나님이 창조의 마지막 날 안식일을 창조한 것으로 기록한 것은 이사
야의 이러한 열망이 반영된 것이다. 2장 2절에서 살펴본 것처럼, 인간은
"강제노동을 위한 반역자의 피로 만들어졌다"는 바벨론 신화를 거부하
고 하나님은 인간을 '하나님의 생기로 창조하여 하나님의 안식에 참여'
하도록 창조했다는 것이 안식일 창조의 역사적 의미다. 따라서 창조의
목적이 강제노동에서 벗어나 하나님의 안식에 참여하는 것이라는 창조
신앙은 포로 후기에 최종 편집된 십계명 중 안식일에 관한 제4계명에
그대로 반영된다.

엿새 동안 힘써 네 모든 생업에 종사하고 이렛날은 너희 하느님 야훼 앞에서
쉬어라. 그날 너희는 어떤 생업에도 종사하지 못한다. 너희와 너희 아들딸,
남종 여종뿐 아니라 가축이나 집 안에 머무는 식객이라도 일을 하지 못한다
(출 20:9-10, 공동번역).

바벨론 정복자들의 억압과 강제노동에 벗어나 참된 안식과 평안을
누리는 것이 포로민들의 간절한 소망이었던 것이 분명하며, 이러한
상황을 고려할 때 안식일 계명은 십계명의 골자를 함축하는 주요한
계명으로 해석할 수 있다.

1) 제7일은 야웨 하나님의 안식에 참여하는 날이다. 하나님 앞으로 나아가 하나님께 예배드림으로써 하나님과 바르고 편한 사랑의 관계를 맺는 날이다. 어떤 환경과 처지에서도 참된 안식을 누리려면 하나님과 바른 관계를 맺어야 하며, 주일마다 예배드리는 것은 하나님과 바른 관계를 회복하고 지속하고 강화하여 하나님이 주시는 참된 안식을 누리기 위함이다.

2) 안식일은 '성회로 모이고 아무 노동도 하지 않는 날'(레 23:7 등)이다. 노동을 금지한 것은 모든 이스라엘 백성이 성회로 모여 함께 예배하기 위함이다. 그래서 예수는 "예물을 제단에 드리려다 거기서 네 형제에게 원망들을 만한 일이 있는 것이 생각나거든 예물을 제단 앞에 두고 먼저 가서 형제와 화해하고 그 후에 와서 예물을 드려라"(마 5:23-24)라고 했다. 가족이나 이웃과 바른 관계를 가진 후에 하나님과 바른 관계를 가져야 한다는 뜻이다. 따라서 안식일의 정신에 따라 주일마다 예배드리는 것은 이웃과의 관계를 회복하고 지속하고 강화하기 위함이다.

3) 안식일은 하나님께 예물을 바치는 날이다. 물질에 대한 지나친 욕심이나 지나친 염려 역시 물질에 대한 바른 관계가 아니다. 물질과의 바른 관계를 맺을 수 있을 때 물질로 섬기고 나눌 수 있다. 하나님을 사랑하고, 이웃을 사랑하고, 교회를 사랑하는 마음이 있으면 자연히 물질로도 섬길 수 있게 되는 것이다.

이러한 안식일 정신에서 생겨난 것이 안식년과 희년이다. 7년마다 돌아오는 안식년(출 23:10-11; 레 25:1-6)에는 땅도 쉬어 안식하게 하고, 씨 뿌리는 일, 열매를 거두는 일도 하지 않으며, 만일 휴식 중인 경작지에 자생(自生)의 열매가 생기면 그 땅의 주인이 아니라 빈민의 식물(食物)로 할 것이 규정되었다. 본래 토지는 하나님의 소유이므로 토지도 하나님의 안식에 참여해야 한다는 신앙에서 유래한 것이다. 신명기(15:1-4 새한글)에는 "7년이 끝날 때마다 빚을 없애 주도록 하십시오. … 이스라엘에는 가난한 사람이 없도록 하십시오"라고 하였다.

매 일곱 번째 안식년 다음 해인 희년(레 25:10-54; 신 15:1-31)에는 팔렸던 토지나 가옥은 원소유주에게로 무상으로 돌아가고, 채무(債務) 탕감도 행해졌으며, 팔려 간 노예들도 무조건 해방되었다.

이처럼 안식일의 본래적 의미는 하나님과 바른 관계, 이웃과 바른 관계, 물질과 바른 관계를 맺으면 나와 내 자신이 바른 관계를 맺을 수 있다는 것이다. 그러한 천지인 삼중적 관계를 회복하고 지속하고 강화하기 위해서 우리는 매주 반복하여 예배드리는 것이다. 이것이 바로 십계명의 조문이 함축하고 있는 정신이 가장 잘 드러나는 안식일의 의미다.

5. 하나님이 주신 율법, 함무라비 법전은 달랐다

구약성서에는 십계명 외에도 수많은 율법이 등장한다. 구약성서에는 여러 율법을 집대성한 3대 법전, 즉 시내산 계약법전과 신명기 법전과 성결법전이 포함되어 있다. 이러한 율법들 중 십계명은 율법의 정신을 잘 함축하고 있는 어느 정도로 '항구적으로 타당한 율법'이라 할 수 있다. 그 외의 제사나 정결 의식, 재판이나 형벌에 관한 시행령으로 제시된 수많은 율법은 그 시대의 상황을 반영하는 '한시적으로 타당한 율법'인 것이 사실이다. 구약의 율법은 시대를 초월한 보편적인 윤리가 아니며, 그 일부는 우리 시대의 관점에서 보면 참혹하고 비윤리적일 수 있다는 비판과 함께 구약 폐기를 주장하는 사람들도 없지 않다. 그러나 구약의 율법 역시 그 시대의 윤리적 법률적 배경에서 해석되어야 한다.

구약성서의 율법과 비교할 수 있는 것이 저 유명한 함무라비 법전이다. 바빌론을 통치한 함무라비왕(기원전 1792~1750년)이 반포한 고대 바빌로니아의 법전이 1901년 발굴되고 그 내용이 알려지면서, 구약성서의 율법이 함무라비 법전을 차용한 것이라는 주장이 제기되기도 했다. 그러나 양자를 비교해 보면 구약성서의 율법이 그 시대의 관점에서 보면 훨씬 시대에 앞선 윤리적 지침일 것을 알 수 있다. 왜냐하면 함무라비 법전이 다음과 같은 전근대적인 윤리적 법률적 특징을 가지고 있다는 사실이 밝혀졌기 때문이다.

1) 노예제도의 합법화이다. 함무라비 법전에서는 신분을 세 등급으로 나누었다. 토지를 소유할 수 있는 자유인, 제한적 조건하에 토지를 소유할 수 있는 평민, 토지소유권이 없는 주인의 소유물인 노예로 구분하였다.4 농경 혁명 이후 거의 모든 국가종교에서는 사회적 계급 분화와 더불어 노예제도가 합법화되었다.

그러나 구약성서에는 채무로 인한 일시적인 예속을 인정하였지만, 영구적인 노예제도 자체는 금지했다. 이집트에서 모두가 노예였던 것을 상기하여 다시는 노예를 부리지 말고 노예가 되지도 않게 했다(레 19:34). 이는 1865년까지 미국에서 노예제도 존폐 여부로 남북전쟁이

---

4 이종근, 『메소포타미아 법의 도덕성과 종교』 (서울: 삼육대학교출판부, 2008), 159.

계속된 것에 비추어 보면 전향적인 의식이라 할 수 있다.

2) 법 적용의 차별성이다. 바벨론은 노예제도가 합법화된 계급사회였기 때문에 함무라비 법전에서는 귀족, 자유인, 노예 등의 엄격한 사회적 계급에 따라 그 법이 다르게 적용되었다. 피해자의 사회적 신분에 따라 형벌이 달랐다. 법 앞에 모두가 평등하지 않았다. 평민이 이류 없이 종을 때리면 은 10세겔로 보상해야 하지만, 종이 주인을 때리면 귀를 자르게 했다(205조). "눈에는 눈으로"라는 동태 보복은 같은 계층에게만 적용되었다.

그러나 구약성서의 율법에서는 법 적용에 있어서 신분상의 차별이 없다. 법 앞에 모두가 평등했다.

3) 법 제정의 일방성이다. 고대 근동의 법률들은 왕이 백성에게 일방적으로 부과한 규정이 대부분이었다. 함무라비 법전의 주요 보호 대상은 왕과 지주와 노예 주인 등을 비롯한 지배 계층이었다. 인간의 생명보다는 소유권을 중히 여기는 규정들이 많은 것을 보아 알 수 있다. 왕명을 어긴 죄(함무라비 법전 33-35조), 왕궁의 물건을 훔친 죄(6, 8조), 종이 도망가도록 돕거나 숨긴 죄(15-16조)를 사형으로 다스렸다.

반면 구약성서는 인간의 생명을 소중히 여기고 재물과 소유권은 그다음에 둔다. 따라서 절도죄 정도를 사형으로 규정하지 않는다. 히브리 노예들을 애굽의 압제에서 구원하고 그들과 계약을 맺은 이스라엘의 계약법의 일차적인 보호 대상은 가난하고 힘없는 약자들이다. 따라서 "너희 중에 가난한 사람이 없도록 하라"(신 15:4)는 율법에 따라 "이방인과 고아와 과부를 압제하지 아니하며 무죄한 자의 피를 이곳에서 흘리

지 말라"(렘 7:6)는 등 무수한 약자보호법과 약자권리강화법이 율법으로
선포되어 있다.

4) 무죄한 자의 대리 처벌이다. 앗시리아 법전에는 처녀를 강간하였
을 경우 가해자의 아내가 피해자의 집에 가서 살아야 한다 했고(55조),
함무라비 법전에는 임신한 여인을 때려 유산시키고 죽게 한 경우 가해
자의 딸을 사형에 처했다(201조). 목수가 집을 짓다가 집주인을 죽이면
건축업자를 죽였지만, 주인 아들을 죽인 경우 그 목수가 아닌 목수의
아들을 죽이도록 했다(229-231조).
　그러나 이스라엘 율법은 이러한 연좌제의 대리 처벌을 엄격히 금한
다. '죽을 사람은 죄지은 그 사람'(신 24:16)이라는 원칙이 분명했다.

5) 형벌의 잔인성이다. 함무라비 법전에는 아버지를 때린 아들의
손을 자르게 했다(202, 205조). 양자가 양부모를 정식으로 모욕한 경우
혀를 잘랐다(192조). 다른 사람의 아내와 입맞춤을 한 남자는 면도날로
아래 입술이 잘렸고(9조), 성범죄자들은 대개 거세를 당했다(15, 19-20조).
　반면 구약성서는 극히 드문 단 한 번의 예외(신 25:11-12)를 제외하면
신체 절단의 가혹한 처벌은 전혀 없다.

6) 성범죄에 대한 관용이다. 히타이트 율법은 신전 매음과 통간뿐만
아니라 수간(獸姦), 근친상간, 동성애 같은 것마저 허용했다.
　그러나 구약성서의 율법은 성적인 문제에 관하여 아주 엄격했다.
이런 것들을 범한 자들은 모두 사형으로 다스렸다(레 18:1-30). 성적
순결과 도덕성의 차원을 한 단계 높인 것이다. 신약성서에 와서 예수는

마음으로 '음욕을 품는 것마저 간음'(마 5:28)이라고 규정하였던 것도 이런 배경하에서 이해하여야 한다.

함무라비 법전과 구약성서의 율법을 비교함에 있어 중요한 것은 세세한 조항이 아니라 양자의 율법이 함축하고 있는 기본적인 법 정신이다. 모든 법률에서 가장 중요한 것은 그 법 정신이기 때문이다. 구약성서의 법 정신은 십계명에 가장 잘 나타나 있으며, 이 법 정신에 따라 구약성서의 세 법전이 그 시행령으로 이루어진다. 구약성서의 율법의 법 정신은 다음 두 가지로 요약할 수 있다. 즉, 하나님을 사랑하고, 이웃을 사랑하라는 것이다. 따라서 율법 그 자체는 하나님의 은총으로 주어진 것이지만, 그 본래의 정신을 상실할 때 율법주의의 위선과 가식으로 전락하게 되는 것이다.

6. 들려주는 '귀의 종교', 보여주는 '눈의 종교'와 다르다

초기 이스라엘을 계약 공동체라고 하는 이유는, 전에는 파라오의 종이었던 이스라엘 백성이 출애굽 후 시내산에서 모세를 중재자로 하나님과 계약을 맺고, 계약의 당사자인 이스라엘 백성이 지켜야 할 열 가지 계약 조문(출 20:3-17; 신 5:7-21)인 십계명을 모세가 낭독하자 모든 백성이 한목소리로 "야웨께서 말씀하신 대로 다 따르겠습니다"(출 24:7)라고 다짐했기 때문이다.

이스라엘 백성은 계약 조문을 기초로 '제사장 나라, 거룩한 백성'(출 19:6)이 되기 위해 세워졌기 때문에 계약의 말씀에 순종하는 것을 가장 중요하게 여겼다. 그래서 야웨 하나님이 "너희는 귀를 기울이고 나에게 와서 들어라 그리하면 너희 영혼이 살 것이라"(사 55:3)고 하신 것이다.

사무엘을 비롯한 많은 예언자는 "순종이 제사보다 낫고 듣는 것이 수양의 기름보다 낫다"(삼상 15:22)는 신념을 초기 이스라엘 종교 제도의 지침으로 제시한다. 특히 예레미야는 야웨가 "제사를 원치 않고 순종을 원한다"는 사실을 웅변적으로 묘사한다.

> 나 만군의 주 이스라엘의 하나님이 말한다. 너희는 번제물은 다 태워서 나에게 바치지만, 다른 희생제물은 너희가 먹는다. 그러나 내가 하고 싶은 말은, 번제든 무슨 제사든, 고기는 너희가 다 먹으라는 것이다. 사실은 내가 너희 조상을 이집트 땅에서 데리고 나왔을 때, 나는 그들에게 번제물이나 다른 어떤 희생제물에 대하여, 전혀 말하지도 않고, 명하지도 않았다. 오직 내가 명한 것은 '너희는 나에게 순종하여라. 그러면 내가 너희 하나님이 되고, 너희는 나의 백성이 될 것이다. 내가 너희에게 명하는 그 길로만 걸어가면, 너희는 잘 될 것이다' 하는 것뿐이었다(렘 7:21-23, 표준새번역).

이런 관점에서 존 캅(J. Cobb)은 보여주는 종교로서 제사 종교와 들려주는 종교로서 말씀 종교를 각각 '눈의 종교'와 '귀의 종교'로 구분했다. "야웨는 보여지는 분이 아니라 들려지는 분"[5]이라고 했다. 야웨가 시각적으로 보여지는 경우가 전무하며, 야웨를 보면 죽지만 그의 말씀을 듣고 순종하면 산다고 했다. 제사 종교는 보여주는 눈의 종교이기 때문에 경쟁적으로 제사를 지내는 신전을 크고 화려하게 꾸며 왔다. 재물이 많이 바치면 바칠수록 제사의 효과와 비례한다는 지극정성의 사효론적(事效論的) 신앙이 생겨나는 것이다. 제사장 역시 그 복장이

---

5 J. Cobb/김상일 역, 『존재구조의 비교연구 ─ 과정 신학의 기독교 이해』 (서울: 전망사, 1980), 134.

화려할수록 종교적 권위가 있는 것으로 여겨졌다.

신을 제사의 대상으로 보느냐, 순종의 대상으로 믿느냐에 따라서
종교 제도가 달라진다. 야웨와의 관계는 그의 명령과 그것에 복종하는
것으로 이루어진다. 가나안의 자연종교와 달리 신전 중심의 제사 행위
보다 야웨의 계약의 말씀을 지키는 것에 우선을 두었던 것이다. '순종이
제사보다 낫기' 때문이다(삼상 15:22).

그러나 실제로 가나안에 정착하면서 야웨 종교는 가나안 제사 종교
의 영향으로 성전 종교의 제사 제도를 수용하여 결국 제사종교로
기울어졌다. 특히 서기전 740년경 우시야왕 시절에 활동했던 이사야
는 야웨 종교가 제사종교로 전락한 것에 대해 누구보다 날카롭게
비판했다.

무엇 하러 이 많은 재물을 나에게 바치느냐… 더 이상 헛된 제물을 가지고
오지 말아라. 이제 제물 타는 냄새에는 구역질이 난다(사 1:11-12).

이어서 "초하루, 안식일과 축제의 마감 날에 모여서 하는 헛된 짓을
나는 더 이상 견딜 수 없다. 너희가 지키는 초하루 행사와 축제들이
나는 정말로 싫다. 귀찮다. 이제는 참지 못하겠구나"(13절)고 했다. 14절
말씀은 더 충격적이다.

두 손 모아 아무리 빌어 보아라 내가 보지 아니하리라 빌고 또 빌어 보아라
내가 듣지 아니 하리라.

이사야서는 제사 종교의 특징인 '헛된 제물, 헛된 예배, 헛된 기도'를

하지 말라고 경고한 것이다. 하나님의 뜻을 분별하여 순종하기보다는 '예물과 예배와 기도'라는 제사 종교의 편향된 행태로 인해 신앙이 왜곡되어 결과적으로 하나님의 뜻을 거역하는 것이 된다는 것을 통렬하게 비판했다. 이처럼 계약 공동체는 가나안의 자연종교나 국가종교의 '제사 행위'보다 야웨의 사랑과 공의의 계약의 말씀을 가르치고 지키는 '순종의 행위'에 우선을 두었다. 사람과 하나님의 올바른 관계를 말씀과 순종 중심의 종교 제도로 확립한 것이다.

7. 야웨 종교의 타락, 야웨와 아세라의 종교 혼합

최근 고고학적 발굴에 의해 이스라엘 종교에서 아세라의 기능에 대한 논의는 새롭게 활기를 띠게 되었다. 성서를 통해 이방의 여신 정도로 생각되었던 아세라는 고고학 발굴로 인해 이스라엘에서도 숭배되었던 여신이라는 것이 밝혀졌다. 아세라는 고대 근동 지역에서 널리 숭배되었으며 이스라엘도 예외가 아니었다는 것이다. 이스라엘의 아세라 숭배는 가나안 정착 이후부터 시작되었고, 가나안 농경 문화가 제공하는 풍요와 다산의 신 바알을 숭배하는 가운데 자연스럽게 그의 배우자로 여겨지던 아세라도 숭배하게 되었다는 것이다.

구약에는 아세라 신명이 40회, 아스다롯(Astarott)이 15회 등장한다. 아세라의 용례를 분류해 보면 여신의 이름을 뜻하는 경우가 7번이며, 제의 상징물로서 '아세라 목상'이라는 표현이 31번 나온다.[6] 그리고 '바알과 아세라'(삿 3:7; 왕상 18:19; 왕하 17:16; 대하 33:3 등)처럼 부부 신명으

---

6 강성렬, 『고대 근동세계와 이스라엘 종교』 (서울: 한들출판사, 2003), 205-206.

로 11회, '바알과 아스다롯'(삿 2:13, 10:6; 삼상 7:4, 12:10)은 4회 등장한다.

왕정이 시작된 후 솔로몬 시대(서기전 961~922년)에 이미 이방신 숭배가 극에 달하여 솔로몬과 그의 이방인 아내들은 각종 이방신을 섬기는 일에 앞장섰다. 야웨께서는 솔로몬에게 노하셨다. 그가 이스라엘의 하나님 야웨를 마음으로부터 저버렸기 때문이다.

> 솔로몬이 시돈 사람의 여신 아스다롯과 암몬 사람의 우상 밀곰(또는 '몰렉')을 따라가서, 주 앞에서 악행을 했다. … 솔로몬은 예루살렘 동쪽 산에 모압의 혐오스러운 우상 그모스를 섬기는 산당을 짓고, 암몬 자손의 혐오스러운 우상 몰록을 섬기는 산당도 지었는데, 그는 그의 외국인 아내들이 하자는 대로, 그들의 신들에게 향을 피우며, 제사를 지냈다(왕상 11:5-8, 표준새번역).

서기전 922년 왕국 분열 후 남 왕국에서도 유다의 아사왕(서기전 913~873년)의 어머니 마아가는 아세라을 위해 우상을 만들었으며(왕상 15:13), 므낫세왕(서기전 687~642년)은 야웨의 성전에 아세라의 조각상을 세웠다(왕하 21:7).

특히 북 왕국 이스라엘의 아합왕(서기전 869~850년)은 두로(페니키아)의 공주 이세벨을 자기 신부로 데려오기 위해 사마리아에 바알의 신당을 짓고 아세라 여신상을 세웠다(왕상 16:32-33). 그의 궁전에는 "이세벨 왕비에게서 녹을 받아 살고 있는 바알의 예언자 사백오십 명과 아세라의 예언자 사백 명"(왕상 18:19)이 있었다. 아합왕의 이세벨 왕비는 바알 종교의 조장을 국가 시책으로 삼고, 이에 저항하는 야웨 종교 신봉자들을 뿌리 뽑을 심산으로 야웨의 제단을 부수고 야웨의 예언자들을 학살하자, 예언자들이 지하로 숨었다(왕상 18:4). 야웨 종교가 최대의 위기를 맞이한 것이다.

이때 예언자 엘리야가 등장한다. 엘리야는 모세처럼 아합왕에게 나아가 담판을 벌인다. 마침 사마리아 전역에 큰 가뭄이 닥친다. 엘리야는 왕이 "바알을 섬겨 이스라엘을 망치고 있다"고 경고하고 바알 선지자와 아세라 선지자들을 갈멜산에 모은다. 그리고 각자 제단을 쌓고 어느 제단에 불길이 임하는가를 보아 바알과 야웨 중 누가 참 하나님인가 판가름하자고 제안한다. 그리고 백성들에게 양자택일을 촉구한다.

> 만일 야훼가 하느님이라면 그를 따르고, 바알이 하느님이라면 그를 따르시오(왕상 18:21, 공동번역).

그리고 230여 년이 지나 요시아왕이 종교개혁(서기전 621)의 일환으로 성전에 하나님의 언약궤와 함께 두었던 바알과 아세라 그리고 일월성신과 관련된 모든 기구를 불사르고 성전 가운데 있던 미동(美童)의 집, 즉 '여인들이 아세라를 위하여 휘장을 짜는 처소였던 남창의 집'(왕하 23:7)을 헐어버린다. 요시아왕의 신명기 개혁 이전까지는 아세라 여신 숭배가 합법적으로 통용된 것을 보여주는 증거다.

그 결정적인 증거가 고고학적 발굴을 통해 드러난다. 1967년 헤브론과 라기쉬 사이의 키르벳 엘 콤에서 발견된 서기전 8세기로 추정되는 비문에는 다음과 같은 표현이 나온다.

> 우리야후(Uriyahu)에게 야웨(YHWH)와 그의 아세라의 명복을 빕니다.[7]

　　1975년 시나이 사막 쿤틸렛 아즈루드(Kuntillet 'Ajrud)에서 발견된
서기전 8세기의 것으로 추정되는 도자기에는 다음과 같은 글이 각인되
어 있다.

나는 사마리아의 야웨와 그의 아세라의 축복이 너에게 임하길 빕니다.[8]

　　'야웨와 그의 아세라'라는 관용어가 표기된, 위에서 인용한 고고학
적 증거가 발표되었을 때, 성서학계는 엄청난 충격을 받았다. 가나안
지역에서는 아세라가 바알의 배우자 신으로 숭배되었듯이, 이스라엘
의 민간신앙에서도 야웨 종교와 바알 종교가 혼합되어 마치 아세라를
야웨의 배우자신으로 여기는 사례들이 빈번하였음을 보여주는 고고학
적 증거이기 때문이다.

　　아세라는 서기전 2000년대 후반까지(청동기 시대) '엘의 배우자'였다.
2000년대 말기(철기 시대)에 폭풍우의 신 바알이 만신전 최고신이 되면
서 '바알의 배우자'로 바뀌었다. 그런데 이스라엘의 민중들은 한 걸음
더 나아가 야웨 하나님도 배우자가 있고, 그 배우자를 바알의 배우자인
아세라로 여겼다는 고고학적 증거가 드러난 것이다.

　　바알 종교에서는 음행이 남성신과 여성신 사이의 거룩한 결혼을
통한 풍요와 다산을 기원하는 종교적 행위의 일종으로 둔갑해서 신전

---

7 Tilde Binger, *Asherah*, Ch. 5 "Asherah in Israel," 95-96.

8 William. G. Dever, "Asherah, Consort of Yahweh? New Evidence from Kuntillet
'Ajrud," *Bulletin of the American Schools of Oriental Research* 255 (1984): 21-37;
Ze'eV Meshel, "Did Yalhweh Have a consort?," *Biblical Archaeology Review* 5.2
(1979): 24-34; "KuntilIet 'Ajrud," *The Oxford Encyclopedia of Archaeology in the
Near East* (Oxford Univ. Press, 1997), 310-312.

매음을 통해 공공연하게 행해졌다. 이렇게 바알 종교는 성(性)과 종교가 밀착된 '음란 종교'였고 이스라엘 사람들을 유혹했다. 예언자 호세아는 이스라엘 백성들이 "야웨를 떠나 크게 행음했다"고 꾸짖었다(호 1:2). 여기서 '행음'이란 이스라엘이 하나님을 버리고 바알 신을 섬기는 '신앙적 행음'을 의미할 뿐만 아니라 그들이 유혹에 빠졌던 바알 종교 자체가 실제로 신전 창기를 두고 남녀 간의 음행을 부추기는 종교였음을 말한다. 따라서 신전 창기는 호된 비판과 개혁의 대상이 되었다(호 4:14; 신 23:17; 왕상 14:24, 22:46; 왕하 23:7).[9] 따라서 '야웨와 아세라'를 연결시키는 것을 음행이라고 규탄한 것은 바알과 아세라를 섬기는 농경 종교의 핵심을 이루는 '다산과 풍요의 매개로서 성의 신성화'라는 신화적 표상이 강하였기 때문이다.

예언자들이 우상숭배를 격하게 비판한 것은 이방종교의 다신론적 신화는 풍요와 다산이라는 명분으로 왕권과 기득권을 강화하고, 정치적 억압과 경제적 착취를 정당화하였으며, 무엇보다도 야웨만 섬기며 노예와 가난한 자가 없는 '제사장 나라의 거룩한 백성'이 되라는 시내산 계약의 의무를 저버렸기 때문이다.

오늘날이라고 예외는 아니다. 농경 시대에는 '풍요와 다산의 신'인 아세라를 야웨와 겸하여 섬겼지만, 오늘날 자본주의 시대에는 '번영과 성공의 신' 맘몬과 하나님을 겸하여 섬기는 행태가 광범위하게 퍼져 있기 때문이다.

---

9 강성렬, 『고대 근동세계와 이스라엘 종교』, 151.

제 8 장

땅의 하나님, 토지공유의 경제 제도는 달랐다

1. 만나를 주신 하나님, 남지도 모자라지도 않게

농경사회로 접어들면서 땅의 소유는 인류의 생존과 직결된 중요한 문제가 되었다. 농업혁명으로 계급 분화가 이루어진 것도 인류사의 무시하지 못할 중요한 사건이다. 최초의 법전으로 알려진 함무라비 법전에서는 신분을 세 등급으로 나누었다. 토지를 소유할 수 있는 자유인, 제한적 조건하에 토지를 소유할 수 있는 평민, 토지소유권이 없는 주인의 소유물인 노예로 구분한 것은 소수에 의한 땅의 독점 상황을 반영한다.

이스라엘 백성들도 예외는 아니다. 땅이라는 단어가 구약성경에 2,504번이나 나오는데, 이는 네 번째로 빈도수가 많은 단어다.[1] 브루그만은 "땅이 성서의 '유일한 중심 주제'는 아니라 하더라도 중심 주제 중의 하나임에 틀림없다"[2]고 했다. 땅이 없어 유랑하던 그들의 조상 아브라함 때부터 땅의 문제는 심각했다. 이스라엘 백성들의 신앙 여정은 땅과 밀접하게 관련되어 있다. 땅 없음과 이로 인한 고통은 그들의 역사 속에 면면히 흐르는 주제였다.

---

1 E. A. Martens, 『구약에 나타난 하나님의 계획과 목적』(서울: 생명의말씀사, 1990), 128.
2 W. Brueggemann, 『성서로 본 땅』(서울: 나눔사, 1992), 24.

하나님은 아브라함을 불러 "내가 지시한 땅으로 가라"(창 12:1)고 하셨다. 아브라함뿐 아니라 이삭과 야곱도 미지의 땅을 얻기 위하여 떠돌아다니는 유랑자로 묘사되어 있다. 그래서 하나님은 그들에게도 땅을 주시겠다고 약속하신다(창 13:14-15, 17).

이스라엘 백성은 땅을 소유하지 못해 '이집트 땅 종살이하던 집'에서 해방되어 두 달 보름 만에 신 광야에 다다랐다. 그들은 이집트를 탈출하여 이제 자유로운 땅에 거할 수 있었지만, 그 땅은 아무런 소출을 기대할 수 없는 불모의 땅 광야였다. 이집트에서 가져 나온 식량이 떨어졌고 그들의 위기감은 극에 달했다. 광야에서 굶어 죽기보다는 차라리 이집트로 돌아가자고 항변하기도 했다(출 16:3, 17:3). 광야에서의 빵의 문제는 자유인으로 죽느냐, 노예로 사느냐는 생사가 걸린 문제였다.

이런 절박한 상황에서 하나님은 특별한 양식인 '만나'를 공급하여 주셨다. 야웨는 "하늘에서 양식을 비같이 내리리니, 백성이 나가서 일용할 것을 날마다 거둘 것이라"(출 16:4)고 했다. 아침마다 작고 둥글고 서리 같은 것이 땅에 있었는데, 꿀 섞은 과자처럼 맛있었다. 이를 처음 본 이스라엘 백성들은 처음 보는 '이게 뭐냐'(히브리어로 '만후')라고 궁금해하였고, 그래서 '만나'라는 이름으로 불리게 되었다. 하나님은 해가 뜨기 전 저마다 식구 수에 따라 하루에 한 사람이 만나 한 호멜(약 230리터)씩만 거두어들이게 했다. 하나님의 명령을 무시하고 많이 거둔 사람도 있고 적게 거둔 사람도 있었으나, 이튿날이 되자 다 썩어서 먹을 수 없게 되었다. 그 이튿날부터는 광야 40년 동안 모든 백성이 일용(日用)할 양식만을 '남지도 부족하지도 않게' 거두어들였다.

많이 거둔 자도 남음이 없고 적게 거둔 자도 부족함이 없이 각기 식량대로 거두었더라(출 16:18).

야웨께서는 광야에서 만나를 주신 뒤 "아론에게 이르되 항아리를 가져다가 그 속에 만나 한 오멜을 담아 여호와 앞에 두어 너희 대대로 간수하라"(출 16:33)고 했다. 성막 지성소에 광야의 양식으로 주신 만나 한 호멜을 담은 항아리를 십계명 두 돌판과 아론의 싹 난 지팡이와 함께 두게 한 것이다. 고대의 모든 신전에는 그들의 신상을 세운 것과 달리, 성막 지성소에 만나 항아리를 두게 한 것은 불모의 땅 광야에서 하나님께서 일용할 양식을 주신 것과 더불어 '많이 거둔 자도 남지 않고 적게 거둔 자로 모자라지 않았던' 만나의 평등한 경제 신학을 지켜 행할 것을 상징하기 위함이다.

이집트에서의 노예 생활을 통해 그들이 겪었던 가장 큰 고통과 모순은 많이 거둔 자와 적게 거둔 자 사이의 빈부 격차였다. 파라오의 궁전에는 먹을 것이 차고 넘쳐 났지만, 노예들의 막사(幕舍)는 초근목피의 궁핍이었다. 모든 백성에게 일용할 양식이 골고루 공급된다면 누가 다른 사람의 부림을 받는 종이 되겠는가? 경제적으로 평등한 질서가 유지된다면 다시는 사람이 사람을 부리는 노예제도가 들어설 자리가 없을 것이다. 인간 사이의 진정한 자유와 평화가 이루어지려면 먼저 이러한 식량의 평등한 분배가 이루어져야 한다. 만나 이야기 배후에는 이처럼 놀랍고 전향적인 '만나의 평등한 경제 신학'이 자리하고 있다.[3]

가나안 정착 후 도시화와 군주제의 도입으로 빈부 격차가 심해지고,

---

3 평화(平和)를 뜻하는 한자인 '화'(和)는 곡식 낱알을 뜻하는 '화'(禾) 자와 입을 뜻하는 '구'(口) 자로 이루어졌다. 따라서 평화는 백성(食口)들에게 먹거리 식량을 저울추가 평평하듯 골고루 공평(公平)하게 나누어 줄 때 이루어지는 것이라는 뜻이다.

부자는 먹을 것이 남아돌고 가난한 자는 먹을 것이 없어 굶어 죽는
기근의 비참한 현실을 보고 아모스는 이렇게 규탄했다.

> 내가 기근을 땅에 보내리니 양식이 없어 주림이 아니며 물이 없어 갈함이
> 아니요, 여호와의 말씀을 듣지 못한 (데서 오는) 기갈이라(암 8:11).

하나님은 온 땅의 만백성이 먹을 만큼 양식을 주고 골고루 나눠
먹으라고 말씀하였으나, 몇몇 인간들이 야웨의 말씀을 듣지 않고 빵을
독식함으로써 세상에 기근이 생겼다는 탄식이다. 오늘의 현실도 그때
와 다를 바가 없다. 남한은 음식 쓰레기로 넘쳐 나고 북한은 기아에
허덕이고 있기 때문이다.

2. 땅을 분배하신 하나님, 제국종교의 토지 독점과 달랐다

야웨 하나님께서 이스라엘 자손을 이집트의 노예살이에서 해방시
킨 것은 그들을 하나님의 백성으로 삼아 그들의 조상들에게 약속한
땅을 주기 위함이라고 했다.

> 너희는, 내가 주 곧 너희를 이집트 사람의 강제노동에서 이끌어 낸 너희의
> 하나님임을 알게 될 것이다. 내가, 아브라함과 이삭과 야곱에게 주기로
> 손을 들어 맹세한 그 땅으로 너희를 데리고 가서, 그 땅을 너희에게 주어,
> 너희의 소유가 되게 하겠다. 나는 주다(출 6:7-8, 표준새번역).

1) 이스라엘 백성이 가나안 땅에 진입하기 직전, 죽음을 앞둔 모세는

가나안 땅을 차지하게 되면 그 땅을 모든 백성에게 균등하게 분배하라
고 명령한다(수 13:6, 15:1, 16:1, 17:1, 18:6-19; 민 33:53-54; 삿 1:3). 그들은
야웨의 지시에 따라 제비뽑기를 통하여 각 사람의 몫을 골고루 분배
했다.

각 사람의 몫을 제비뽑아 얻었고, 그 땅을 측량하여 그들에게 나누어 주신
분은 야웨이시다(사 34:17).

여호수아가 중심이 되어 이스라엘 백성들은 여리고, 아이, 기브온
성의 온 땅과 고센의 온 땅과 평지, 아라바와 이스르엘의 산지와 평지를
취한다(수 11:16, 21). 땅의 점령4이 완수되자 여호수아는 12지파의 대표
들을 모아 토지를 분배한다.

이와 같이 여호수아가 여호와께서 모세에게 이르신 말씀대로 그 온 땅을
취하여 이스라엘 지파의 구별을 따라 기업으로 주었더라(수 11:23).

여호수아 13-22장에는 그들이 점령한 땅과 12지파에게 분배한
토지대장이 길고도 자세하게 기록되어 있다. 먼저 제비를 뽑아 12지파
(쉐벨)에게 토지를 분배하고, 각 지파는 족속으로 번역된 대가족(미슈파
하)별로, 각 족속은 다시 친족별로 토지를 분배한 것이다. 이스라엘
백성들은 토지 배분을 통해 지파, 족속, 친족으로 이루어진 새로운
사회구성체를 만들었다.5

---

4 가나안 땅을 차지한 것에 대해서는 전통적인 정복설 외에도 점진적 이주설 등이 있다.
5 자세한 내용은 이 책 9장 1절 참조.

출애굽 공동체는 땅도 만나와 같이 하나님이 주신 것(레 25:23)이라는 믿음이 확고했다. 땅도 만나처럼 모든 백성이 신분의 차별 없이 골고루 공평하게 함께 나누어 가져야 한다는 확신으로 토지 분배라는 혁명적 과업을 수행한 것이다. 40년간 광야 생활을 통해 체득한 만나 신앙, 즉 '많이 거둔 사람도 남지 않고 적게 거둔 사람도 모자라지도 않는'(출 16:18, 공동번역) 계약 공동체의 경제적 이상을 공평한 토지 분배를 통해 실현한 것이다. 따라서 누구나 하나님의 선물로 분배해 주신 토지에서 자유롭게 농사를 지을 수 있게 했다.

2) 여호수아에 의한 땅의 분배 그 자체만 하여도 놀라운 일인데, 더욱 놀라운 일은 출애굽과 가나안 진입의 일등 공신이라 할 수 있는 모세와 아론, 여호수아와 갈렙을 포함한 지도층과 제사장 가문인 레위 지파는 토지 분배에서 제외시킨 것이다(민 18:23; 신 10:9, 12:12, 18:1; 수 13:14, 33). 그들은 각 지파에 흩어져서 필요한 최소한의 토지를 사용할 수는 있었지만, 토지를 소유하거나 매입하는 것은 금지되었다. 야웨만이 그들의 분깃이요 기업(몫 또는 상속재산)이었기 때문이다.

레위 사람 제사장과 레위의 온 지파는 이스라엘 중에 분깃도 없고 기업도 없을지니…(신 18:1).

이스라엘 제사장 계급의 토지 소유 금지는 이집트나 가나안의 국가 종교의 제사장 계급이 왕이 하사한 토지를 소유하였던 당시의 상황에 비추어 볼 때 파격을 넘어 혁명적인 사건이었다. 당시의 제사장 계급은 지배자와 귀족들과 밀접히 결탁되어 있어 거대한 땅을 소유하였고

엄청난 제물(祭物)을 매개로 국가의 경제적 이권에 개입함으로써 풍요
의 직접적인 수혜자가 되었다.

그러나 이스라엘 계약 공동체는 달랐다. 출애굽의 지도층이었던
모세, 아론, 여호수아와 같은 레위 지파 제사장 계급은 사실상 이스라엘
의 개국공신들이므로 더 많은 특권과 기득권을 누려야 마땅했다. 그럼
에도 이들에게는 보통 사람에게도 골고루 나누어 준 토지 배분조차
배제했다. 이만저만한 기득권의 포기가 아닐 수 없다. 토지를 분배
받지 못한 레위 지파는 훗날 떠돌이 부랑자와 고아와 과부와 함께 극빈
대상자 1순위가 되는 신세가 되었다.

> 네 모든 소출에서 열의 하나를 떼 내어 레위인과 떠돌이와 고아와 과부에게
> 나누어 주고 그것을 너희 성안에서 실컷 먹게 하여라(신 26:12, 공동번역).

3) 초기 계약 공동체가 차지한 땅은 야웨께서 이스라엘의 조상들에
게 약속하셨던 '약속의 땅'이었다(출 6:8 등). 그러므로 그 땅은 '거룩한
땅'이요, '야웨의 소유지'(수 22:19)요, '야웨의 땅'(호 9:3, 비교 85:2; 렘 16:18;
겔 36:5)이요, '야웨의 영원한 기업'으로 여겼다(레 25:34). 따라서 하나님
이 주신 이러한 땅을 인간이 마음대로 처분하거나 양도하거나 매매할
수 없는 것을 당연히 여길 수밖에 없었다.

> 토지를 영영히 팔지 말 것은 토지는 다 내 것임이라(레 25:23).

이처럼 토지 매매를 금지한 것은 '땅은 하나님의 것'이라는 계약
공동체의 특수한 땅의 신학에 기초한 것이기도 하지만, 토지 매매를

통해 토지가 소수에게 독점되어 평등한 경제질서가 무너질 것을 예방하기 위한 조치였다. 대천덕은 "오늘날과 같은 의미에서 모든 나라에서 통용되는 '땅을 판다'는 개념은 성경에는 없다. 그것은 범죄에 해당하기 때문이다"라고 했다.

4) 분배 받은 땅을 기업(Inheritance)이라고 하여 영구히 팔지 못하도록 하였지만, 실제로는 빚 담보로 잡혔다가 빚을 갚지 못해 소유권이 넘어가기도 했던 것으로 보인다. 그래서 안식년이 일곱 번 지난 후 50년마다 돌아오는 희년이 되면, 그 사이 혹시 땅의 소유주가 어떤 형태로든 바뀌게 되더라도 최초로 분배 받은 원소유주나 그 가족에게 되돌려 주게 했다. 레위기는 땅의 매매는 희년까지 한시적으로만 가능하다고 명시하고 희년 전이라도 매도자가 원할 경우 언제든지 매도자 혹은 매도자의 친족이 희년까지 남은 기간에 따라 정당한 값을 치르고 땅 무르기가 허용되었다(레 25:47-54). 이를 통해 "땅은 영원히 팔 수 없다"는 야웨의 명령을 준수하려 했다.

> 이 해는 너희가 유산, 곧 분배 받은 땅으로 돌아가는 해이며, 저마다 가족에게로 돌아가는 해이다(레 25:10).

희년 제도 49년 동안에 일부 백성들의 과오나 과욕에 의해 재산의 편중이 생겨날지라도, 계약 공동체가 토지 분배와 토지 매매 금지를 통해 실현하려 했던 것은 평등한 경제질서를 원상회복하려는 시도였다.

농업혁명 이후 어느 국가든 토지 매매가 성행하였으며 이스라엘 주변 국가들도 예외는 아니었다. 따라서 야웨 종교만 예외적으로 토지 매매를 하나님의 명령으로 금지했다는 사실은 초기 이스라엘 계약 공동체가 평등한 경제질서 유지를 얼마나 중요하게 여겼는지를 보여준다.

3. 나봇의 포도원 이야기, 땅은 하나님의 것 매매하지 말라

가나안 정착 이후 200년 간의 사사 시대를 거쳐 도시화와 군주제 도입으로 빈부 격차는 심해지고 '남지도 모자라지도 않았던 만나의 평등한 경제 제도의 이상'과 '골고루 분배한 땅의 매매 금지'가 무너지게 된다.

1) 사무엘이 왕정 도입을 반대한 여러 이유 중 하나는 주변 국가처럼 군주제를 도입하면 야웨께서 선물로 주신 약속의 땅에 대한 토지 매매 금지의 율법이 무너지고, 마침내 왕이 백성의 토지를 빼앗아 신하들에게 나눠줄 것이라고 예견하였기 때문이다. 땅을 빼앗긴 사람들을 결국 노예가 될 것이라며 경고했다.

너희의 밭과 포도원과 올리브 밭에서 좋은 것을 빼앗아 자기 신하들에게 줄 것이며, 곡식과 포도에서도 십분의 일 세를 거두어 자기의 내시와 신하 들에게 줄 것이다. 너희의 남종 여종을 데려다가 일을 시키고 좋은 소와 나귀를 끌어다가 부려먹고 양 떼에서도 십분의 일 세를 거두어갈 것이며 너희들마저 종으로 삼으리라(삼상 8:14-17).

사무엘의 경고에도 불구하고 결국 군주제의 도입으로 토지 매매 금지법은 무너지기 시작했다. 사울이 왕이 되기 전에는 소규모의 부모의 재산만을 소유하고 있었으나(삼상 9:1-8, 11:5), 그가 죽을 때는 상당한 개인 재산과 왕국 재산을 남겨 놓았다(삼하 9:9).

2) 사울에 이어 다윗 역시 왕으로 뽑히자 아라우나의 타작마당을 사들이고(삼하 24:19-24), 여부스인들의 도시 예루살렘을 왕의 사유지인 다윗성으로 삼았다. 이리하여 "다윗은 이스라엘 역사상 최초의 사유 지주가 되었고 재산 사유화의 창시자가 되었다."6

솔로몬 이후 역대 왕들은 왕실의 토지를 넓히기 위하여 가나안인들의 토지를 무력으로 차지하거나 돈으로 사들이거나 강탈했다(왕상 16:24). 버려진 땅은 왕에게 귀속시켜(삼하 9:9f; 왕상 21:16; 왕하 8:3, 6) 왕은 광대한 사유지의 대지주가 되었다. 이러한 부의 양극화 현상은 여로보암 2세 때(서기전 787~747년) 극에 달했다.7

이러한 전도된 상황에서도 토지 매매 금지에 대한 그들의 전통적인 신앙이 얼마나 철저하였는지, 나봇의 포도원 사건으로 알 수 있다. 토지 분배 후 300년쯤 지났을 즈음 북 왕국의 아합왕은 궁전의 정원을 확장하기 위해 궁전과 붙어 있는 나봇의 포도원을 값을 쳐서 사려 했다. 그러나 나봇은 "땅은 여호와의 것으로 매매할 수 없다"(레 25:23)는 말씀에 따라 "내 열조의 유업을 왕에게 주기를 여호와께서 금하셨다"(왕상 21:3)며 왕의 제안을 거절한다.

3) 아합왕의 아내 이세벨이 자초지종을 듣고 "당신이 이스라엘 나라를 다스리는 왕이냐?"(왕상 21:7)고 반문한다. 이스라엘에서 북쪽으

---

6 강사문, 『구약의 하나님』 (서울: 한국성서학연구소, 1999), 116.
7 서인석, 『성서의 가난한 사람들』 (왜관: 분도출판사), 27-32.

로 약 24km 떨어져 있던 두로의 공주 출신인 이사벨은 남편인 아합왕이 일개 백성의 포도원 하나조차 매입하지 못하는 처사가 이해되지 않았을 것이다. 자신의 나라에서는 부친인 왕이 모든 땅을 소유하고 처분할 수 있었기 때문이리라. 이세벨은 나봇이 하나님과 왕을 저주했다는 누명을 씌워 나봇을 죽이고 그 땅을 차지한다. 이에 엘리야가 아합왕을 찾아가 땅을 빼앗기 위해 사람을 죽이는 가증한 짓을 규탄한다(왕상 21:25-26).

나봇의 포도원 강탈 사건은 아합 시대에 와서 가나안 인접 국가의 토지제도 영향으로 왕가에서는 '땅의 신학'이 흐려졌지만, 나봇과 같은 신실한 백성들은 '야웨의 영원한 기업'을 지키기 위하여 목숨을 걸었던 결기를 보여준다(왕상 14:3 참조). 훗날 미가는 토지와 가옥을 욕심껏 매매하는 자들을 '아합 집의 황무한 행위'로 규탄했다.

> 탐나는 밭을 빼앗고, 탐나는 집을 제 것으로 만든다. 집 임자를 속여서 집을 빼앗고, 주인에게 딸린 사람들과 유산으로 받은 밭을 제 것으로 만든다(미 2:2; 참고 사 5:8).

4. 너희 중에 가난한 자가 없게 하라

하나님은 이스라엘 계약 공동체 내에는 이집트나 가나안에서처럼 빈부 격차가 없기를 원하셨다. 하나님이 골고루 나눠준 땅에서 모두가 자유롭게 농사를 지으면서 가난한 자가 하나도 없도록 하라고 명하셨다.

> 너희 하느님 야웨께서 너희에게 유산으로 주시어 상속받게 하신 땅에 틀림

없이 복을 내려주실 것이다. 그러니 너희 가운데 가난한 사람이 없도록
하여라(신 15:4, 공동번역).

하나님께서 해방된 히브리 노예들을 자기 백성을 삼아 계약을 맺은
것은 새로운 나라를 세워 '제사장 나라, 거룩한 백성'(출 19:6)이 되게
하기 위함이었다. 이 새로운 나라는 다른 나라와 달리 다른 신을 섬기지
않는 나라, 노예가 없는 나라이며, 동시에 '가난한 자가 없는 나라'이어
야 한다는 것이다. 이런 취지에서 성서에는 다른 경전과 달리 가난한
자를 위한 구체적인 율법들이 많이 기록되어 있다. 대표적인 것이 안식
년과 희년 제도이다. 7년마다 돌아오는 안식년에는 '땅을 갈지 말고
묵혀 두어서 네 백성의 가난한 자들이 먹게 하라'(출 23:12)고 했으며,
'형제에게는 빚을 없애 주도록 하여, 이스라엘에는 가난한 사람이 없도
록 하라'(신 15:3-4, 새한글). 매 일곱 번째 안식년 다음 해인 희년(레 25:10-54,
신 15:1-31)에는 팔렸던 토지나 가옥은 원소유주에게로 무상으로 돌아가
고, 팔려 간 노예들도 무조건 풀어 주게 하였다.

그 외에도 추수 때는 곡식, 감람, 포도 이삭을 다 거두지 말고 남겨
두어 고아나 과부나 나그네가 먹을 수 있게 했다(신 24:19-21; 레 19:9-10).
가난한 사람을 못 본 체하지 말고, 인색하게 돈을 움켜잡지 말고, 손을
펴서 그가 필요한 만큼 무이자로 넉넉하게 빌려주라고 했다(신
15:10-11). 모든 품삯을 당일에 해지기 전에 지불하고(레 19:13), 가난한
자에게 돈을 빌려주었을 때는 이자를 받지 말아야 하고(레 25:37),[8] 겉옷

---

8 가톨릭교회는 구약성서의 이자수취금지에 따라 1179년 라테란 공의회에서 "대부업자는
　파문한다"고 선언했다. 교황 레오 10세는 1515년 「가난한 사람을 위한 대출법」을 통해
　5%의 이자 수취를 합법화했다. 루터는 이자 수취를 반대했으나, 칼빈은 가계용 대출의

을 맡기고 돈을 빌렸을 경우 그 옷은 해가 지기 전에 되돌려 주어야 한다(출 22:26).

고대 근동에서 십일조는 조공이나 세금이라는 '정치적 성격'과 신에 대한 봉헌물이라는 '종교적 성격'을 지닌다. 그러나 이스라엘에서는 3년마다 드리는 십일조를 지방 성읍에 저장했다가 그 지방의 성안에 살고 있는 레위인, 떠돌이, 고아, 과부들을 위해 쓰도록 했다(신 14:28-29, 26:12-15; 레 27:30). 경제력에 따라 부자와 달리 가난한 자는 비둘기 두 마리로 십일조를 내도록 규정하였다(레 14:21-32).

'만나의 신학'에 기초한 이스라엘 계약 공동체의 '경제 신학'은 신약 시대에 그대로 이어졌다. 예수는 '가난한 자에게 복음'을 전하러 이 땅에 오셨으며(눅 4:18), "가난한 자가 복이 있나니 하나님의 나라가 너희 것이다"(눅 6:20) 하였으며, 부자 청년에게 "가진 것은 가난한 자에게 나누어 주고 나를 따르라"고 했다(눅 18:22).

신약 시대의 마가 다락방 공동체는 "모든 것을 공동소유로 내어놓고 재산과 물건을 팔아서 모든 사람에게 필요한 만큼 나누어 주었다"(행 2:44-45, 공동번역). 사도 바울도 고린도교회 교우들에게 이 '만나의 신학' 을 인용하면서 '남지도 모자라지도 않는'(출 16:17-18) 경제적 평등과 공유의 경제를 구현하라고 가르쳤다.

> 지금 여러분이 넉넉하게 살면서 궁핍한 사람들을 도와준다면 그들이 넉넉 하게 살게 될 때에는 또한 여러분의 궁핍을 덜어 줄 것입니다. 그러면 결국 공평하게 되지 않겠습니까?(고후 8:14)

이자를 안 받는 대신 생산용 대출의 이자를 받도록 했다.

5. 계약 공동체의 자유농민농업제, 공납제 생산양식과
   달랐다

초기 이스라엘 계약 공동체가 가나안 땅에 정착하였을 때 가장 우선
한 것은 어떠한 경제체제를 갖느냐였다. 그들은 이미 통치자들이 땅을
독점한 이집트에서 압제와 착취를 당했고 불모의 땅 광야에서 빈궁한
삶을 겪었기 때문에, 새롭고 전향적인 경제 제도의 필요성을 절감했다.
그래서 광야에서 경험한 '남지도 모자라지도 않는' 평등한 경제질서의
가치를 구체적으로 실현하기 위해, 이스라엘 백성이 가나안 땅을 차지
한 후에는 그 땅을 모든 백성에게 균등하게 분배하라는 명령이 주어진
것이다(민 33:53-54). 하나님이 분배해 준 땅은 하나님의 것이므로 영원
히 팔 수 없다는 초대 이스라엘 계약 공동체의 '땅의 신학'은 고대 근동
국가의 토지제도와는 너무나도 달랐다.

야웨는 이러한 토지공유 제도를 통해 이스라엘 땅에서는 "가난한
자가 없게 하라"(신 15:4)고 명하셨다. 모두가 자기 땅에서 자유롭게
농사를 짓는 나라, 그리하여 노예도 가난한 자도 없는 '거룩한 백성,
제사장 나라'를 세우기 위해, 출애굽 공동체는 땅을 분배하고 매매를
금지하신 하나님의 명령에 따라 놀라운 토지 공유의 혁명을 시행한
것이다.

볼프에 따르면 고대 근동 지방의 토지 대부분은 세 가지 방식의
영지로 수용되었다.[9] 군주들이 군사력을 통해 차지하여 세습시킨 봉건

---

9 N. K. Gottwald, "Early Israel and the Cannanite Socioeconomic System," *Palestine
   in Tradition*, ed. D. N. Freedman and D. F. Graf (Sheffield: The Almond Press,
   1933), 35.

세습 영지와 군주들이 사제에게 하사한 성직자 영지, 귀족이나 지주계급의 매매 영지이다. 따라서 고대 근동의 모든 왕이 대지주였다. 특히 이스라엘 백성들이 400년 이상 노예 생활을 겪었던 이집트의 경우 성전의 토지를 제외하고는 모든 토지가 왕에게 속했다. 왕이나 성직자가 소유하였던 토지들은 직접 왕궁에서 관리하거나 소작을 주거나 일정한 세금 또는 인력의 제공을 조건으로 빌려 주기도 했다. 물론 매매도 가능했다.

가나안 봉건 군주들은 이집트나 메소포타미아 제국의 절대 군주로부터의 공납을 강요당할 때 주민들의 생산물 일부를 거두어 조공으로 바쳤다. 주민들의 생산품 상당 부분이 공납되어 전쟁 물자 준비와 지배계급의 사치 생활에 소모되었으며, 여기에는 호화스러운 종교 행사 비용도 포함되었다. 가나안의 경우 바알은 지주(地主)의 신이었으며, 땅은 결과적으로 바알을 섬기는 왕의 소유였다.[10]

이러한 경제체제 아래에서 일반 농민은 개인의 종처럼 마음대로 사고 팔리진 않았으나, 나라 땅을 부치면서 세금을 내고 국가가 필요로할 땐 부역을 해야 했다. 주로 농한기에 이루어진 부역은 대궐의 신축이나 개축, 성벽을 보수하기 위해 행해졌다. 이러한 영지 중심의 토지 독점의 경제구조를 아시아적 생산양식 또는 공납제 생산양식이라 한다.

그러나 이스라엘의 경우 땅은 왕의 것이 아니라 '땅은 하나님의 영원한 소유'라는 혁명적인 토지 신앙을 가지고 있었다. 이집트에서 이방 거류민으로 살면서 땅을 소유할 수 없어 노예로 전락한 히브리 노예들을 해방한 것도 하나님께서 그들에게 '땅을 골고루 나눠주기

---

10 대천덕 엮음, 『토지와 자유』 (서울: 무실, 1992), 48.

위함'이라고 고백했다. 그리고 가나안 정착하였을 때 인류 역사상 최초의 토지 분배와 공유라는 혁명적인 일이 일어났다. 하나님의 영원한 소유물인 땅을 하나님께서 대를 이어 한시적으로 경작할 수 있도록 위탁한 것이므로 어느 누구도 자신이 분배 받은 땅을 매매할 수 없게 했다. 또한 누구나 자기 땅에서 자유롭게 농사를 지으며 더 이상 땅이 없어 종살이하는 일이 없는 경제 제도를 수립하려 했다.

갓월드는 계약 공동체의 남다른 땅의 공유 신학과 고대 근동 국가의 땅의 독점의 경제 제도를 비교하여 이스라엘의 토지 분배에 근거한 경제 제도를 당시의 고대 근동 국가의 '공납제 생산양식'과 다른 '자유농민농업제'라고 했다.[11]

당시 이집트나 가나안 도시국가의 경우 땅은 군주와 귀족 그리고 일부 제사장 계급만 소유하고 있었다. 박경리의 『토지』에 나오는 소작농들처럼 대부분의 백성들은 그 땅을 빌려 소작하는 준농노에 지나지 않았다. 예외 없이 소출의 5분의 1에서 3분의 1까지를 소작료로 공출하는 것이 '공납제 생산양식'이라는 경제 제도이다.

이와 달리 초기 이스라엘 계약 공동체는 인류 역사 최초로 모든 백성이 자기 땅을 가지고 자유롭게 농사짓게 하였는데, 이를 '자유농민농업제'라 한다. 군주제 국가는 부국강병의 국가 발전을 최우선으로 여겼기 때문에 권력과 토지의 독점을 추구하였고, 반면 이스라엘 지파 연합은 자유로운 노동과 평등한 분배라는 새로운 경제 제도의 대안을 모색했다는 분석이다. 초기 이스라엘 계약 공동체는 자기 땅에서 자유롭게 농사를 지을 수 있는 자유농민농업제를 통해 노예가 없는 자유한

---

11 N. K. Gottwald, 『히브리성서 1』 (서울: 한국신학연구소, 1987), 329.

나라, 가난한 자가 없는 풍요한 나라를 세우려고 했다. 두 제도를 비교해 보면 그 차별성과 특이성이 잘 드러난다.

초기 이스라엘과 고대 근동의 경제 제도

초기 이스라엘의 경제 제도	고대 근동의 경제 제도
자유농민 농업제	공납제 생산양식
백성에게 토지 분배	군주와 귀족의 영지 독점
레위 지파 토지 소유 금지	지배 계층 토지 과다 소유
토지 매매 금지	토지 매매 가능
남지도 모자라지도 않게	빈익빈 부익부

조선 왕조의 봉건제도와 일제 식민지를 겪은 뒤 광복을 맞이하였지만, 남북은 외세에 의해 분단을 당했다. 1946년 3월 5일 북조선임시인민위원회가 발표한 '북조선토지개혁법'에 의해 무상몰수, 무상분배 원칙에 따라 토지개혁이 시행되었으며, 북한에 뒤질세라 남한에서도 1949년 4월 28일 미군정에 의해 '농지개혁법'이 통과되어 6.25전쟁 이틀 전 완료되었다. 남한은 3정보 이상 소유한 토지 분에 대해서 지주에게 토지 평가액의 1.5배에 상당하는 금액을 연간 30%씩 5년 분할 상환하는 조건으로 유상몰수, 유상분배하였다.[12] 토지개혁으로 수많은 자영 농민이 생겨났고 그들의 교육열이 오늘날 대한민국의 자본주의 경제 발전의 기적을 만든 에너지의 원천이 되었다고 평가된다.

토지의 독점과 편중의 문제는 특히 한국 사회의 근본적인 모순으로 대두된다. 토지 편중과 지가 폭등은 한국 경제의 저효율 고비용의 비생

---

12 황한식, "미군정하 농업과 토지개혁정책,"『해방전후사의 인식 2』(서울: 한길사, 1985).

산성과 빈부 격차의 불평등 구조의 원인이 되고 있다. 헨리 조지는 "빈곤을 타파하고 임금이 정의가 요구하는 수준이 되도록 하려면 토지의 사적 소유를 공동소유로 바꾸어야 한다"라고 역설했다. 그는 토지의 평등한 사용권에 대하여 세 가지 방안을 제안했다.

첫째, 토지를 평등하게 나누어 주는 방법이다. 둘째, 토지를 공유로 하되 그것을 정부가 임대하고 임대료를 징수하는 방법이다. 셋째, 토지 가치를 전액 조세로 징수하는 방법이다.[13] 무엇보다도 성서의 가르침에 따라 땅은 하나님의 것이라는 토지공개념에 입각하여 토지의 균등 분배의 정신, 토지 소산의 공유와 같은 전향적 경제관을 되살려야 하며, 토지공개념에 입각하여 분배의 정의가 실현되어야 할 것이다. 따라서 부동산 종합소득세를 비롯한 토지 종합소득세, 토지 소유 상한제, 토지 개발이익환수제 같은 토지공개념에 입각한 입법의 강화가 요청된다.

---

13 전강수·한동근, 『토지를 중심으로 본 경제이야기』 (서울: CUP, 2002), 75-78.

제 9 장

왕이신 하나님,
지파 연합의 정치 제도는
달랐다

1. 아론의 지팡이, 그때는 왕이 없었다

출애굽 공동체가 광야 생활을 하는 동안 모세와 아론이 지도적 역할을 하였으나, 고라와 다단과 아비람의 무리가 모세와 아론이 이스라엘의 지도자가 된 것에 반기를 들었다. 일종의 권력 다툼이 일어난 것이다. 모세는 12지파의 족장에게 족장의 이름을 쓴 지팡이를 하나씩 가져오게 하고 그것을 회막 증거궤 앞에 두었더니, 얼마 후 아론의 지팡이에만 움이 돋고 순이 나고 꽃이 피어서 살구 열매가 열렸다(민 17:1-13). 야웨께서 "택한 자의 지팡이에는 싹이 났다"(민 17:5). 그래서 아론의 지팡이를 성막 지성소의 증거궤 앞에 두어 "하나님이 택한 자가 백성의 지도자가 되어야 한다"는 계약 공동체의 정치 지도자 선출의 상징으로 삼게 했다.

여호와께서 또 모세에게 이르시되 아론의 지팡이는 증거궤 앞으로 도로 가져다가 거기 간직하여 패역한 자에 대한 표징이 되게 하여라(민 17:10).

이스라엘 백성들이 이집트의 노예살이에서 해방되어 광야를 거쳐 가나안에 정착했을 때, 어떤 나라를 세울 것인가가 중차대한 문제였다. 이집트에서 해방시켜 시내산 계약을 체결하고 가나안 정착 후 땅을

분배해 주신 야웨 하나님이 그들을 다스리시는 왕이요 구원자(사 33:22)
라는 역사적, 체험적 신앙이 투철하였기 때문에 야웨를 제쳐 두고는
다른 인간을 왕으로 세울 수 없었다.

서기전 1050년경 여호수아가 중심이 되어 이스라엘 12지파의 대표
들과 온 백성이 세겜이라는 곳에 모여 하나님과 계약을 체결한다(수
24장). 세겜 계약 역시 종주권 조약과 유사한 시내산 계약의 형식을
따르고 있다.[1]

1. 전문: 계약 당사자의 소개

   "이스라엘의 하느님 야훼께서 말씀하셨소"(수 24:2, 공동번역).

2. 역사적 서언: 조약 당사자들 간의 과거사 요약

   이스라엘의 조상(아브라함, 이삭, 야곱)들을 인도하시고, 이집트의 종
   살이하던 집에서 해방시키시고, 홍해를 건너게 하시고, 가나안의 대적
   들을 물리치시고, 그 땅을 차지하게 하신 하나님의 은혜에 대한 감사(수
   24:2-13).

3. 규정 조문: 하급자가 지켜야 할 계약 의무 규정

   "그러니 여러분은 이제 야훼를 경외하며 일편단심으로 그를 섬기시오.
   … 다른 신들을 버리고 야훼를 섬기시오"(수 24:14, 공동번역).

4. 조약문서 보관: 신전 보관과 정기적 낭독에 관한 규정

   "그 모든 말을 하느님의 법전에 기록했다"(수 24:26, 공동번역).

5. 조약의 증인: 채택된 증인 목록

   "여러분이 야훼를 택하고 그를 섬기겠다고 한 그 말의 증인은 바로 여러

---

1 B. W. Anderson, 『구약성서의 이해 I』(왜관: 분도출판사, 1983), 161-162.

분이오"(수 24:22, 공동번역).

"큰 돌을 가져다가 거기 야훼의 성소에 있는 상수리나무 아래 세우고…
이 돌이 우리에게 증거가 될 것이오"(수 24:26-27, 공동번역).

6. 상벌 규정: 규정 준수 여부에 따른 축복과 저주 규정

"여러분의 하느님 야훼께서는 약속대로 좋은 일을 다 이루어 주셨소.
… 야훼께서 분부하신 계약을 어기고 다른 신들을 따라가 그 앞에 엎드
려 예배하면 야훼의 분노가 여러분 위에 미칠 것이오"(수 23:15-16,
공동번역).

세겜 계약의 핵심은 12지파의 지도자들이 하나님 앞에서 "오늘까지
해 온 대로 여러분의 하느님 야훼께만 충성을 바치도록"(수 23:8, 공동번역)
피차 계약을 맺은 것이다. 백성들은 '여호와 하나님만을 섬기고 그의
말씀을 따를 것'을 다짐한다.

이스라엘 계약 공동체는 야웨가 그들의 왕이라는 믿음을 공유했기
때문에 다른 나라처럼 왕을 세우고 중앙 정부를 만드는 대신 세겜 계약
을 통해 12지파 연합체를 결성했다. 이스라엘 백성은 이집트에서 노예
살이한 원인이 군왕 제도에 기인한다고 보고, 노예제도 위에 군림하는
왕정 제도에 대한 강한 거부감으로 인해 '왕 없는' 나라를 세울 것을
선택한다. 그래서 "그때는 이스라엘에 왕이 없었다"(삿 17:6, 18:1, 19:1,
21:25)는 표현이 관용구처럼 여러 번 등장한다. 이스라엘 백성들에게
있어서는, 그들을 이집트에서 해방시켜 광야로 인도하시고 시내산
계약을 통해 '너희는 나의 백성이고 나는 너희 하나님이 될 것'이라고
하신 하나님만이 그들을 다스리는 왕이라는 야웨 왕권 신앙이 강력하였
기 때문에 "야웨 하나님 외에 다른 신이 없듯이 야웨 외에 다른 왕이

없다"고 믿었다. 계약 공동체는 하나님께서 히브리 노예들을 해방시키고 그들을 택해 '하나님만 섬기는 제사장 나라와 거룩한 백성'(출 19:5-6, 표준새번역)으로 삼으려 했기 때문에 당시의 다른 여러 나라와 구별되는 나라를 세우기 위해서는 정치 제도부터 달라야 했다. 따라서 우리가 섬겨야 할 왕은 오직 하나님이라는 '야웨 왕권 신앙'은 '왕이 곧 신'이라고 하는 국가종교의 왕권 사상에 대한 반명제였던 것이다.[2]

이미 이집트에서 군왕 제도 폐해를 직접 경험한 계약 공동체는 다른 고대 국가와 달리 군왕도, 수도도, 중앙정부도, 조세를 위한 행정기구도, 상비군도, 군사 기구도 없는 12지파의 지방자치와 분권 제도를 택한 것이다. 갓월드에 의하면 민주적인 지방자치제라 할 수 있는 12지파 연합은 다음과 같이 단계별로 현안을 결의하는 사회구성체로 재부족화되었다고 한다.[3]

(1) 전 이스라엘 대표자 회의: 세겜 계약 체결의 주도자들이었던 12지파의 지도자들, 즉 장로, 두령(어른), 재판장(법관), 유사(공무원)들이 연 1회 또는 7년에 1회씩 모여 법전의 제정, 안식년 및 계약 갱신제 시행, 전쟁에 관한 사항 등을 논의했다.

(2) 각 지파(쉐벨) 회의: 각 지파에 속한 각 족속 또는 대가족(미슈파하)에서 뽑힌 대표자 회의로서 연 3회 정도 모였으며, 각 대가족부터 위탁된 재판 사항의 처리, 전체 이스라엘 회의 결정 사항 시행에 관한 사항, 자체 방어와 군대소집에 관한 사항, 기근·질병·전쟁으로 약해진 대가족을 돕는 문제 등을 협의했다.

(3) 각 족속(미슈파하) 회의: 각 족속 또는 대가족의 대표자들로 구성

---

2 J. R. Bartlett, "Gideon and Kingship," *JThS* 16(1965): 315-328, 특히 316.
3 N. K. Gottwald, *The Tribes of Yahweh* (New York, Orbis, 1979), 323-328, 697-700.

된 일종의 문중 회의다. 족속 내에서 위탁한 재판 처리, 땅의 보존과 되찾는 일, 지역 방위와 전쟁에 관한 일, 어려운 대가족을 돕는 일 등을 결의했다.

(4) 친족 회의: 같은 마을이나 이웃 마을에 살고 있는 둘 이상의 핵가족들이 모여서 이루어진 대가족에서 위임된 사항의 실천이나 구성원 사이의 재산상속 같은 중요한 문제들을 협의했다. 상속재산은 대가족 내에서만 이동이 가능했다.

이처럼 이스라엘 12지파의 계약 연합은 고대 그리스의 암픽티오니와 달리 야웨만을 섬기는 느슨한 부족 동맹으로 중앙 성소와 공동의 율법과 정치적 조직을 공유했다.

그렇다고 해서 무정부 상태는 아니었다. 12지파 연합을 대표할 지도자의 필요성이 있었기 때문에 다른 나라와 달리 '말렉크'라는 왕을 세우는 대신 사사 또는 판관으로 번역된 '쇼페트'를 지도자로 세웠다.

쇼페트는 '하나님의 한시적 대리자'로 하나님이 택한 카리스마적 권위를 지닌 지도자였다. 당시는 막스 베버가 말한 것처럼 전통적 권위나 합리적 권위보다 카리스마적 권위를 더 큰 위력을 발휘하던 시대였기 때문이다.

사사는 12지파 연합체의 군사적, 사법적, 종교적 지도자의 역할을 한시적으로 수행했다. 외침이 있을 경우 각 지파는 군사적 소집에 응하여 야웨의 성전(聖戰)에 참여해야 할 의무(삿 5:15-17)가 주어졌다. 사사기에는 16명의 사사가 등장하는데, 드보라와 같은 여성 사사도 맹활약했다.

2. 지파 연합과 사사 제도, 왕정국가와 달랐다

초기 이스라엘 계약 공동체가 가나안에 정착할 즈음에는 대체로 세 종류의 정치체제가 존재했다. 이집트와 메소포타미아의 절대군주제와 가나안 도시국가의 봉건군주제와 블레셋과 같은 군사독재 체제이다.

1) 블레셋의 군사독재 체제이다. 성서에도 서기전 12세기의 미디안 부족이 바로 그러한 군사적 약탈자 집단인 것을 묘사한다.

이스라엘 사람들이 씨를 뿌릴 때만 되면, 미디안 사람들은⋯ 진을 치고 이스라엘을 쳐서 가자 어귀에 이르기까지 온 땅의 농사를 망쳐 놓곤 했다. 그들은 이스라엘 사람들이 먹고 살 것을 하나도 남겨 두지 않았고 양 한 마리, 소 한 마리, 나귀 한 마리도 남겨 두지 않았다(판관기 6:3-4, 공동번역).

2) 가나안의 봉건군주제 국가이다. 가나안 정착 당시 이스라엘 주변의 군주제 국가로는 이스라엘 동편의 에돔, 모압, 암몬, 바산(아람족의 시리아) 왕국 등이 있었다. 이러한 도시국가는 막강한 권력을 가진 세습 군주에 의해 지배되었다. 왕은 토지를 독점하였으며, 그 땅의 일부를 자유인들인 왕족과 귀족과 사제와 직업적 전사들에게 하사(下賜)하고 세금을 거두었다. 평민들은 소규모의 땅을 임대하여 경작하는 소작인으로서 반 자유인에 속한다. 그리고 국가나 신전이나 개인에게 속하는 포로나 외국인 노예, 채무 세습 노예들이 존재했다. 군주제 국가의 통치자들은 조세권, 징병권, 부역권으로 백성을 종으로 부리는 절대

권력을 행사했다.

3) 이집트제국의 절대군주제이다. 서기전 3000년경 메네스왕이 상이집트를 통일하고 제1왕조를 세운 뒤 자신을 호루스(Horus) 신의 아들로 자처하고 왕권을 신격화한다. 이집트는 완전한 신권정치 국가였다. 모든 토지와 백성들도 왕의 소유로 여겨졌다. 이들 절대군주제 국가들은 막강한 군대를 동원하여 주변 국가를 약탈하고 백성들을 노예로 끌고 가서 중앙집권적인 제국을 형성한 것이다.

따라서 이스라엘의 지파 연합은 이러한 세 가지의 현존하는 정치 제도 중에 하나를 선택할지, 아니면 그들이 경험한 주변 국가들의 정치 체제와 전적으로 다른 새로운 정치 질서를 세울 것인지 중요한 기로에 서게 되었다.

12지파 연합의 사사 제도는 당시의 바벨론이나 이집트 같은 제국의 절대군주제나 가나안 여러 부족 국가의 봉건군주제의 중앙집권적인 국가 체제에 대응하여 의식적으로 고안된 새로운 '대체국가'(substitute state)이며, 주변의 도시국가와는 대립되는 명실상부한 '반국가'(anti-state)로서의 전향적인 정치체제였다. 갓월드는 이를 이집트제국, 가나안 여러 부족의 도시국가들, 소수의 군사독재 국가들이 행사하였던 "조공 국가 체제의 징병권과 과세권에 맞서서 억압 당해 왔던 농촌과 촌락의 독립을 조직적으로 되찾기 위한" 혁명적인 정치 제도였다고 설명한다.[4]

---

4 N. K. Gottwald, *The Tribes of Yahweh*, 342.

초기 계약 공동체의 정치 제도	고대 근동 국가의 정치 제도
하나님의 신정 통치의 대리자	왕이 곧 신으로서 통치
한시적 비세습 사사	세습적 종신제 군주
징세권, 징집권, 부역권 없음	징세권, 징집권, 부역권 있음
수도 중앙정부 상비군 없음	수도 중앙정부 상비군 있음
느슨한 지파 연합의 사사제	중앙집권적 군주제

3. 사사 제도의 위기와 반왕정 전승

200년 동안 지속된 사사 시대는 내외적으로 큰 위기에 부딪힌다. 블레셋의 침략으로 서기전 1050년 아펙(Aphek)에서 큰 전투가 벌어졌다. 마지막 사사 사무엘은 이스라엘 12지파에 통보하고 군사를 소집하여 응전하지만, 일차 전투에서 4,000명이 전사한다(삼상 4:2). 이스라엘에는 아직 대장장이가 없을 정도로 철기 문명의 도입이 늦었으므로 철기로 무장한 블레셋 군대를 대적할 수 없었다.

1) 백성들은 법궤를 모시면 전쟁에서 승리하리라 기대하고 사사 겸 제사장 엘리의 아들 홉니와 비느하스가 법궤를 앞세워 반격을 가했으나, 이 둘을 포함하여 3만 명이 전사했다. 두 아들의 죽음을 통보받은 엘리는 충격을 받아 의자에서 넘어져 죽고(삼상 4:10-12), 만삭이었던 비느하스의 아내도 놀라서 죽고 만다(삼상 4:19). 블레셋 사람들은 중앙 성소인 실로를 점령하고, 제사장들을 살해하거나 추방하고, 지파 연합의 비상비군을 무장해제시켰다. 이스라엘 백성을 모독하기 하나님의

임재의 상징으로 여겼던 법궤를 탈취하여 아스돗으로 가져가 다곤 신전의 신상 옆에 7개월 동안 세워 놓았다(삼상 6:1). '일어나서는 안 되는 일'들이 연달아 일어나면서 초기 이스라엘 공동체의 근간을 뒤흔드는 충격을 주었다.

2) 내적으로도 사사 제도에 대한 불신이 팽배했다. 사사 엘리의 두 아들도 생전에 제물(祭物)을 불법적으로 탈취하는 등 온갖 잘못을 다 저질렀고, 마침내 '회막 어귀에서 일하는 여인들과 동침'했다는 추문까지 돌았다(삼상 2:12-17). 그리고 마지막 사사 사무엘의 두 아들 요엘과 아비야는 사사직을 세습하여 "돈벌이에만 정신이 팔려, 뇌물을 받고서, 치우치게 재판을 했다"(삼상 8:1-3) 히여 백성들의 원성을 사게 되었다.

사무엘은 늙자, 자기의 아들들을 이스라엘의 사사로 세웠다. 맏아들의 이름은 요엘이요, 둘째 아들의 이름은 아비야다. 그들은 브엘세바에서 사사로 일했다. 그러나 그 아들들은 아버지의 길을 따라 살지 않고, 돈벌이에만 정신이 팔려, 뇌물을 받고서, 치우치게 재판을 했다(삼상 8:1-3).

이스라엘 계약 공동체는 외적, 내적 무정부 상태에 빠지게 되었다. 백성들의 장로들은 마지막 사사 사무엘에게 가서 사사 제도의 한계를 지적하고 새로운 대안으로 왕정을 도입할 것을 강력하게 건의했다.

우리는 왕을 모셔야겠습니다. 그래야 우리도 다른 나라처럼 되지 않겠습니까? 우리를 다스려줄 왕, 전쟁이 일어나면 우리를 이끌고 나가 싸워 줄 왕이 있어야 하지 않겠습니까?(삼상 8:19-20, 공동번역).

이스라엘 백성들 사이에는 지방분권적인 느슨한 부족 동맹 체제와 비상비군 조직으로는 강력한 중앙집권적 왕조 국가의 군사적 침략을 대항할 수 없다는 현실론이 대두되었다. 그래서 백성들은 사무엘에게 주변의 '다른 나라처럼' 왕을 세우고 상비군을 두자고 요구한 것이다.

3) 이스라엘 백성이 왕정을 요구했을 때 기드온(삿 8:23-24)과 사무엘(삼상 8:7)이 이를 거부한 가장 큰 이유는 종교적으로 야웨가 왕이므로 다른 왕을 세우는 것이 용납되지 않았기 때문이다.5 사무엘은 왕정을 도입할 경우 '다른 나라처럼', '주변에 있는 모든 민족처럼' 왕이 권력을 남용하여 백성들을 강제 징집하고, 강제노동을 시키며, 조상 대대로 내려오는 토지(재산)를 탈취하고, 십일조를 남용하고, 중과세를 부과하여 결국은 '백성을 종으로 삼을 것'이라고 경고했다.

왕이 너희를 어떻게 다스릴 것인지 알려 주겠다. 그는 너희 아들들을 데려다가 병거대나 기마대의 일을 시키고 병거 앞에서 달리게 할 것이다. … 너희의 밭과 포도원과 올리브 밭에서 좋은 것을 빼앗아 자기 신하들에게 줄 것이며, 곡식과 포도에서도 십 분의 일 세를 거두어 자기의 내시와 신하들에게 줄 것이다. 너희의 남종 여종을 데려다가 일을 시키고 좋은 소와 나귀를 끌어다가 부려 먹고 양 떼에서도 십 분의 일 세를 거두어 갈 것이며 너희들마저 종으로 삼으리라. 그때에 가서야 너희는 너희들이 스스로 뽑아 세운 왕에게 등을 돌리고 울부짖겠지만 그날에 야웨께서는 들은 체도 하지 않으실 것이다(삼상 8:11-18, 공동번역).

---

5 Antti Laato, *Who is Immanuel* (ABO Akademis Foerlag: ABO Academy Pr., 1990), 48-49.

이처럼 왕정의 도입은 하나님이 왕이심을 거부하는 것이며, 다른 나라처럼 왕정을 도입할 경우 왕에게 권력이 집중되고 결국은 이스라엘 백성들을 종으로 삼을 것이라는 '반왕정 전승'(삼상 8:1-22, 10:17-27, 12:1-25)이 여러 형태로 기록되어 있다.

4. 왕정의 도입, 다른 나라의 왕정과 달라야 한다

현실적으로 왕정 도입이 불가피했다. 백성의 요구가 너무 강경하였고 현실적 위기를 타개할 방법을 찾아야 했기 때문에 결국 조건부로 왕정 도입을 수용하게 된다. 무엇보다도 왕정 도입의 불가피함을 전제하면서 "야웨께서 골라 주시는 사람을 왕으로 세워야 하며", 왕이 해서는 안 될 세 가지 금기를 명시했다. 왕 자신을 위해 군대와 아내와 은금을 많이 두지 못하게 하였으니, 이는 모든 다른 나라의 왕들이 힘써 많이 가지려고 혈안이 되어 있었기 때문이다.

하나님 여호와께서 택하신 자를 네 위에 왕으로 세울 것이며… 그는 병마를 많이 두지 말 것이요… 그에게 아내를 많이 두어 그의 마음이 미혹되게 하지 말 것이며 자기를 위하여 은금을 많이 쌓지 말 것이니라. 그가 왕위에 오르거든 이 율법서의 등사본을 레위 사람 제사장 앞에서 책에 기록하여 평생에 자기 옆에 두고 읽어 그의 하나님 여호와 경외하기를 배우며 이 율법의 모든 말과 이 규례를 지켜 행할 것이라(신 17:14-19).

그리고 왕의 가장 중요한 임무가 율법을 자기 옆에 두고 일고 배우고 지키는 것이라고 규정했다. 뿐만 아니라 시편의 무수한 제왕 시에는 정직한 마음과 공평한 판결과 약자를 돌보는 것이 왕의 또 다른 직무로 제시되었는데, 이는 다윗 왕조 신탁(삼하 7:8-17)과 대동소이하다.

> 하느님, 임금에게 올바른 통치력을 주시고
> 임금의 아들에게 정직한 마음을 주소서.
> 당신의 백성에게 공정한 판결을 내리고
> 약한 자의 권리를 세워 주게 하소서.
> 높은 산들아, 너희 언덕들아,
> 백성에게 평화와 정의를 안겨 주어라.
> 백성을 억압하는 자들을 쳐부수고
> 약한 자들의 권리를 세워 주며
> 빈민들을 구하게 하소서.
> 해와 달이 다 닳도록
> 그의 왕조 오래오래 만세를 누리게 하소서(시 72:1-5, 공동번역).

기름 부음 받은 왕을 통치자로 세운 것은 내우외환을 겪고 있는 초기 이스라엘 계약 공동체에 주어진 하나님의 은혜로운 선물로 보는 소위 '친왕정 전승'(삼상 9:1-10:16, 11:1-5)이 '반왕정 전승'의 대안으로 제시된 것도 부인할 수 없다.

1) 사사 시대의 위기를 구조적으로 타개하기 위해 왕정 도입이 불가피하자, 서기전 1000년경 사무엘은 왕 각 지파의 대표자 1,000명씩을 미스바에 모아 제비뽑기로 기스의 아들 사울을 뽑았다(삼상 10:17-21). 사울 초기에는 호화스러운 왕궁이나 중앙정부나 행정기구도

없었다. 길갈은 수도라기보다 상비군이 주둔하는 요새거나 사령부였
다(삼상 11:14-15). 세금을 거두거나 군대를 징집하기 위한 군주제의 행정
기구나 관료 제도도 없었다. 계약 공동체의 느슨한 지파 연합 체제를
그대로 유지한 것이다.

사울왕(서기전 1020~1000년)은 하나님이 택한 자였으나 하나님의 율
법인 진멸법(herem)을 어기는 등 하나님의 눈 밖에 나서 왕에서 물러난
다. 하나님은 이스라엘 군대가 전투에 임하였을 때 적을 무찌르고 일체
의 약탈 행위를 금지했다. 모든 소유와 남녀노소를 불문하고 진멸(殄滅)
하라고 했다(신 13:15-16). 이 진멸법은 아주 잔인한 것 같지만 전쟁과
약탈에 관한 깊은 뜻과 전향적인 의식을 담고 있다. 지금도 다를 바
없지만, 고대 사회에도 어떤 명분을 앞세우든 전쟁은 실제로는 전리품
을 차지하기 위하여 약소국가를 침략하는 약탈전이었다.

그러나 성서의 거룩한 전쟁관은 이러한 약탈을 위한 침략전과는
전적으로 다르다. 약소국가였던 이스라엘은 끊임없이 주변 강대국의
침략과 약탈을 당했다. 다시는 약탈이 없을 것이라는 시편이 있을 정도
이다.

> 내가 다시는 네 곡식을 네 원수의 식량으로 내 주지 않겠다. 다시는 네가
> 수고하여 얻은 포도주를 이방 사람들이 마시도록 내 주지 않겠다. 곡식을
> 거둔 사람이 곡식을 빼앗기지 않고 자기 거둔 것을 먹고 주님을 찬송할
> 것이다(사 62:8-9).

주변 강대국의 침략과 약탈에 대응하는 전쟁에 나아갈 때는 불의한
세력을 완전히 진멸함으로써 하나님의 심판을 극명하게 드러냈다.

그러한 의미에서 야웨는 전사(출 15:3; 사 42:13)로, 그들의 전쟁은 야웨의 성전(聖戰, 민 21:14f; 삼상 18:17, 25:28; 출 17:16)으로 여겨졌다. '거룩한 전쟁'의 목적은 하나님의 진노에 따른 진멸이기 때문에, 이스라엘 백성이 이 거룩한 전쟁에 나아갈 때는 일체의 약탈과 포로 행위를 근절시킨 것이다(수 7:11ff).[6]

그러나 이 진멸법은 목숨을 걸고 전쟁에 나간 사울의 군인들에게는 여간 불만이 아니었다. 전리품을 챙기는 재미도 없는데 왜 목숨을 걸고 전쟁에 나가겠는가? 그래서 사울의 측근들은 묘한 꾀를 내었다. 아멜렉을 쳐부순 다음, 전리품을 챙기고 돌아와서는 사무엘에게 "당신의 하나님 여호와께 제사하려 하여 양과 소의 가장 좋은 것을 남김이요, 그 외의 것은 우리가 진멸하였나이다"(삼상 15:15)라고 보고했다. 사무엘은 이 일에 대하여 사울을 엄하게 책망한다.

> 어찌하여 왕이 여호와의 목소리를 청종치 아니하고 탈취하기에만 급하여 여호와의 악하게 여기시는 것을 행하였나이까?(삼상 15:19)

사무엘은 여호와께 "순종이 제사보다 낫고 듣는 것이 숫양의 기름보다 낫다"(삼상 15:22)고 선언했다. 하나님의 명령을 따르는 것이 제물을 바치는 것보다 더욱 중요하기 때문이다. 그리고 전쟁에서 재물을 탈취하는 재미를 붙여 상비군을 두고 전쟁을 일삼는 것을 방지하려는 예방책이기도 했다.

---

6 W. H. Schmidt, 『역사로 본 구약성서』 (서울: 나눔사, 1988), 149-151.

2) 사울의 뒤를 이어 다윗이 왕(서기전 1000~961년)으로 뽑혔다. 그는 블레셋의 골리앗이 이스라엘을 공격하여 엘라 골짜기에 진을 치고 있을 때 형들의 면회를 갔다가, 골리앗이 하나님의 군대를 모독하는 것을 보고 그를 대적하여 물리친 영웅이었다.

다윗이 명실상부한 이스라엘 12지파의 왕이 되자 점점 군주제와 왕권을 강화해 나간다. 다윗은 여부스족의 도성이었던 예루살렘을 빼앗아 자신의 개인 소유로 삼고 성곽을 다시 쌓고 송백으로 궁전을 지어 다윗 성이라 불렀다(삼하 5:6-12). 수도를 남부 헤브론에서 중부 지역인 예루살렘으로 옮기고 다윗 성을 중앙집권적인 행정의 중심으로 삼는다. 그리고 부족 동맹의 상징이요 계약 공동체의 징표인 성막과 법궤를 자신의 궁성인 예루살렘의 다윗 성으로 옮겨 왔다(삼하 6:1-23).

다윗은 이집트의 관료 제도를 모방하여 관료 체제를 강화한다. 군대 장관(요압), 사관(여호사밧), 제사장(사독과 아히멜렉), 서기관(스라야), 용병 대장(브나야), 대신(다윗의 아들들)을 임명함으로써 중앙행정 체계를 정비하고, 지방의 하위 관리도 두었다(삼하 8:15-18).[7]

다윗의 우리야 장군의 아내 밧세바를 범하였고, 나단이 이를 지적하자 다윗은 즉시 "내가 범죄했다"고 고백하고 침상을 눈물로 적시는 회개를 한다. 다윗의 진정한 용기를 거인 골리앗을 대적한 용기가 아니라 자신의 즉각 인정하고 회개하는 도덕적 용기에 있었다. 당시의 군주들이 무수한 여자를 후궁으로 두었고, 그의 아들 솔로몬조차 후궁이 1,000명이었는데, 다윗이 왕이면서 한 여자를 범한 죄를 통렬히 회개했다는 것은 당시 다른 나라 군주들과 달리 이스라엘의 왕이 야웨의 율법

---

7 다윗의 행정기구 명단은 사무엘하 8장 15-18절과 20장 23절에 나와 있다.

을 지켜야 한다는 왕의 직분에 충실했다는 증거다.

명실상부하게 남북통일 국가를 이루고 군주제를 강화하였던 다윗왕은 40년간 파란만장한 통치를 끝내고 두 아들 아도니야와 솔로몬의 권력 다툼을 목전에서 보면서 죽음을 맞이한다.

5. 왕정의 폐단과 왕국의 분열

다윗의 왕권을 계승한 솔로몬왕(서기전 961~922)은 카리스마적 지도력이 없었던 것이 분명하다. 형 아도니야를 제치고 왕권을 강압적으로 계승하였기 때문에 하나님이 택하시고 제비로 뽑혀 왕이 된 사울이나 다윗 같은 종교적 정통성이 없었다. 솔로몬은 백성을 잘 다스릴 지혜를 달라고 하나님께 구했고, 하나님은 그가 "장수와 부귀를 구하지 않고 지혜와 총명을 구한 것에 감탄하고 구하지 아니한 부귀와 영화도 주겠다"고 약속했다. 그리고 왕으로서 "내 길을 행하며 내 법도와 명령을 지키면 내가 또 네 날을 길게 하리라"(왕상 3:11-14)고 약속했다. 그러나 솔로몬의 통치를 평가해 보면 하나님이 주신 지혜의 선물을 잘 선용하지 못했을 뿐 아니라 왕이 지켜야 할 하나님의 금령 세 가지(신 17:16)를 모두 어겼다.

첫째로 솔로몬은 "병마를 많이 두지 말라"는 왕의 금령을 어겼다. 그는 무인(武人)이 아니었음에도 불구하고 군사력 강화에 총력을 기울였다. 왕실 소속 무역업자들을 이집트에 보내 방패 200개, 병거(전차) 1,400대, 마병(군마) 12,000마리를 수입하여 대규모 전차부대를 만들고(왕상 10:28-29), 군수 기지창(왕상 10:26)도 건설했다.

둘째로 "아내를 많이 두지 말라"는 금령을 어겼다. 솔로몬은 이집트 바로의 딸(왕상 3:1, 7:8)을 비롯하여 모압, 암몬, 에돔, 시돈, 헷족의 이방 여인들을 후궁으로 맞이했다(왕상 11:1). 솔로몬 자신이 호색하여(왕상 11:2) 700명의 아내와 300명의 첩을 두었다.

외국인과 결혼하지 말라는 율법도 거역한 것이다(출 34:15-16; 신 7:3). 그는 외국의 군주제를 모방하였고 여러 나라의 왕녀들과 정략결혼을 함으로써 이방종교가 홍수처럼 몰려왔다. 시돈의 여신 아스다롯과 암몬의 밀곰 신을 숭배하게 하고, 모압의 그모스 신과 암몬의 몰록 신의 신당까지 지어 주었다(왕상 11:5-8).

우상숭배 금지와 이방인의 가증한 일을 본받지 말라는 율법을 어긴 것이다(왕하 16:3, 17:8; 대하 28:3, 36:14). 왕실에서는 계약 공동체의 계약법을 무시하고 이집트와 같은 다른 나라의 궁정에서 유행하던 국제적인 지혜를 추구하는 풍조가 생겨났다. 그리하여 잠언 3,000개와 시편 1,005편을 편집했다. 잠언서의 수많은 세속적인 처세술과 더불어 "헛되고 헛되며 헛되고 헛되니 모든 것이 헛되도다"(전 1:2)라는 허무주의와 "해 아래 새로운 것은 없나니 하나도 없다"(전 1:9)라는 체념주의를 퍼트렸다. 솔로몬의 이러한 정책과 통치를 조지 멘델홀은 '이스라엘의 이교화'라고 묘사했다.[8]

솔로몬의 행적은 역사가들의 눈에는 참을 수 없는 일이었으므로, "솔로몬은 늙어 그 여인들의 꾐에 넘어가 다른 신들을 섬기게 되었다. 왕은 선왕 다윗만큼 자기 하느님 야훼께 충성을 다하지 못하게 되었다"(왕상 11:4, 공동번역)고 평가했다.

셋째로 "자신을 위해 은금을 많이 쌓지 말라"는 금령을 어겼다.

---

8 문희석, 『사회학적 구약성서해석』 (서울: 양서각, 1984), 136.

솔로몬은 "레바논 나무로 자기의 가마를 만들었는데 그 기둥은 은이요 바닥은 금"(아가 3:9-10)이었다. 솔로몬은 두로(Tyre)와의 동맹을 통해 시리아, 아라비아, 이집트에 이르는 무역로를 확보하고 통행세를 받았다(왕상 10:14-15). 다시스와 에시욘게벨의 상선대를 창설하여 해상 무역의 활로를 찾았다. 동광산을 개발 제련하여 수출하기도 했다. 말과 병거를 이집트에서 수입하여 헷족과 아람족에게 많은 이익을 남기고 되팔기도 했다(왕상 10:28f). 광석과 무기 무역으로 막대한 이윤을 챙길 수 있었다.

솔로몬은 부귀영화를 과시하기 위한 건축사업에도 박차를 가하였고 왕이 된 지 4년째 되던 해에 예루살렘에 야웨의 성전을 짓기 시작하여 7년 만에 완성했다(왕상 6:1). 성전은 성막을 모델로 하여 뜰, 성소, 지성소로 구성되었으나 외국의 건축가(왕상 7:13f)가 설계한 것으로 이교적 요소가 가미된 이교의 '새로운 풍조'를 나타내는 주요한 상징이었다.

솔로몬은 20년 동안의 건축사업을 위해 막대한 재정이 소요되었다. 이를 위한 중과세가 불가피했다. 12명의 지방 장관을 수세관으로 임명하여 세금으로 금 666달란트9를 거두어들였다. 고급 건축 자재인 송백나무와 전나무의 수입대금으로 20개의 성을 내어주기도 했다. 호화스러운 궁전의 유지비도 만만치 않았다. 하루 식단으로 소요되는 분량은 가는 밀가루 30석, 굵은 밀가루 60석, 큰 소 10마리, 송아지 20마리, 양이 100마리(왕상 4:22-23)였다. 모든 왕실 경비는 12지파가 일 년에 한 달씩 충당하게 했는데(왕상 4:7), 일종의 십일조를 12지파에 부과하여 자신의 경비로 삼은 것이다.

---

9 1달란트는 대략 34kg이다.

건축사업을 위하여 많은 인력을 강제 동원했다. 레바논의 송백나무를 벌채하기 위하여 3만 명을 파견하였고, 석공 8만 명과 건축자재를 운반하는 짐꾼 7만 명이 동원되었다. 그리고 이들을 감독할 관리 3,300명을 임명했다(왕상 5:13-18). 채광과 제련 작업에도 적지 않은 인원이 동원되었을 것이다.

솔로몬은 전 재임 기간 동안 성전 중심의 중앙집권적인 군주제와 도시화를 강화하고 무역과 군수산업을 장려하는 부국강병책을 도입하고 인접국과의 정치적, 문화적 유대를 명분으로 이방인 아내들을 맞이하고 종교 개방 정책을 추진했다. 다윗 시대에는 '군주제식 부국강병의 현실적 국가 발전 논리'와 '지파 연합의 전통적 자유와 평등의 논리'가 공존하고 있었으나 솔로몬은 국가 발전의 논리를 앞세워 자유와 평등의 논리를 무시한 것이 분명하다.[10] 이러한 정책으로 이스라엘은 영토를 넓히고 경제가 활성화되고 막강한 군대를 거느림으로써 국가적 위상과 솔로몬 왕가의 명성을 크게 높인 것은 사실이다. 그러나 이러한 정책은 하나님의 계명에 충실해야 하고 백성을 섬겨야 하는 계약 공동체의 신정통치적 왕정의 이상과는 거리가 먼 것으로 역사가는 평가한다.

이스라엘 왕조실록에는 "솔로몬이 마음을 돌이켜 이스라엘 하나님 여호와를 떠남으로 여호와께서 저에게 진노하셨다"(왕상 11:9)고 기록하고 있다. 솔로몬의 치적은 하나님의 진노뿐 아니라 백성들의 반란을 유발했다. 극심한 빈부 격차와 이방 문물의 범람이 경제개발과 국제 교류의 불가피한 부작용이라 할지라도, '왕실의 사치'와 '과중한 세금'과 '강제 노역'의 결과로 백성들이 노예적인 삶을 사는 것은 참을 수

---

10 한국신학연구소, 『함께 읽는 구약성서』 (서울: 한국신학연구소, 1992), 149.

없는 일이었다. 더욱 참을 수 없는 것은 남의 땅 이집트의 노예살이에서 해방되어 다시는 노예제도가 없는 거룩한 제사장 나라를 세웠더니, 이제는 자기 땅에서 다시금 노예살이와 다름없이 시달리는 참담한 현실이었다. 백성들의 봉기가 불가피하게 된 것이다.

솔로몬의 횡포에 대항하여 에돔 사람 하닷과 다마스커스의 르손의 반란이 있었고(왕상 11:14-25), 뒤이어 여로보암의 봉기가 있었다. 밀로에서 솔로몬의 별궁 공사 감독관(부역책임자)을 맡았던 여로보암은 북쪽 에브라임 지파에 속한 사람이었다. 예언자 아히야가 솔로몬의 아들로서 왕위를 계승한 르호보암에게 솔로몬의 악정을 규탄하고 새로운 통치자 출현의 필요성을 역설하면서 야웨의 말씀을 전한다.

솔로몬은 나를 버리고 시돈 사람이 섬기는 여신 아스다롯과 모압의 신 그모스, 암몬 사람의 신 밀곰을 예배했다. 그는 그의 아비 다윗과 달리, 내가 보여준 길을 가지 않았고 내 앞에서 바르게 살지도 않았으며 내가 준 규정과 법령을 지키지도 아니했다(왕상 11:33, 공동번역).

르호보암은 아히야의 지원을 받아 부역에 동원된 주민들을 결속하여 솔로몬왕에게 반기를 들지만 실패하고, 이집트로 망명하여 이집트왕 시삭의 보호를 받는다.

솔로몬 사후 백성들은 솔로몬의 아들 르호보암에게 선왕의 무거운 멍에를 가볍게 해줄 것을 요청하였는데, 이때 나이 많은 신하의 충고는 왕의 직무에 대한 놀라운 통찰을 제시한다.

왕이 만일 오늘날 이 백성의 종이 되어 저희를 섬기고 좋은 말로 대답하여 이르시면 저희가 영영히 왕의 종이 되리이다(왕상 12:7).

여기서 사용된 '종'이라는 단어의 개념은 '소유'라는 뜻도 있다고 한다. 백성이 왕의 소유가 아니라 왕이 백성의 소유이므로, 왕의 직무는 백성의 요구를 듣고 순종하는 것임을 강조하고, 아울러 솔로몬의 통치와 분명히 다른 새로운 통치를 요구한 것이다.

주변 군주제 국가에서는 왕이 백성을 종으로 부리는 데 반하여 이스라엘에서는 신정정치의 이상에 따라 '왕이 백성의 종이요 백성을 섬기는 자'라는 신하들의 건의는 왕의 직무에 대한 혁명적인 사유라 할 수 있다. 이 나이 많은 신하들은 강압 정치를 봉사 정치로 바꾸라는 민중들의 요구를 정확히 읽고 르호보암에게 조언한다. 왕은 절대 군주로서 행동해서는 안 되며 옛 지파 연합체의 평등권을 보호하는 수호자여야 한다는 사실을 재확인한 것이다.

그러나 솔로몬의 아들 르호보암은 백성들의 요구를 거부하였고, 젊은 신하들의 "'내 아버지는 가죽 채찍으로 매질하였지만, 나는 너희를 쇠 채찍으로 치겠다' 하고 말씀하십시요"(왕상 12:11)라는 충고를 받아들여 부친인 솔로몬보다 더한 강경책을 쓸 것이라고 선언한다. 이에 반발한 여로보암에 의해 이스라엘 왕국이 남북으로 분단되고 말았다. 분단된 왕국의 국력이 쇠하여 북 왕국 이스라엘은 200년이 지난 서기전 722년 호세아왕 때 앗시리아의 살만에셀 5세의 침공을 받아 멸망하고, 남 왕국 유다는 서기전 587년 시드기야왕 때 바벨론의 느부갓네살왕(서기전 605~526년)의 침략으로 멸망한다.

왕정의 역사를 보면 솔로몬왕의 실정과 그 결과 왕국이 분열됨으로써 이스라엘의 이상적인 왕정 실현의 기대가 좌절되고 만다. 왕정의 실패를 경험하면서 이상적인 왕에 대한 기대가 고조되고, 이사야는 다윗왕의 이상을 실현할 평화의 왕, 그의 나라를 법과 정의 위에 굳게 세우실 새로운 왕을 고대하는 '메시아 대망 신앙'(사 9:6-7, 11:1-9)을 선포한다.

남국으로 분열된 왕국이 마침내 차례로 멸망하고, 남 왕국 유다 백성들이 바벨론의 포로로 잡혀간 이후 이스라엘의 왕정이 중단되었다. 포로기 동안에 이스라엘 백성들은 왕정의 회복과 함께 다윗과 같은 이상적인 왕의 출현을 간절히 고대했다. 제2 이사야는 놀랍게도 영광스러운 민족의 지도자인 다윗과 같은 메시아 대신 '고난의 종'이라는 새로운 이상적인 지도자상을 제시했다. 그는 무력과 강권으로 이스라엘의 지배권을 회복하여 군림하는 자가 아니라 백성의 질고를 알고 그 고난을 대신 겪음으로써 백성의 종이 되어 백성을 섬기는 자다. "옛 메시아상의 철폐는 새로운 지도자상을 탄생시킨 것이다. 말하자면 그는 무력에 의해서가 아니라 정의를 펼치고 치유하고 위로하고, 심지어 몸소 인간적인 질고를 겪음으로써 백성을 하나님께로 인도하는 지도자이다."[11] 이러한 메시아상은 지배자이면서 섬기는 자로서의 왕의 이상을 최고의 승화된 형식으로 묘사한다.

---

11 P. D. Hanson, 『성서의 갈등구조』 (서울: 한국신학연구소, 1996), 38.

제10장

예언과 묵시로 선포된 심판과 구원의 하나님

1. 말씀을 대언하는 예언자, 점술가와 다르다

예언자를 뜻하는 히브리어 '나비'는 단순히 앞으로 일어날 일을 '미리 말하는 자'가 아니다. 성경에 기록된 예언자를 '미리 예'의 예언자(豫言者)로 알고 있지만, 한문 번역은 '맡길 예'의 예언자(預言者)이다. 예언자는 야웨 하나님께서 맡긴 말씀을 단순히 전달하는 입의 역할을 하는 오늘날의 대변인과 같은 하나님의 '대언자'(代言者, Messenger)이다. 예언자들이 대언자임은 그들의 소명 체험, 파송, 메신저 양식을 통해서 좀 더 분명히 드러난다. 그들은 하나님의 소명을 받아 황홀경 가운데서 하나님의 말씀에 사로잡혀, 하나님의 명령에 따라 이스라엘의 왕이나 백성들에게 가서 "야웨께서 이렇게 말씀했다"에서 시작하여 "이는 야웨의 말씀이라"고 대언한다.

이런 점에서 이스라엘의 예언자는 자신의 망상이나 꿈이나 생각을 떠들어대며 왕이나 지배 계급을 옹호하는 국가종교의 점술가와 책사와 전적으로 달랐다. 이스라엘의 예언자는 하나님의 말씀을 백성에게 그대로 전하는 '하나님의 대변인'(렘 23:28)이었으나, 당시의 점술가나 술사나 책사는 왕의 이해관계를 대변하는 '왕의 대변인'이었기 때문이다. 당시의 직업적인 점술가들은 지배층을 옹호하고 대중에게 영합하는 신탁을 만들어 내는 기술자들이었다. 이스라엘에서도 '거짓된 환상과 허황된 점괘와 그들의 마음에서 꾸며낸 거짓말'(렘 14:14)을 하는 거짓 예언자들이 없지 않았다. 그러나 이들은 예언자들의 강력한 비난의 대상이 된다(신 18:14; 시 2:6; 미 5:12; 렘 27:9, 29:8). 신명기에는 "점쟁이나 길흉을 말하는 자나 요술하는 자나 무당이나 진언자나 신접자나 박수나 초혼자를 너희 가운데에 용납하지 말라"(신 18:10-11)고 하였다.

예언자들은 이스라엘이 처한 현실을 살펴 이스라엘 왕이나 지도층 그리고 백성들에게 요구하시는 하나님의 말씀을 대언해야 했기 때문에 정치적 현안에 민감할 수밖에 없었다. 이스라엘의 예언 활동이 왕정의 출현과 함께 나타났고 왕정의 붕괴와 더불어 사라졌다는 것은 결코 우연한 일이 아니다.

서기전 9세기 이스라엘의 왕정 초기의 갓, 나단, 아히야 같은 궁정 예언자들은 왕실의 고문들로서 정치적 현안에 대해 왕에게 하나님의 뜻을 대언하며 직접 정치에 가담했다. 왕을 임명하고 폐위시키는 권한, 전쟁을 선언하는 권한, 왕들로 하여금 공동체의 법을 준수하도록 하는 권한이 예언자의 직무로 여겨졌다.

솔로몬 사후 유대 왕국이 남북으로 분열되었을 즈음(서기전 922년)에는 북 왕국 이스라엘이나 남 왕국 유다가 경쟁적으로 다른 이웃 나라처럼 중앙집권적 왕권을 강화했다. 특히 북 왕국에서는 다윗 왕가의 정통성과 솔로몬의 성전을 물려받지 못했기 때문에 왕권 쟁탈을 위한 정변이 끊임없이 일어났으며, 722년 앗시리아에 의해 멸망할 때까지 모두 19명의 왕이 통치했다. 특히 아합왕(서기전 869~850년) 때는 국운이 승하여 나라가 부강하였으나 우상숭배와 종교 혼합이 극심하였다. 아합은 두로의 공주 이세벨을 왕비로 데려오기 위하여 사마리아에 바알 신당을 짓고 아세라 신상을 세우는 일을 서슴지 않았다(왕상 16:32-33). 이세벨은 바알을 섬기는 예언자 450명과 아세라를 섬기는 예언자 400명을 데려와 녹을 주고 공식 신분을 보장했다. 야웨의 분깃이라고 주장하는 나봇의 포도원마저 강탈한 바 있는 이세벨 왕비는 계약 공동체의 정신을 혐오하고 야웨 종교에 반감을 품었다. 바알 종교 도입에 반대하는 야웨 종교의 예언자들을 학살하고 야웨의 제단을 부수었다. 야웨 종교는 최대 위기에 처했고 예언자들은 지하로 숨었다. 이때 활동한 예언자가 엘리야와 미가야다.

여로보암 2세(서기전 786~746년) 시절 북 왕국은 잠시 번영을 누렸으나, 장기 집권으로 권력의 횡포가 심해지고 부유한 백성들은 사치와 향락, 음란과 호색에 빠졌다. 반면 빈부 격차는 더 심해지고 가난한 약자들의 고통은 극심해졌다. 계약 공동체의 정신은 어느덧 사라지고 야웨 종교는 바알 종교와 혼합되어 갔다. 이때 등장한 예언자가 아모스와 호세아다.

남 왕국의 경우 웃시아왕(서기전 800~742년) 역시 장기 집권하면서 군사적, 정치적 안정을 누리며 국가가 번영하였으나, 그에 반비례하여 권력자들은 가난한 자들을 억압하고 부자들은 사치와 향락에 놀아나고 종교 지도자들은 헛된 제물을 바치는 등 계약 공동체의 이상을 저버렸다. 이때 등장한 예언자가 이사야다.

예루살렘이 바벨론에 의해 멸망하기 직전이 통치하였던 요시아왕(서기전 640~609년) 때도 사회적 갈등이 증폭되고 야웨의 계약법은 유명무실해졌다. 이러한 상황에서 예레미야 같은 예언자들은 '정치적 책임과 종교적 의무 사이에 생기는 여러 갈등'을 해결하기 위해 본격적인 예언 운동에 나선 것이다.

1) 예언자들의 예언의 기본적인 형태는 계약 공동체인 이스라엘이 야웨와의 계약을 위반하고 계약의 의무를 저버린 것을 계약 소송의 양식을 빌려 규탄하고 하나님의 심판을 선언하는 것이다.

이스라엘은 내 계약을 깨뜨리고 내가 준 법을 어겼다.
이스라엘은 저희 하느님을 안다고 나에게 외치면서도,
나에게서 받은 좋은 것을 뿌리쳤으니 적에게 쫓기는 신세가 되리라.
내가 세우지도 않은 것을 왕이라고 모시고
내가 알지도 못하는 것을 대신이라고 받들며
은과 금으로 우상을 만들어 제 발로
죽을 땅에 걸어 들어가는구나(호 8:1-4, 공동번역).

무엇보다도 야웨 하나님을 저버리고 이방인의 가증한 일(왕하 16:3, 17:8, 21:2; 대하 28:3, 36:14)을 추종하거나 우상을 숭배한 죄를 책망한다(호 4:12-14; 합 2:19-20). 이방인의 가증한 우상숭배를 수용하는 것은 야웨에 대한 불신앙의 핵심이며, 동시에 이방의 거짓된 종교 제도에 기반한 불의한 정치 제도와 불평등한 경제 제도를 도입하는 것과 결부되어 있기 때문이다.

하느님이여, 당신께서는 당신의 백성 야곱의 가문을 버리셨습니다. 그 집은 동방의 무당들로 가득 찼고, 블레셋처럼 점쟁이들이 득실거립니다. 그들은 이방인과 손을 잡았습니다. 그 땅은 은과 금, 그리고 셀 수 없는 보화로 가득 찼습니다. 그 땅은 군마와 무수한 병거로 차고 넘칩니다. 그 땅은 우상들로 차 있으며, 그들은 자기들의 손으로 만든 것을 예배하고 그 손가락으로 만든 것 앞에 꿇어 엎드립니다(사 2:6-8, 공동번역).

왕을 비롯한 방백, 재판장, 선지자, 제사장과 같은 지도층이 야웨를 저버리고 우상숭배에 빠졌다는 예언자들의 규탄은 그들이 이방의 절대 군주제를 도입하여 군대를 앞세워 폭정을 일삼고, 이방의 공납제 생산 양식을 차용하여 경제적 착취를 자행하고, 마침내 백성들을 종으로 부리는 것을 지적한 것이다. 예언자들은 지배 계층의 온갖 불의와 불법의 죄를 폭로하고 책망한 것이다. 아모스의 사회정의 요구나 호세아의 풍요의 제의 비판도 이런 맥락에서 이해될 수 있다.[1]

방백들은 부르짖는 사자요

그 재판장들은 이튿날까지 남겨두는 것이 없는 저녁 이리요

그 선지자들은 위인이 경솔하고 간사한 자요

그 제사장들은 성소를 더럽히고 율법을 범하였도다(습 3:3-4 공동번역).

2) 예언자들의 메시지 중에는 주변의 모든 불의한 도시국가에 대한 심판의 선언이 포함되어 있다. 이스라엘을 위협하던 앗시리아, 이집트, 바벨론뿐 아니라 블레셋, 모압, 다메섹, 에티오피아, 에돔과 같은 주변의 도시국가들이 협잡과 전쟁, 약탈과 노략질을 일삼기 때문에 '정의로 다스려지는 나라'가 아니므로 하나님의 심판을 피할 수 없다(사 10-23장; 암 1-2장; 겔 25-32장)고 경고했다.

---

1 N. W. Gottwald, 『히브리성서 1』(서울: 한국신학연구소, 1987), 191.

피로 절은 이 저주받을 도시야,

협잡이나 해먹고 약탈을 일삼고 노략질을 그치지 않더니

들리느냐? 저 채찍질 소리, 병거 바퀴 돌아가는 저 요란한 소리,

말은 소리치고 병거는 치닫는다.

칼과 창을 번개처럼 번쩍이며 기마병이 말 타고 달려든다.

다치는 사람은 수도 없고 주검은 너저분하게 널려 있다.

산더미처럼 쌓인 시체는 가는 곳마다 발에 차인다.

창녀처럼 예쁘게 꾸미고 마술사처럼 남을 홀리던 것아,

창녀처럼 꾀어 뭇 민족을 팔아먹던 것아,

마술을 부려 뭇 족속을 팔아먹던 것아,

나 이제 너를 치리라(나훔 3:1-4, 공동번역).

예언자들은 약소국가인 이스라엘의 통치자들이 하나님의 능력보다 강대국의 군대를 의지하는 외세 의존적인 불신앙에 대한 비판도 빠뜨리지 않았다.

아, 너희가 비참하게 되리라!

원군을 청하러 에집트로 내려가는 자들아!

너희가 군마에 희망을 걸고

많은 병거와 수많은 기병대를 믿는구나!

이스라엘의 거룩하신 이는 쳐다보지도 아니하고

야훼를 찾지도 않는구나(사 31:1, 공동번역).

3) 예언자들은 죄악 된 현실에 대한 심판과 더불어 새로운 미래에

대한 구원의 희망을 선포했다. 이 희망의 메시지도 대부분 이스라엘의
위기가 극복되고 이스라엘의 새로운 회복이 머지않아 이루어지리라는
구원의 기쁜 소식을 내용으로 한다(사 49:8, 61:1-3; 습 3:16-17; 암 9:11-12).

> 억눌린 자들에게 복음을 전하여라.
> 찢긴 마음을 싸매 주고, 포로들에게 해방을 알려라.
> 옥에 갇힌 자들에게 자유를 선포하여라.
> 야훼께서 우리를 반겨 주실 해,
> 우리 하느님께서 원수 갚으실 날이 이르렀다고 선포하여라.
> 슬퍼하는 모든 사람을 위로하여라.
> 시온에서 슬퍼하는 사람에게 희망을 주어라(사 61:1-3, 공동번역).

예언자들은 하나님의 대언자일 뿐만 아니라 시대를 앞서가는 선각
자요 선구자였다. 그들은 이스라엘 백성이 불의와 부패에 빠져 있으면
서도 "만사가 잘되어 간다"고 교만할 때는 "그렇게 범죄하다가는 하나
님의 징계를 면키 어렵다"고 심판을 선언했다.

> 백성이 상처를 입어 앓고 있을 때에, '괜찮다! 괜찮다!' 하고 말하지만, 괜찮
> 기는 어디가 괜찮으냐?(렘 6:14)

반면 이스라엘이 범죄로 징계를 받아 "이제는 다 망했다"며 좌절할
때는 "그래도 회개하면 하나님의 구원의 손길을 기대할 수 있다"는
희망을 선언하였다.

그날이 오면 내가 무너진 다윗의 초막을 일으키리라.

틈이 벌어진 성벽을 수축하고 허물어진 터를 다시 세워

옛 모습을 되찾아 주리라(암 9:11-12, 공동번역).

예언자들의 메시지 중에 자주 등장하는 '야웨의 날'은 암울한 심판의 날(암 5:18, 6:3; 욜 1:15, 2:2-3; 겔 3:2-3)로 묘사되기도 하지만, 또한 희망찬 '구원의 날'(암 9:11-12; 습 3:16-17; 사 49:8, 61:1-3; 슥 8:7-8)로 선포되기도 한다.

예언자들이 하나님의 진노와 심판을 대언하고 하나님의 구원과 사랑을 중재한 것은, 바르트가 지적한 것처럼 "하나님의 진노는 그분의 사랑 안에서 일어나고 그 반대로 하나님의 용서는 그분의 분노와 심판 안에서 일어"나기 때문이다.[2]

2. 예언자들의 역사 이해와 구원과 심판의 하나님

성서에는 이미 상이한 여러 시대의 도전에 대해 응답하기 위한 구원에 대한 다양한 가르침을 기록하고 있다. 구약성서의 심판과 구원의 하나님에 관한 전승은 대체로 두 가지 서로 상반된 역사적 상황에서 형성된 예언 문학의 역사적 구원관과 묵시문학적 종말론적 구원관으로 크게 나눌 수 있다.

창세기에서 시작된 오경의 역사는 아브라함에게 주신 세 가지 약속이 오랜 시련에도 불구하고 마침내 성취되어 가는 과정을 보여준다.

---

2 Otto Weber, 『칼 바르트의 교회교의학』 (서울: 대한기독교출판사, 1976), 92.

여호수아기로부터 사사기, 사무엘, 열왕기로 이어지는 신명기 역사는 이스라엘 백성이 하나님께 순종하면 복을 받고 불순종하면 징벌을 받는다(신 30:15-18)는 전통적인 계약 신학의 공식을 역사적 상황에 적용했다. 아브라함에게 주신 세 가지 약속이 12지파의 가나안 정착과 사울과 다윗에 의한 이스라엘 왕정의 실시로 성취되었다는 신앙이다.

솔로몬 이후 남북 왕조로 분열되고 왕정과 제의가 부패하고 주변 강대국의 외침이 계속되면서, 이스라엘의 역사는 점차 위기 속으로 내몰리게 되었다. 마침내 북 왕국이 앗시리아에 침략을 받아 3년 동안 포위를 견디며 필사적으로 항쟁했으나, 서기전 722년 북 왕국은 함락되었다. 이어서 587년 바벨론의 느부갓네살왕의 군대가 유다로 진격해 18개월 동안 예루살렘성을 둘러쌌다. 마침내 바벨론 군대는 성벽을 뚫고 성내에 돌입했다. 유다의 마지막 왕 시드기야는 체포되고, 그의 아들들은 그의 목전에서 처형되고, 시드기야는 두 눈을 뽑히고 사슬로 결박되어 바벨론으로 끌려갔다(왕하 25:4-7; 렘 52:2-9). 느부갓네살의 명에 따라 도성은 불에 타고 성벽은 허물어졌으며, 지성소에 안치되어 있던 법궤는 불태워지고 성전 기물들은 모두 약탈당한다. 성직자, 군대 관리 등 주요 인사들은 처형(왕하 25:18-21; 렘 52:24-27)되고, 빈천한 백성을 남기고 많은 주민들을 포로로 잡아간다. 예레미야의 경고대로 예루살렘이 멸망한 것이다. 이사야는 그 참담한 심경을 이렇게 적는다.

당신의 거룩한 성읍들은 폐허가 되었습니다.
시온은 무인지경이 되었고
예루살렘은 쑥밭이 되었습니다.
우리 선조들이 모여 당신을 찬양하던 곳,

그 웅대하던 우리의 성전이 불에 타 버렸고
귀중하게 여기던 모든 것이 망그러졌습니다.
야훼여, 이렇게 되었는데도 당신께서는 무심하십니까?
우리가 이렇듯이 말 못하게 고생하는데도
보고만 계시렵니까?(사 64:9-11, 공동번역)

왜 이스라엘은 이러한 역사적 시련과 고통을 당하는가? 왜 하나님은 이에 침묵하는가? 이는 이어 등장한 예언자들의 일상적인 질문이 되었다. 예언자들은 전통적인 계약 신앙에 근거하여 이 문제의 답변을 찾으려 했다.

1) 예언자들은 이스라엘의 역사적 고난에도 불구하고 하나님은 역사 안에서 활동하신다는 신앙을 견지했다. 하나님의 뜻이 역사의 현장에서 나타나고 이루어진다는 신학적 입장은 신명기 사가나 예언자들에 의해 반복해서 기술된다.

예언자들의 역사 이해는 현실 역사에 대한 위기의식에서 비롯되었다. 현재의 시련과 고통은 이스라엘이 하나님께 행한 죄와 불복종의 대가요 의로운 하나님의 심판이라고 믿었다. 따라서 이스라엘이 범죄하여 하나님께서 심판한 결과로 고난을 당하지만, 회개하고 돌아오면 하나님은 그들에게 자비를 베푸시고 용서하신다고 믿었다.

이스라엘 자손이 여호와의 목전에 악을 행하여
자기들의 하나님 여호와를 잊어버리고…
여호와께서 이스라엘에 진노하사…

이스라엘 자손이 여호와께 부르짖으매

여호와께서 이스라엘 자손을 위하여

한 구원자를 세워 그들을 구원하게 하시니…(삿 3:7-9).

2) 예언자들은 이스라엘 백성의 집단적 회개를 촉구했다. 심지어 포로기 예언자 에스겔조차도 회개를 통한 구원의 가능성을 선포했다.

이스라엘 족속아 내가 너희 각 사람이 행한 대로 심판할지라 너희는 돌이켜 회개하고 모든 죄에서 떠날지어다(겔 18:30).

예언자들은 적극적으로 하나님의 역사적 심판을 선언하고 회개를 촉구하는 동시에 역사 안에서 이루어질 새로운 미래와 구원을 약속으로 선포했다. 역사 안에서의 역사의 심판과 역사의 회복을 통한 새로운 역사적 미래에 대한 대망은 임박한 야웨의 날의 도래, 메시아의 출현, 새 예루살렘과 새 이스라엘의 실현과 같은 역사적 구원의 전망으로 나타나게 된 것이다.

요엘은 남 왕국 이스라엘이 멸망하여 바벨론으로 잡혀간 포로들이 돌아올 구원의 날을 선포했다(사 27:13).

보라 그날 곧 내가 유다와 예루살렘 가운데에서 사로잡힌 자를 돌아오게 할 그때에…(욜 3:1).

이사야는 적어도 소수의 의로운 자들은 바벨론 포로에서 돌아오리라고 믿었다. 이들을 '이스라엘의 남은 자'라 불렀다. 하나님의 심판이

죄 있는 국민에게 임할 것임은 불가피한 일이지만, 하나님은 의로운
남은 자들을 큰 환난으로부터 구원하실 것이라고 했다.

그날에 이스라엘의 남은 자와 야곱 족속의 피난한 자들이 다시는 자기를
친 자를 의뢰치 아니하고 이스라엘의 거룩하신 자 여호와를 진실히 의뢰하
리니 남은 자 곧 야곱의 남은 자가 능하신 하나님께 돌아올 것이라 이스라엘
이여 네 백성이 바다의 모래 같을지라도 남은 자만 돌아오리니(사
10:21-22).

3) 예언자들은 역사 안에서 구원의 역사가 전적으로 새롭게 전개될
것이라는 희망을 '새 계약'으로 선포했다.

그때가 오면, 내가 이스라엘 가문과 유다 가문과 새 언약을 세우겠다. 나
주의 말이다. 이것은 내가 그들의 조상의 손을 붙잡고 이집트 땅에서 데리
고 나오던 때에 세운 언약과는 다른 것이다. … 나는 나의 율법을 그들의
가슴 속에 넣어 주며, 그들의 마음 판에 새겨 기록하여, 나는 그들의 하나님
이 되고, 그들은 나의 백성이 될 것이다(렘 31:31-33, 표준새번역).

이 새 계약은 이스라엘 백성의 과거 모든 죄를 용서하고 다시는
기억하지 않으시는 하나님에 대한 고백이었다.

내가 그들의 허물을 용서하고, 그들의 죄를 다시는 기억하지 않겠다(렘
31:34).

새 계약은 계약 공동체의 본질적 갱신에 대한 강력한 열망을 반영한다. 이제는 고쳐서 쓸 수 없으니 새롭게 시작해야 한다는 역사의 새로운 미래에 대한 열망이었다.

3. 묵시가의 새 하늘과 새 땅의 천지개벽 신앙

이스라엘 역사는 크게 족장 시대, 사사 시대, 왕정 시대, 바벨론 포로 시대, 포로 후기 시대로 요약된다. 묵시가들은 모든 희망이 사라진 포로기 후기의 암울한 역사적 상황을 반영한다.

고레스의 칙령(서기전 538년)으로 70년간의 바벨론 포로 생활에 풀려나 귀국한 후 에스라와 느헤미야 같은 지도자들이 중심이 되어 성전은 겨우 수축하였으나, 유대 왕국을 재건하는 일은 여의치 않았다. 그 사이에 페르시아의 지배를 받던 유대 지역은 서기전 333년 이후로 그리스의 알렉산더대왕의 통치하에 편입되었다. 그리스의 셀레우코스(Seleucid) 왕가가 지배하던 서기전 200~167년 사이에는 유대교에 대한 탄압이 극심했다.

특히 셀레우코스 4세의 뒤를 이어 왕위에 오른 안티오쿠스 에피파네스 4세는 자신을 '제우스 신의 현현'이라고 부르고 자신을 숭배하도록 했다. 그는 예루살렘 성전에 '멸망의 가증스러운' 제우스의 신상을 세우고 서기전 174년 친그리스주의자인 야손을 대제사장으로 임명했다. 야손은 예루살렘 성안에 원형경기장을 건축하는 등 예루살렘을 그리스식 도시국가로 만들려고 했다. 서기전 167년 안티오쿠스 에피파네스 4세는 식민지 유대의 정치적, 문화적 통합을 위하여 다음과 같은 칙령을 내렸다.

유다인들은 이교도들의 관습을 따를 것.

성소 안에서 본제를 드리거나 희생제물을 드리거나

술을 봉헌하는 따위의 예식을 하지 말 것.

안식일과 기타 축제일을 지키지 말 것.

성소와 성직자들을 모독할 것.

이교의 제단과 성전과 신당을 세울 것.

돼지와 부정한 동물들을 희생제물로 잡아 바칠 것.

사내아이들에게 할례를 주지 말 것. …

율법을 저버리고 모든 규칙을 바꿀 것.

이 명령을 따르지 않는 자는 사형에 처한다

(마카베오상 1:44-50, 공동번역).

이 칙령은 야웨 종교를 뿌리째 말살하려는 것으로 경건한 유대인들에게 엄청난 충격을 주었다. 제사장 가문의 마따디아스는 어떤 유대인이 제우스 신상에 제사를 드리는 것에 격분하여 그를 죽인 뒤 다섯 아들을 데리고 광야로 도피한다.

그는 그곳에서 의병을 조직하여 항전을 시작했다. 그리스의 식민지 통치와 유대교 탄압에 못 이겨 광야로 은둔하였던 경건한 유대인들(Hasidim)도 가담했다. 마따디아스의 유언에 따라 셋째 아들 유다 마카비를 중심으로 의병들은 '하나님을 배반한 자들'을 찾아서 진멸시켰다. 유다 마카비는 무력 독립 항쟁을 전개하여 서기전 165년 그리스 군대를 몰아내고 예루살렘 전역을 탈환하여 대대적인 성전 정화와 수리를 마치고 수전절(修殿節, Hanukkah)이라는 절기를 지켰다.

안티오쿠스 에피파네스 4세의 야웨 종교 박해 시대의 상황을 반영하는 책이 '묵시서'이다. 묵시(Apocalypsis)는 '감추인 것이 드러난다'(un-veiling)는 뜻이지만, 묵시서는 구약의 다니엘서와 신약의 요한계시록과 같이 그리스의 안티오쿠스 에피파네스의 유대교 말살 시대와 로마의 도미티안황제의 기독교 박해 시대라는 최악의 역사적 고난기에 등장한 독특한 문학 양식을 지닌 비서(秘書)를 의미한다.

박해가 진행 중인 상황에서 기록된 것이므로 저자나 등장인물을 익명화하며, 사실적인 서술보다 상징과 비유의 수법으로 지배 계층의 사악한 탄압을 규탄하고 그들의 멸망을 예언한다. 그리고 가상 역사소설처럼 역사의 은유화라는 독특한 표현 양식을 사용한다. 묵시서는 역사를 사실적으로 서술한 역사서가 아니라 가상적인 역사 소설에 가까우므로 묵시문학이라 한다.

다니엘서와 이사야서 일부(24-27, 56-66장)는 구약성서의 대표적인 묵시문학 작품이다. 다니엘은 그 이름조차 '하나님이 심판하신다'는 상징적인 뜻을 지니고 있다. 다니엘서는 서기전 167년 전후 안티오쿠스 에피파네스 4세의 유대교 금령 발표의 위기 속에서도 목숨을 걸고 신앙을 지킬 것을 독려하기 위한 목적으로 기록되었다. 그러나 역사적 무대를 서기전 587년 이후의 바벨론 포로 시대로 설정했다. 바벨론 포로로 잡혀간 경건한 다니엘과 그의 세 친구가 등장하지만 실제로는 안티오쿠스 에피파네스 4세 시대의 상황을 은유적으로 묘사한 것에 지나지 않는다.

다니엘은 바벨론의 역대 왕으로부터 엄청난 종교적 박해를 당하여 여러 번 죽을 처지에 놓이지만, 하나님의 도움으로 살아난다. 바벨론의 느부갓네살왕은 금 신상에 절하라는 왕명을 어겼다고 다니엘을 세 친구와 함께 활활 타는 화덕에 던지지만, 하나님의 도움으로 "몸이 불에 데기는커녕 머리카락 하나 그슬리지 않았다"(단 3:27, 공동번역).
바벨론의 다리우스왕은 30일 동안 왕 외에 어떤 신에게도 기도하지
말라고 명하지만, 다니엘은 왕명을 어기고 하루 세 번씩 야웨 하나님께
기도했다. 결국 다니엘은 체포되어 사자 굴에 던져지지만, 하나님께서
천사를 보내어 사자들의 입을 틀어막고 그를 구해 주었다(단 6:23).

다니엘서는 이처럼 맹렬한 풀무와 무서운 사자 굴 같은 위기 속에서
'생존을 위한 배교냐, 신앙을 위한 순교냐'는 갈림길에 처하지만, 그럼
에도 불구하고 신앙을 지켰고, 그 결과 하나님의 놀라운 능력으로 구원
을 얻게 되었다는 메시지를 담고 있다.

묵시가들은 암울한 현실 속에서 비관적인 역사관을 가질 수밖에
없었다. 역사적 고난의 절정기에 경건한 유대인들은 이 세상은 악이
지배하기 때문에 구원의 가능성은 점점 멀어진다는 비관적인 세계관에
빠지게 된 것이다(사 59:9-11). 따라서 묵시가들은 이 세상의 빛이 사라지
고 점점 어두움이 깊어지고 구원의 희망마저 사라질 정도로 악한 세상
이라면 "이놈의 세상은 하루빨리 망해야 한다"는 열망에 사로잡힌다.
이 악한 세상의 우주적 심판과 종말만이 그들의 유일한 희망이 되었다
(사 66:15-16, 공동번역).

구약의 대표적인 묵시서인 다니엘서는 대제사장을 살해하고 예루
살렘 성전을 약탈하고 일체의 희생 제사를 금지시키고 성전에다 '파괴
자의 우상'(멸망의 가증한 것)을 세운 안티오쿠스 에피파네스 4세를 드러
내 놓고 비난할 수 없었기 때문에 은유와 상징의 수법을 사용한다.

다니엘서는 특히 바다에서 나온 네 짐승(날개 달린 사자, 곰, 표범, 끔찍하
게 생긴 힘센 짐승)을 상징적으로 등장시켜 세계를 지배하여 온 네 강대국
(바벨론, 메데, 페르시아, 로마)은 결국 멸망하고 하나님이 통치하는 영원한

왕국이 수립될 것이라는 희망을 담고 있다(단 2장, 7장). 묵시문학은 바벨론, 메데, 페르시아, 로마로 이어지는 거대 제국의 지배가 종식되는 새 하늘과 새 땅을 고대한, 일종의 유토피아 사상을 함축하고 있다. 이러한 초월적인 희망만이 '희망이 없는 현실을 극복할 수 있는 유일한 힘'이었기 때문이다. 이처럼 묵시문학은 역사의 심판과 새 하늘과 새 땅이 이루어질 천지개벽의 우주적 대변혁이라는 독특한 종말론적 역사 이해를 가지고 있다.

4. 묵시가의 역사 이해와 구원과 심판의 하나님

왜 하나님은 이토록 극심한 박해와 역사의 위기를 내버려두시는가? 왜 악한 자들이 흥하고 의로운 자들은 고통을 당하는가? 가혹한 현실 역사에 대한 회의와 비관은 "하나님의 뜻이 역사 속에서 실현된다"는 전통적인 신앙에 대한 불신으로 이어졌다. 이스라엘 백성이 겪는 가혹한 역사적 위기는 그들의 범죄 때문이 아니라 세상을 지배하는 악한 세력 때문이며, 이 악한 세력이 지배하는 세계는 하루빨리 멸망해야 한다는 비관적인 역사관이 팽배하기 시작했다.

바벨론 포로 이후부터 배태된 이러한 비관적인 역사관이 묵시문학의 형태로 등장하게 된 것이다.[3] 묵시가들은 역사의 의미가 모호해지고, 역사 안에서 희망을 발견할 수 없는 근본적인 까닭은 역사의 현장이 더 이상 하나님의 뜻이 실현되는 무대가 아니기 때문이라고 보았다. 그들의 현세적인 절망은 초월적인 희망으로 전환되었다.

---

3 M. Noth, "구약 묵시문학의 역사이해," 「기독교사상」 (1982. 1.): 26-11, 158-175.

이 세상은 더 이상 고칠 가망성도 없고 고쳐 봐야 쓸모도 없으므로 용도 폐기를 선언하고, 새 하늘과 새 땅이 새롭게 창조되는 우주적인 대변혁이 하나님의 초월적인 간섭을 통해 하루속히 이루어질 것을 고대했다. 하나님이 천군천사를 동원하여 이 악한 세력을 물리치고 온 우주의 대변혁을 통한 새 하늘과 새 땅을 이룰 새 창조를 기다리게 된 것이다. 현세와 내세를 이원론적으로 단절시키고 초역사적인 우주적 종말을 고대한 것이다. 역사와 종말 사이의 긴장이 사라지자, 일부의 묵시가들은 하나님이 정하신 때(단 7:25-27 등)가 언제인가를 따지기도 했다.

이처럼 구약성서에는 상호 배타적인 두 종류의 역사 이해와 이와 관련된 두 종류의 종말론이 전승되어 왔다. 양자를 비교해 볼 때 전통적인 예언자적 종말론은 "하나님의 뜻이 역사 안에서 이루어진다"는 믿음에 따라 지상 위에 새로운 이스라엘 왕조의 도래를 희망하며 역사와 종말의 긴장을 견지했다. 반면 묵시적 종말론은 "하나님의 뜻은 초자연적 종말과 더불어 실현된다"는 믿음에 따라 초월적인 구원자의 도래를 고대하고 역사와 종말의 긴장을 소멸시킨 것으로 설명된다. 종말로 말미암아 세계의 역사는 단절되고 새로운 세상이 다른 차원에서 시작된다고 여겼기 때문이다.

전통적 예언 문학의 역사적 구원관과 묵시문학의 종말론적 구원관을 비교해 보면 그 특징이 더욱 분명히 드러난다.

1) 묵시가들은 역사적 고난의 절정기에서 처절한 고난을 겪고 있었기 때문에 이 세상은 악이 지배하고 있다고 여겼고 구원의 가능성은 점점 멀어진다는 비관적인 세계관에 빠진다. 이사야서의 묵시문학

부분은 이러한 점을 잘 명시하고 있다.

공평이 우리에게서 멀고
의가 우리에게 미치지 못한즉
우리가 빛을 바라나 어두움뿐이요. …
구원을 바라나 우리에게 멀도다(사 59:9-11).

반면 예언자들은 비록 성전이 부패하고 백성들이 악행에 빠져 있어도, 그들이 회개하고 돌아오면 하나님은 이스라엘을 새롭게 하신다는 신앙을 포기하지 않았다.

2) 묵시가들은 "하나님의 뜻은 역사 자체의 종말과 더불어 실현된다"는 믿음에 따라 역사 그 자체의 종말로 말미암아 세계의 역사는 단절되고 새로운 세상이 다른 차원에서 시작된다고 보았다. 새 시대는 옛 시대 안에서의 변화가 아니라 옛 시대의 종말을 의미한다.[4] 그리하여 초월적인 인자의 도래를 고대하였고, 역사와 종말의 긴장을 소멸시킨 것으로 설명된다.

불트만은 묵시가와 예언자의 차이에 대해 전자는 구원을 '역사와 전 세계 자체의 심판'에서 비롯되는 것으로 보았다면, 후자는 '역사 안에서의 심판'을 통해 구원이 이루어진다고 본 것이라고 구분했다.[5] 이처럼 묵시가들은 현재의 악한 옛 시대와 미래의 구원의 새 시대라는 시간적 이원론을 견지했다.

---

4 W. H. Schmidt, 『역사로 본 구약성서』 (서울: 나눔사, 1988), 384.
5 R. Bultmann, 『역사와 종말론』 (서울: 대한기독교서회, 1968), 37-50.

3) 묵시가들은 하나님의 뜻이 실현될 수 없는 악이 지배하는 이
세상은 속히 멸망해야 할 대상으로 여겼으며, 하나님께서 천군 천사를
동원하여 이 세상을 멸하시는 우주적 전쟁을 통한 대파국이 불가피하다
고 선언한다(계 12:9 참조).

만군의 야훼께서 군대를 사열하신다.
그들은 먼 땅, 하늘 끝에서 온 땅을 잿더미로 만들려고
야훼의 징벌의 채찍이 되어 야훼와 함께 온다.
너희는 통곡하여라. 야훼의 날이 다가온다.
전능하신 이께서 너희를 파멸시키시러 오신다(사 13:4-6, 공동번역).

4) 묵시가들은 이 세상이 너무 부패하여 더 이상 고쳐서 쓸 수 없는
상태에 빠졌으므로 전적으로 이 세상은 멸하고 새로운 창조가 필요하다
고 확신했다. 예언자들은 이스라엘이 범죄 하였으나 회개하고 돌아와
서 '새 계약'을 맺으면 새로워질 수 있다고 믿었다. 그러나 묵시가들은
새 계약을 통해 이스라엘이 새로워질 구원의 가능성에 대해 비관적이었
다. 묵시가들은 악한 세계와 폭력적인 제국들은 하나님의 심판을 받아
멸망하여 사라지고 '새 하늘과 새 땅'이 새롭게 창조되는 우주적인 대변
혁이 하루속히 이루어질 것을 고대했다. 새 하늘과 새 땅의 새 창조는
역사 안에서 역사의 종말로서 역사적 불연속성과 단절을 의미한다.

보라 내가 새 하늘과 새 땅을 창조하나니 이전 것은 기억되거나 마음에
생각나지 아니할 것이라. … 내가 예루살렘을 즐거워하며 나의 백성을 기
뻐하리니 우는 소리와 부르짖는 소리가 그 가운데에서 다시는 들리지 아니

할 것이며… 그들이 가옥을 건축하고 그 안에 살겠고 포도나무를 심고 열매를 먹을 것이며… 이리와 어린 양이 함께 먹을 것이며 사자가 소처럼 짚을 먹을 것이며 뱀은 흙을 양식으로 삼을 것이니 나의 성산에서는 해함도 없겠고 상함도 없으리라 여호와께서 말씀하시니라(사 65:17-25, 개역개정판).

초월적인 구원의 역사로서 '새 하늘과 새 땅에 대한 희망'을 버리지 않았으며 초자연적인 구원을 선포하였다.

5) 묵시가들은 그들이 겪는 현실적 고난의 무게가 너무나 엄청났기 때문에 하루빨리 이러한 고난이 종식되는 역사의 종말이 도래하기를 고대했다. 그리하여 그때가 언제인지, 어느 때까지 참고 견뎌야 하는지에 관심을 집중했다. "언제쯤 마지막 때가 와서 이런 놀라운 일이 일어날 것입니까?"(단 12:6, 공동번역) 그 대답은 이렇다.

정기제사가 폐지되고 파괴자의 우상(멸망케 할 미운 물건)이 선 다음 일천이백구십 일이 지나야 끝이 온다. 일천삼백삼십오 일을 기다리며 버티는 사람은 복된 사람이다. 그러니 그만 가서 쉬어라. 세상 끝 날에 너는 일어나 한몫을 차지하게 될 것이다(단 12:11-13, 공동번역).

특히 다니엘은 일흔 이레(70×7년=490년)가 역사의 예정된 시간이라고 주장하고 임박한 종말이 예정된 시간에 올 것이라는 것을 주장하면서 역사의 시간표를 제시한다. '한 때 두 때 반 때가 지나면 종말이 올 것이며, 구체적으로는 남은 시간이 1,290일이나 1,335일이라고 했다(단 12:7, 12). 이처럼 상징적이고 모호한 시기를 제시함으로써 임박한 마지막 때를 기다리는 간절함을 드러냈다. 이러한 상징적인 숫자를 후대에 와서 유비적으로 해석하여 무수한 시한부 종말론이 등장하기도 하였다.

6) 구약의 대표적인 묵시서인 다니엘서 마지막 장 마지막 결론은 다음과 같다. 마지막 날에 대한 묵시의 말씀을 비밀리에 잘 간직하고 마지막 날을 기다리라고 선언한다.

이 말은 마지막 때까지 간수하고 봉함할 것임이니라. …
너는 가서 마지막을 기다리라.
이는 네가 평안히 쉬다가 끝 날에는 네 몫을 누릴 것임이라(단 12:9-13).

이러한 묵시문학의 구원관을 계승한 신약성서의 요한계시록 마지막 구절 역시 "주 예수여 어서 오시옵소서"라는 그들의 종말론적 기대를 염원하는 것으로 끝난다.

앞에서 살펴본 예언 문학의 역사적 구원관과 묵시문학의 종말론적 구원관을 요약하면 다음과 같다.

예언자의 역사적 구원관과 묵시가의 종말론적 구원관 비교

예언자의 역사적 구원관	묵시가의 종말론적 구원관
현 역사는 하나님이 다스림	현 역사는 악한 세력이 지배함
개인적 집단적 회개 촉구	우주적 대파국 불가피
새 이스라엘 새 예루살렘	새 하늘과 새 땅
새 계약	새 창조
역사 안에서 역사의 심판	역사 자체의 심판
회개와 구원을 선포하라	비밀에 붙여 두라

5. 예언 전통 및 묵시 전통과 하나님 나라의 선취

예언 전통과 묵시 전통 중 어느 하나를 배제하지 않고 양자를 어떻게
조화롭게 이해하느냐 하는 것이 성서의 종말론적 구원 이해의 관건이라
할 수 있다. 이런 관점에서 보면 하나님의 나라에 대한 예수의 선포는
이러한 두 전통을 통합한 것이라 할 수 있다.[6]

예수 그리스도가 선포한 '하나님의 나라'(basileia)는 주기도문에서
명시한 것처럼 '아버지의 나라가 임하는 것이며, 아버지의 뜻이 하늘에
서와 같이 땅에서도 이루어지는 것'(마 6:9-10)이다. 하나님의 뜻이 이루
어질 미래에 일어날 궁극적으로 새로운 희망의 계시이지만, 그 새로운
미래가 현재의 위기의식을 일깨우고 그 위기를 극복할 수 있는 원동력
을 제공함으로써 현재 속에서 새로운 미래의 희망을 앞당겨 이루는
선취가 가능해진다. 따라서 예수 그리스도야말로 '하나님의 나라 그
자체'이며 '하나님의 나라의 선취(先取)'라고 했다. 예수 그리스도를 통
해 하나님의 뜻이 하늘에서처럼 땅에서도 앞당겨 이루어진 '하나님의
나라의 선취'는 묵시적 종말론과 관련된 다음과 같은 쟁점에 대한 대안
을 제시한다.[7]

1) 하나님의 나라의 선취는 그 통치의 시기에 있어서 현재와 미래를
중재한다. "하나님의 나라가 현재하고 있으며 우리는 부활했다"는 광신
적인 열광주의와 "세계는 구원되지 않았고 모든 만물은 아직도 서로

---

6 허호익, 『현대조직신학의 이해』 (서울: 대한기독교서회, 2003). 자세한 내용은 제11장
 "현대신학의 종말이해"를 참고할 것.
7 J. Moltmann, *church in the power of Spirit* (New York: Harper & Low, 1977), 189-194.

적대하고 있다"는 비관적인 체념을 모두 극복할 수 있다. 우리가 하나님의 주권을 완성된 나라 속에서만 보려고 한다면, 그것은 일방적인 것이 된다. 마찬가지로 하나님의 나라를 그의 통치의 현실성과 같이 놓는다면, 그것은 오해에 빠지게 된다. 하나님의 나라는 그리스도의 부활을 통해 지금 여기에서 앞당겨 이루어지고 있기 때문이다.

2) 하나님의 나라의 선취는 통치의 영역에 있어서 세계 안과 세계 밖을 중재한다. 희랍어 바실레이아(basileia)는 세계 속에서 전개되는 현실적인 하나님의 통치와 하나님의 통치의 우주적 목표를 모두 의미한다. 하나님의 나라는 명백히 우주적인 것이며 논쟁의 여지없이 역사 속에서 하나님의 약속의 말씀과 자유의 영을 통치하신다. 그러므로 하나님의 나라는 순전히 영적인 것도 순전히 세상적인 것도 아니다. 양자를 포함한다.

3) 하나님의 나라의 선취는 정치신학적으로 체제의 초월과 체제 내의 변혁을 중재한다. "그 나라의 미래라는 체제 초월적인 대안이 없다면 체제 내재적 변혁의 힘은 방향을 상실할 것이다. 체제 내적인 변혁이 없다면 체제 초월적인 미래는 무력한 몽상이 되고 말 것이다." 하나님의 뜻에 대한 복종과 왕국의 도래에 대한 기도 그리고 왕국의 아름다움에 대한 기대와 현실적인 고난에 대한 저항은 서로 얽혀 있으며 상대편을 강화한다.

4) 부활을 통해 이루어진 하나님의 나라의 선취는 심미적인 차원을 지닌다. 부활은 단순히 고난에의 저항과 항거만을 의미하지 않는다. 부활로 인해 환희와 축제의 새로운 삶이 드러나기 때문이다. 하나님

나라는 결혼 잔치에 유비된다. 부활을 통해 해방과 자유와 기쁨으로 충만한 하나님 나라의 종말론적 잔치에 참여하게 된다. 하나님의 나라의 영광을 미리 앞당겨 누리는 것이다. 이런 의미에서 아타나시우스는 다시 사신 그리스도는 인간의 삶을 세속적인 축제로 만든다고 했다. 몰트만에 의해 묵시문학적 종말론의 우주적인 지평이 세계 변혁의 희망으로 새롭게 밝혀진 것이다.

제11장

여호와와 구약성서에 대한 여러 오해

1. 여호와는 이방인을 적대한 배타적 민족신인가
2. 성경은 주변국들의 신화를 모방한 것인가
3. 성경은 고대인의 관점을 벗어나지 못한 낡은 책인가
4. 성경은 근친상간이 나오는 비윤리적인 책인가

1. 여호와는 이방인을 적대한 배타적 민족신인가

반기독교시민운동연합(반기련) 사이트를 2015년 8월경 확인해 보니 17,000여 명의 회원 가운데 4,051명이 참여한 '기독교 안티가 된 가장 큰 이유'를 묻는 회원 설문 조사란이 있었다. 그 결과를 보면 안티가 된 이유에 기독교의 배타성에 대한 반감이 가장 큰 요인으로 드러난다: 배타성 때문 43%, 인간성 말살 20%, 부조리를 알고서 11.8%, 지도층의 타락 6.6%, 헌금 강요 5%, 세습과 족벌 경영 3.9%, 기타.

그들은 기독교의 배타성이 소수의 몰지각한 기독교인들의 문제가 아니라 성경과 기독교 교리 자체에서 비롯된 것이라고 주장한다.

단군상을 파괴하고, 불상을 때려 부수고, 절에 불을 지르고, 지하철에서 고성방가하는 기독교인들이 끊임없이 사회문제를 야기한다. 물리적인 배타 행위뿐만이 아니라 마귀, 사단, 사탄, 이단, 가라지 등의 아름다운(?) 용어들을 사용해서 끊임없이 타 종교와 사상을 짓밟으려고 안간힘을 쓰고 있다. 그런 기독교인들에게 대의명분으로 주어지는 것은 다름 아닌 성경이다. 이방신의 우상을 불살라 버리고, 낫으로 찍어 버리고, 제단을 파괴하라고 성경에 나와 있기 때문이다. 즉, 기독교의 배타성은 바로 성경과 기독교의 교리에서 비롯된 것이다.

반기련 사이트의 "안티바이블"이라는 게시판의 서론 격에 해당하는 "나는 왜 성경을 우롱하는가"라는 글은 2만 2천 명 이상이 접속한 대표적인 글로서 안티바이블의 요지들이 소개되어 있다. 여기서 구약성서의 여호와를 이방인들에게 배타적인 이스라엘 민족신으로서 '추잡한 잡신'으로 규정하고 있다.

구약성경을 보라! 당신은 결코 구원이 아니라 율법으로 저주를 퍼붓는 중동 지방의 한 종족의 신을 추종하고 있다는 사실을. 구약 속의 여호와는 이스라엘과 적대 관계에 있는 이방인들에게 추잡하고 저질스러운 저주를 퍼붓는 고대 이스라엘의 추잡한 잡신일 뿐이다.

물론 일부 기독교인들의 배타적이고 공격적인 전도 방식은 자제해야 할 것이다. 그러나 성서를 바르게 이해하려면 성서의 본문이 그 당시에는 무엇을 의미했는지를 제대로 살펴보아야 한다. 오늘날의 잣대를 기준으로 일방적인 해석을 할 것이 아니라 그 당시의 역사적 상황에 비추어, 그리고 그렇게 했던 의미를 파악하면서 해석해야 한다.

이집트를 탈출한 노예 집단에 불과했던 이스라엘 민족은 그 당시 볼품없는 약소민족이었기 때문에 주변의 여러 국가로부터 수시로 침략을 당하고 약탈을 당했다는 사실을 간과해서는 안 된다. 이집트에서 400년간의 노예살이에서 해방되어 겨우 나라를 세웠으나 바벨론의 침략을 받아 예루살렘 성전은 무너지고 바벨론으로 포로로 잡혀갔고, 그 후에는 그리스에 이어 로마의 식민지 지배를 받아 왔다. 안티 기독교인들이 주장하는 것처럼 이스라엘이 주변의 이방인들에게 배타적으로 침략한 것보다는 그들이 침략 당하고 배척된 사례가 훨씬 많다는 점을 인정해야 한다.

이스라엘 백성이 출애굽 후 가나안 땅에 들어갈 때 이방 민족들이 이스라엘을 유혹하여 우상을 섬기게 하는 경우를 막기 위해 그 대적자들을 진멸하도록 가르친 것은 사실이다. 아울러 진멸법은 하나님의 진노를 가시적으로 나타내는 거룩한 전쟁을 의미하며 또한 약소국가가 계속되는 침략을 차단하기 위해 불가피하게 선택한 자위 수단이었다는 점도 인정해야 한다.

동서고금을 막론하고 모든 전쟁은 약탈전이었다. 지금도 다를 바 없지만 고대 사회에도 전쟁은 영토 확장이나 재산의 약탈이나 남녀 노예의 포로를 목적으로 수행되었다. 어떤 명분을 앞세우든 전쟁은 실제로는 전리품을 차지하기 위하여 약소국가를 침략하는 약탈전이었다.

그러나 성서의 거룩한 전쟁관은 이러한 약탈을 위한 침략전과는 전적으로 다르다. 약소국가였던 이스라엘은 끊임없이 주변 강대국의 침략과 약탈을 당했다. 다시는 약탈이 없을 것이라는 시편의 말씀이 있을 정도이다.

> 내가 다시는 네 곡식을 네 원수의 식량으로 내 주지 않겠다. 다시는 네가 수고하여 얻은 포도주를 이방 사람들이 마시도록 내 주지 않겠다. 곡식을 거둔 사람이 곡식을 빼앗기지 않고 자기 거둔 것을 먹고 주님을 찬송할 것이다(사 62:8-9).

성서에서 신이 인간에게 명한 거룩한 전쟁관은 이러한 약탈을 위한 침략전과는 전적으로 다르다. 전쟁은 이스라엘을 불신으로 유혹하는 불의한 세력에 대한 하나님의 징계와 심판의 거룩한 도구로 여겼다. 우상을 숭배하는 불신앙적인 불의한 세력을 완전히 진멸함으로써 하나님의 심판을 극명하게 드러내는 것이다. 그러한 의미에서 야웨는 전사(戰士, 출 15:3; 사 42:13)로, 그들의 전쟁은 야웨의 성전(聖戰, 민 21:14f; 삼상 18:17, 25:28; 출 17:16)으로 여겨졌다. 이러한 거룩한 전쟁의 목적은 하나님의 진노에 따른 진멸이기 때문에 이스라엘 백성이 이 거룩한 전쟁에 나아갈 때는 일체의 약탈과 포로 행위를 근절시킨 것이다.

구약성서는 실제로 거룩한 전쟁에 나아간 이스라엘 백성들이 약탈의 유혹을 받은 사례를 기록하고 있다. 선지자 사무엘은 아멜렉과의 거룩한 전쟁에 나아가는 사울왕에게 진멸법을 지킬 것을 명했다(삼상 15:18). 여호와가 세운 왕이므로 여호와의 명령을 따라야 한다는 것이었다. 그러나 이 진멸법은 목숨을 걸고 전쟁에 나간 사울의 군인들에게는 여간 불만스러운 게 아니었다. 전리품과 노예를 챙기는 재미도 없는데 왜 목숨을 걸고 전쟁에 나가겠는가? 그래서 묘한 꾀를 내었다. 아멜렉을 쳐부순 다음 전리품을 챙기고 돌아와서는 사무엘에게 "당신의 하나님 여호와께 제사하려 하여 양과 소의 가장 좋은 것을 남김이요, 그 외의 것은 우리가 진멸하였나이다"(삼상 15:15)라고 보고했다. 사무엘은 이 일에 대하여 사울을 엄하게 책망한다: "어찌하여 왕이 여호와의 목소리를 청종치 아니하고 탈취하기에만 급하여 여호와의 악하게 여기시는 것을 행하였나이까?"(삼상 15:19) 사무엘은 "여호와께 순종이 제사보다 낫고 듣는 것이 숫양의 기름보다 낫다"(삼상 15:22)는 유명한 말씀을 선언했다.

진멸법은 잔인한 것처럼 보이지만, 영토를 확장하고 전리품을 챙기고 노예를 확보하기 위한 약탈전을 전적으로 금지하는 전향적인 의미가

있다. 이는 또한 영토 확장과 약탈을 위해 전쟁만 일삼는 고대 통치자의
상투적인 형태에 대한 예방책이기도 했다. 주변의 강대국과는 달리
이스라엘 백성들은 절대로 영토를 확장하고 포로와 전리품을 약탈하기
위한 침략 전쟁을 해서는 안 된다는 깊은 뜻이 담겨 있다.

무엇보다는 성서에는 전쟁을 반대하는 무수한 메시지가 있다는 사실
을 알아야 한다. 만군의 하나님은 "땅끝까지 전쟁을 그치게 하시고, 활을
부러뜨리고 창을 꺾고 방패를 불사르시는 분"(시 46:9)이기 때문이다.

주께서 민족들 사이에 분쟁을 판결하시고, 뭇 백성 사이의 갈등을 해결하
실 것이니, 그들이 칼을 쳐서 보습을 만들 것이며, 나라와 나라가 칼을 들고
서로를 치지 않을 것이며, 다시는 군사훈련도 하지 않을 것이다(사 2:4 표준
새번역).

따라서 안티 기독교인들이 이러한 역사적 배경과 성서의 깊은 뜻을
바로 이해하기를 바란다.

2. 성경은 주변국들의 신화를 모방한 것인가

반기독교시민운동연합 사이트의 또 다른 반기독교적인 논지 중
하나는 "성경 속의 신화는 철저히 주변국들의 신화를 모방한 것들뿐이
다"라는 주장이다.

성경 속의 신화는 철저히 주변국들의 신화를 모방한 것들뿐이다. 천지창
조, 노아의 방주, 바벨탑, 아브라함, 모세의 출생, 욥기, 잠언 등 모두 다

바빌론의 유수 때 유대인들이 수메르 신화와 주변국들의 신화를 모방했을 뿐이다.

기원전 7세기에 건립된 니네베의 아슈르바니팔 왕궁 서고(書庫)에서 출토된 열두 개의 점토 서판(粘土書板)을 1862년에 영국의 조지 스미스가 번역하여 발표한 『길가메시 서사시』에는 흙으로 인간을 창조했다는 이야기와 홍수에서 살아남은 우트나피슈팀(Utnapishtim)이 전해주는 대홍수 이야기가 담겨 있다. 그 이전까지만 해도 흙으로 인간을 창조한 이야기와 홍수 설화는 성경의 고유한 가르침인 것으로 알던 사람들에게는 큰 충격이 아닐 수 없었다. 그래서 성경의 창조 설화나 홍수 설화는 바벨론 신화를 모방한 것이라는 주장이 나오게 된 것이다. 이러한 논쟁을 바벨-바이블(Babel-Bible) 논쟁이라고 한다. 그러나 『길가메시 서사시』와 창세기를 자세히 비교 분석해 보면, 둘 사이에 형식적 유사성이 있지만 본질적 메시지는 전혀 다르다는 사실을 알 수 있다.

인간이 흙으로 창조되었다는 것은 동서양을 막론하고 널리 퍼져 있는 인간 창조 설화의 평균적인 의식이다. 중국의 창조 설화인 "여와 설화"에도 흙으로 인간을 빚었다는 기록이 나온다. 흙으로 인간을 빚었다는 신화는 주로 토기를 빚어 생활한 신석기 시대의 문화적 배경에서 비롯된 것이라고 한다.

흙에다 무엇을 섞어서 인간을 만들었는가 하는 문제는 인간의 본질에 대한 독특한 신앙과 사상을 반영한다. 그리스 신화에도 프로메테우스가 흙과 물로 인간을 만들었다는 내용이 나온다. 신체의 70% 이상이 물이라는 특징을 반영한 것이라고 해석할 수 있다. 이에 비해 바벨론의 창조 신화는 놀랍게도 흙과 더불어 반역한 신의 피를 섞어 인간이 창조되었다고 전한다.

〈길가메쉬 서사시〉에 따르면 이기기(Igigi)라는 하급신들은 강제 노동에 시달리다 못해 어느 날 밤늦게 바람의 신 엔릴(Enlil) 집 앞에서 연장을 태우며 항의했다. 엔릴은 하늘의 신 안(An 또는 Anu)에게 의논하였고, 안은 신들의 여왕 벨레트-일리와 인간을 창조하기로 협의한다. 그리하여 산파신인 닌투로 하여금 반역을 주도한 하급신들의 우두머리 웨일라를 죽이고, 그 살과 피와 흙을 섞어 인간을 만들어 인간에게 하급신의 노동을 대신 담당하게 했다.

> 그녀(벨레트-일리)가 인간적인 사람을 만들어서 그 사람이 이 멍에를 지게 합시다. 그가 멍에를 지고, 신들의 노역을 맡게 합시다. … 그들의 모임에서 지능이 있는 신 웨일라(We-ila)를 잡아 죽였다. 닌투는 그의 살과 피에 찰흙을 섞었다. … 그녀는 열네 개의 찰흙 덩어리를 떼어 냈다. … 일곱으로 남자를 만들고 일곱으로 여자를 만들었다.

또 다른 바벨론 신화인 〈에누마 엘리쉬〉에도 반역자의 피로 인간이 만들었다는 이야기가 등장한다. 신들 사이에 전쟁이 일어났으며, 신들의 왕 마르둑은 싸움을 시작한 신을 데려오게 하였고, 그때 지혜의 신 에아가 반역을 주도한 신들의 어머니 티아맛의 아들 킨구를 죽이고 그 피로 인간을 만든 다음 하급신들을 대신하여 인간들에게 강제노동을 시켰다고 한다. 이처럼 같은 바벨론 신화인 〈길가메쉬 서사시〉와 〈에누마 엘리쉬〉에는 흙을 매개로 인간을 창조한 목적과 방식은 같으나, 인간을 창조한 신이 다르고 인간 창조의 목적도 전적으로 다르다.

그러나 성서는 다르다. 창세기에 의하면 인간이 단순히 흙으로 된 존재가 아니며, 아무런 의미도 없는 물이나 심지어 반역자의 피로 만들어진 존재는 더더욱 아니다. 인간은 흙으로 빚어진 다음, 그 코에 하나님이 그의 생기(생명의 숨)를 불어넣음으로써 인간은 비로소 생령(living spirit), 하나의 영적 생명체가 된다고 한다. 바벨론의 창조 신화와 비교해 볼 때 인간 창조의 목적도 판이하다.

바벨론 신화에서는 다른 인종이나 전쟁 포로들을 잡아다가 강제노동을 시키고, 그것을 합리화하기 위해 인간은 하급신들의 노동을 대신하기 위해 반역자의 피로 창조되었다는 신화를 신전에서 축제일마다 낭독한다. 성서는 인간이 '하급신들의 강제 노동'을 대신하기 위하여 반역자의 피로 창조된 것이 아니라 '하나님의 참된 안식'에 참여시키기 위해 하나님의 생기로 창조된 것이라고 한다. 인간에게 복을 주사 생육하고 번성하도록 창조한 것이다. 인간 창조의 목적 자체가 이처럼 판이하다.

대홍수 이야기 역시 거의 모든 민족 신화에 등장하는 것으로 알려져 있다. 기원전 2700년경 메소포타미아 도시국가 우루크(Uruk)의 왕이었던 길가메쉬가 영생을 얻기 위해 천신만고 끝에 불로초 생명의 나무를 얻었으나 방심하는 순간에 뱀에게 빼앗기고 슬픔에 빠진다. 마침 인간이었다가 신이 된 우트나피쉬팀을 만나 그에게 어떻게 하여 신들의 무리에 끼어서 영원한 생명을 얻게 되었는지 알려 달라고 간청한다. 이에 우트나피쉬팀이 홍수에 살아남은 이야기를 길가메쉬에게 들려준 것이 〈길가메쉬 서사시〉로 기록된 바벨론 홍수 이야기이다.

두 홍수 이야기의 목적 역시 판이하게 다르다. 바벨론 홍수의 목적은 오래된 옛 도시를 파괴하기 위해 신들이 홍수를 계획하고, 자기가 편애하는 인간에게 몰래 이 사실을 알려 주고, 그래서 홍수에서 살아남은 자만이 신이 되었다는 이야기이다. 반면 성서의 홍수 이야기의 메시지는 분명하다. 바벨론의 도시 문명의 죄악상과 무법천지의 살육으로 붕괴된 창조의 질서를 바로잡기 위하여 홍수의 심판을 결행하신 것이다. 그리고 의로운 노아와의 영원하고 무조건적인 새 계약을 통해 죄악으로 가득 찬 무법천지를 종식시키고, 모든 생명이 다시는 피 흘림이 없이 생육하고 번성할 수 있는 새 역사를 펼쳐 나갈 것을 명하신 것이다.

무엇보다도 바벨론 신화의 다신론적 구조와 창세기의 유일신론은 결정적인 차이가 아닐 수 없다. 고대 근동 지역의 평균적 신관은 G. H. 리빙스턴의 분석처럼 '신적인 것, 자연적인 것, 인간적인 것' 사이의 경계가 모호하다는 것이 가장 큰 특징이다.

바벨론 신화에는 신들이 기원하게 된 이야기와 신들 사이에는 가계와 계보와 계급이 있고 신들이 서로 죽이고 죽기도 한다. 그러나 창세기의 야웨 하나님은 유일하신 분이며 스스로 존재하는 분으로 그 기원이 없다. 야웨만이 유일한 신이므로 다른 어떤 신들도 등장하지 않는다. 다신론적 바벨론 신화가 신으로 여긴 자연 현상이나 반신반인도 등장하지 않는다. '반기련'이 주장하는 것과 달리 바벨론 신화와 창세기는 그 형식적 외적 유사성보다 본질적 내용의 차이가 너무나 크기 때문에 단순한 모방의 차원을 훨씬 넘어서는 전혀 다른 신관, 인간관, 세계관을 고백한 것이라는 사실을 분명히 알아야 한다.

3. 성경은 고대인의 관점을 벗어나지 못한 낡은 책인가

반기독교시민운동연합 사이트의 또 다른 반기독교적인 논지 중 하나는 '성경은 비과학적이고 고대인의 관점을 벗어나지 못한 낡은 책'이라는 주장이다.

성경은 과학적인가? 아니다. 성경은 철저히 고대 관념적이다. 지구를 만들고 난 후에, 태양과 달, 별을 만들었다고 말하는 고대인의 관점을 조금도 벗어나지 못한 낡은 책일 뿐이다. 그리고도 성경이 진리라고 말하는 것인가? 그럼에도 불구하고, 철저히 세뇌 당한 성경의 창세기를 과학으로 증명해 보이겠다고 창조과학회까지 조직했다. 성경 자체가 비과학적임은 두말할 나위가 없거니와, 성경의 기초적 신학적 지식이 전무한 광신자들의 추태라고 할 수 있겠다.

엄격하게 말하면 성경은 과학책이나 역사책은 아니다. 성경은 1,000여 년에 걸쳐 40여 명의 성서 기자가 하나님으로부터 영감을 받아 기록한 다양한 장르의 책들을 모은 것이다. 성경 안에는 역사서 외에도 율법서, 예언 문학, 시가 문학, 복음서, 묵시문학 등이 포함되어 있다. 성서가 성령의 영감을 통해 기록되었지만, 인간의 기록이므로 과학과 역사에 대해서는 부분적으로 오류가 발견된다는 사실을 칼빈은 과감하게 인정했다.

첫째, 성서의 표현이 과학적 사실과 상치되는 것도 있다고 했다. 창세기 1장 16절에는 해와 달을 두 개의 큰 광명체라고 하였지만, 천문학자들은 "토성이 멀리 떨어져 있어서 모든 것 가운데 가장 작게 보이지만 달보다 더 크다는 사실이 입증되었다"고 했다. 성서 기자인 모세는 이런 과학적인 사실을 알고 있었으며, 다만 그 시대 사람들의 인식 능력에 맞게 설명했을 뿐이라고 부연했다.

둘째, 숫자, 지명, 인명이 서로 다른 것을 인정했다. 예를 들면 야곱의 가족 중 애굽에 들어간 인원에 대해 모세는 70명(창 46:26; 신 10:22), 스데반은 75명(행 7:14)으로 서로 다르게 기록했다. 그러나 이 문제에 대해 "나는 이 차이는 필사자들로 인한 오류에 의해 생겼다고 결론을 내린다"고 했다.

셋째, 역사적 문헌과 상치되는 것도 있다고 했다. 사도행전 4장 5절 강해에서 칼빈은 "누가가 여기서 안나스를 대제사장으로 보는 것은 이상하다. 왜냐하면 요세푸스의 글을 보면 빌라도가 로마로 소환된 후 비텔리우스가 지휘관이 되어 예루살렘으로 들어오기까지는 가야바가 이 직임을 잃지 않은 것이 분명하기 때문이다"고 했다. 그는 역사가인 요세푸스의 기록을 성서 기자인 누가의 기록보다 더 신뢰하고 있으며 누가의 기록에 대해 의문을 제기하고 있다.

넷째, 구약의 인용이 명백히 잘못된 곳도 지적했다. 고린도전서 2장 9절에 인용한 내용과 구약 본문인 이사야 64장 4절을 비교해 보면, 그 인용이 정확하지 않다는 것이다. 구약에 없는 "예정하신 모든 것"이 삽입되어 있기 때문이다. 이 경우는 그 오류가 사소한 것이라고 말한다.

칼빈은 이처럼 사본과 필사의 오류를 인정하였으나, "글자 한 자 달라진 것을 오래 말하기보다 성령이 말하는 이적의 무게를 더 말해야 할 것"이라고 했다. 신적 기원을 가진 성경이 문자적 오류 때문에 손상받지 않으며 "하늘의 지고한 신비가 대부분 비천한 말로 표현된 것은 하나님의 특별한 섭리가 없이는 불가능한 일"이라고 했다. 그러나 칼빈은 낱말 하나하나보다 성경 전체가 말하는 '신앙과 행위에 관한 교리'가 더 중요하다고 보았으며, 성서 원본의 사소한 오류를 인정하였지만, 성서의 중요한 교리 문제에 대해서는 그 오류를 인정하지 않았다. 성경은 하나님의 말씀으로 '신앙과 행위에 대하여 정확무오한 유일한 법칙'

이지만, 과학과 역사에 대해서는 부분적 오류가 있을 수 있다는 점을 부인할 수 없다. 성경은 하나님을 말씀을 영감으로 받아 인간의 언어로 기록한 책이기 때문에 과학적인 사실이나 역사적 사건에 관한 한 고대인의 관점에서 벗어나기 어려운 것은 사실이다. 그렇다고 성경의 핵심적인 주장이 낡은 것은 아니다. 여전히 시대에 앞서는 가르침이기 때문이다.

하나님께서 천지를 창조하셨다는 창세기의 기록을 단지 역사적인 관점이나 과학적인 관점에서 보아서는 안 된다. 새로운 세계관이요 전향적 신앙 고백이라는 관점에서 보아야 한다. 그 당시의 사람들은 모두 자연을 숭배하고 왕을 신으로 섬겼다. 이집트 신화에는 해, 달, 별과 같은 주요한 자연 현상뿐 아니라 인간을 위협하는 파리나 메뚜기 떼도 신으로 숭배되었다. 왕이나 영웅호걸은 물론 난쟁이처럼 특이한 인간들도 신으로 여겨졌다. 바벨론 신화에는 걸프만으로 흘러들어가는 짠물(Tiamat)과 단물(Apsu)이 신들의 어머니와 아버지로 등장한다. 이처럼 고대 근동 지역의 세계관은 G. H. 리빙스턴의 분석처럼 '신적인 것, 자연적인 것, 인간적인 것' 사이의 경계가 모호했다. 이런 배경에서 보면 하나님이 천지와 인간을 창조했다는 고백은 창조주와 피조물 사이의 무한한 질적 차이가 있음을 선포한 것이다. 다시 말하면 하나님이 창조주이므로 하나님 이외에 존재하는 모든 것은 한갓 피조물에 불과하다. 그러므로 하나님의 피조물인 자연이나 인간을 더 이상 하나님처럼 두려워하거나 숭배할 필요가 없다는 혁명적 세계관을 선포한다. 하비 콕스가 말한 '자연의 비신성화요 비마성화'를 선포한 것이다. 이러한 유일신에 대한 창조 신앙으로 인해 인류는 비로소 자연 현상에 대한 두려움에서 해방된다. 그리고 왕을 신으로 숭배하도록 강요한 오랜 억압에서 해방된다.

　인간을 하나님의 형상으로 창조했다는 것도 그 시대적 배경에서는 너무나 혁명적인 생각이며 여전히 이 시대에서도 앞선 생각이 아닐 수 없다. '신의 형상'(*Imago Dei*)이란 말은 중국의 천자(天子)나 일본의 천황(天皇)처럼 고대 이집트에서는 왕에게만 부여된 칭호였다. 이집트 제4왕조(B.C. 2600~2450년경) 때부터 왕은 태어나면서부터 신의 아들로 임명되고, 즉위함으로써 신성을 획득하고, 죽는 순간 완전한 신이 된다고 믿었다. 이처럼 왕만이 신의 형상을 지닌다. 당시의 신의 형상이라는 말은 '신의 통치를 대리하는 자이며, 동시에 신의 영광을 반사하는 자'를 의미한 것이다. 절대 군주국가의 왕들은 신처럼 영광을 누리며 다른 인간들을 종으로 지배한 것이다. 그러나 성서는 이러한 반민주적이고 불평등한 인간 창조 신화를 모두 거부한다. 왕만이 아니라 모든 인간, 심지어 남자뿐 아니라 여자도 '하나님의 형상'으로 창조되었다고 선포한다. 왕만을 천자나 천황이라 주장하는 사람들에게 모든 남녀가 천자요 천황으로 존엄하고 평등하게 창조되었다는 혁명적인 인간관을 고백한다. 모든 인간이 하나님의 형상을 지닌 존엄하고 평등한 존재로 창조되었다는 창세기의 가르침은 인권유린과 인종차별의 불평등이 사라지지 않고 있는 우리 시대에도 새롭게 선포되어야 할 소식이 아닐 수 없다.

　창세기는 이처럼 신과 인간과 자연 사이가 확연히 구분되는 생명의 새로운 질서가 창조된 것을 고백한다. 생명의 새 질서의 주관자이신 창조주 하나님을 믿고 의지하는 신앙을 통해 생명의 새로운 질서를 보전할 때 생명의 영원한 가치가 주어진다는 것이 창세기의 핵심적인 신앙 고백이다. 이러한 창조 신앙은 당시 고대인의 관점에서 기록한 것이긴 하지만, 그 당시의 평균적인 세계관에 비추어 보면 신관, 인간관, 자연관에 있어서 가장 앞선 생각이었고 지금도 여전히 앞선 생각이므로 성경은 결코 낡은 책이 아닌 것이다.

4. 성경은 근친상간이 나오는 비윤리적인 책인가

반기독교시민운동연합의 또 다른 주장은 '성경은 비윤리적인 책'이라는 것이다. 성경에는 근친상간 등 온갖 추잡한 것들로 얼룩져 있다고 주장한다.

창세기 38장에 유다와 다말의 근친상간 이야기가 나오는 것이 사실이다. 성경은 유대인의 선조 유다가 사실은 그의 며느리와 불륜을 저질렀고, 유대인들이 불륜을 통해 태어난 후손이라는 사실을 그대로 숨김없이 적고 있다. 유대인들이 다윗의 후손이라는 자랑의 근거로 내세우는 다윗 왕도 부하 장군의 아내와 불륜을 저질렀는데 이 사건도 성경에 그대로 기록되어 있다. 심지어 마태복음의 족보에는 유다와 다말에게서 태어난 베레스와 세라의 후손이요, 다윗이 밧세바를 아내로 맞이한 후 이들 사이에서 태어난 솔로몬의 후손이 바로 예수 그리스도라는 사실을 오히려 강조한다.

이처럼 성경에는 인간의 모든 범죄가 적나라하게 숨김없이 기록되어 있다. 최초의 인류 아담과 하와(이브)의 범죄뿐만 아니라 가인이 아벨을 죽인 사건과 베드로의 예수 부인과 회개, 유다의 예수 배반과 자살 등 범죄로 얼룩진 역사가 가감 없이 드러난다. 그래서 중국의 문필가 임어당이나 영국의 철학자 버트런트 러셀은 성경은 동양 여러 종교의 경전과 비교해 볼 때 격이 낮은 경전이라고 폄하했다. 동양의 경전과 달리 성경은 인간의 구체적인 삶을 미화하고 이상적인 모습만을 제시하지 않는다. 성경이 거룩한 책인 것은 그 책의 줄거리가 모두 거룩하기 때문이 아니라 오히려 역설적으로 인간의 죄악상을 솔직히 드러냄으로써 '죄를 죄로 인정하지 않는 것이 죄'라는 사실을 교훈하기 때문이다. 그리고 죄를 지었음에도 불구하고 하나님의 말씀을 듣고 회개하면 새 사람이 된다는 거룩한 구원의 역사를 서술하고 있다. 성경은 베드로의 경우처럼 선생 예수를 배반하였지만 회개하여 수제자의 길을 걷든지, 아니면 유다처럼 배반하였지만 회개하지 않고 스스로 파멸의 길을 가든지 두 가지 중 하나를 선택하도록 제시한다.

유다와 다말의 근친상간이 기록되어 있다고 해서 성경이 근친상간을 정당화하는 비윤리적인 책이라 주장하는 것은 성경에 대한 이만저만한 곡해가 아니다. 유다와 다말의 이야기는 오히려 혈통을 자랑하고 민족적 우월감에 도취된 유대인들에게, 그들이 근친상간의 후손임에도 불구하고 하나님의 구원 역사에 한 범례적 도구로 사용되었다는 것을 보여준다. 구약은 근친상간을 정당화하는 비윤리적인 책인가? 절대 그렇지 않다. 십계명에는 "간음하지 말라"고 가르치고 있으며, 레위기 20장 10-17절(16:1-8 참조) 등에서 알 수 있듯이 간음과 수간과 근친상간 같은 성 문제에 관해서 엄격한 윤리를 강조한다.

누구든지 남의 아내와 간음하는 자 곧 그 이웃의 아내와 간음하는 자는 그 간부와 음부를 반드시 죽일지니라. … 남자가 짐승과 교합하면 반드시 죽이고 너희는 그 짐승도 죽일 것이며 여자가 짐승에게 가까이 하여 교합하거든 너는 여자와 짐승을 죽이되 이들을 반드시 죽일지니 그 피가 자기에게 돌아가리라. 누구든지 그 자매 곧 아비의 딸이나 어미의 딸을 취하여 그 여자의 하체를 보고 여자는 그 남자의 하체를 보면 부끄러운 일이라 그 민족 앞에서 그들이 끊어질지니 그가 그 자매의 하체를 범하였은즉 그 죄를 당하리라.

구약성서 시대의 히타이트 율법을 비롯한 가나안 종교는 신전 매음과 통간뿐만 아니라 수간(獸姦), 근친상간, 동성애 같은 것마저 허용했다. 그러나 성서의 율법은 성적 순결과 성적 윤리에 있어서 당시의 주변국보다 훨씬 기준이 높았다. 신약성서에 와서 이러한 성적 윤리가 더욱 높은 차원으로 승화된다. 예수가 마음으로 '음욕을 품는 것마저 간음'(마 5:28)이라고 규정하였던 것도 이런 배경하에서 이해되어야 한다.

성경은 다윗왕이 우리아의 아내 밧세바를 범하고 그 남편을 청부 살해했을 때 그의 불륜을 묵과하지 않았다. 다윗이 측근이었던 선지자 나단은 왕의 범죄 사실을 지혜롭게 지적하였고, 다윗은 그 자리에서 자신의 죄를 고백하고 뉘우쳤다: "내가 야웨께 죄를 지었다"(삼하 12:13). 다윗은 자신의 참담한 심정을 이렇게 뉘우치며 탄식했다.

하느님, 선한 이여, 나를 불쌍히 여기소서. 어지신 분이여, 내 죄를 없애 주소서. 허물을 말끔히 씻어 주시고 못을 깨끗이 없애 주소서. … 정화수를 나에게 뿌리소서, 이 몸이 깨끗해지리이다(시 51:1-14. 공동번역).

사실 당시 이스라엘 주변국인 이집트의 절대 군주나 가나안 여섯 부족의 봉건 군주들에게는 불륜에 대해 이처럼 엄격한 윤리의식과 죄의식이 없었다. 당시의 군왕들은 처첩을 당연한 것으로 여겼다. 왕이

부하의 아내를 취했다고 이를 범죄로 여기고 탄식하는 일 따위는 없었다. 다윗은 당시의 모든 제왕(帝王) 중에 가장 높은 수준의 윤리의식을 가진 자로 등장한다. 다윗은 자신이 저지른 불륜을 군왕이라면 능히 할 수 있는 특권으로 합리화하지 않는다. 자신의 잘못을 지적하는 나단을 면박하지도 않았다. 결과적으로 자신을 유혹하게 된 밧세바에게도 책임을 전가하지 않았다. 그는 자신의 내면 깊이 존재하는 원죄와 같은 죄성에 대하여 밤마다 침상을 눈물로 적시며(시 6:6) 뉘우치고, 온종일 신음 속에 뼈가 녹고 진액이 다 말라빠지도록(시 32:3) 탄식했다. 그리하여 그는 비로소 인간이 자신의 잘못을 진정으로 회개할 때 용서하여 주시는 '구원의 하나님'(시 51:4)을 만나게 되고 그의 순결함을 새롭게 회복한 것이다. 다윗의 참된 용기는 골리앗을 물리친 전쟁터가 아니라 자신의 죄를 시인하고 탄식하며 눈물로 적신 침상에서 발휘되었다. 진정한 용기는 자신의 죄를 인정하는 용기이며 참으로 '큰 죄는 죄를 죄로 느끼지 못하는 것이 죄'라는 사실을 자신의 체험을 통해 증언하고 있다. 다윗은 회개를 통해 구원의 진정한 의미를 깨닫고 새로운 심령을 얻어 새 사람이 된 위대한 신앙인의 전형이 된 것이다. 이로 인해 그는 신약 시대의 세례 요한과 예수의 회개 운동의 선구자가 된다.

반면 다윗의 아들 솔로몬의 경우 영토를 유지하기 위하여 정략적인 결혼 동맹이 필요했지만, 솔로몬 자신이 호색하여(왕상 11:2) '700명의 아내와 300명의 첩'을 두었고, 이들 이방 여인들의 지참금을 챙겼다(왕상 3:1, 9:16). 이는 이스라엘의 왕은 다른 나라의 왕과는 달리 후궁을 많이 두어서는 안 된다(신 17:17)는 왕의 금령을 어긴 것이다. 이처럼 성 문제에 있어서도 성경은 다윗의 순결함과 솔로몬의 호색함이 대비되어 나타난다. 그리고 성경은 이 둘을 대비하여 어느 길을 택할 것인지에 대해 결단을 요청한다.

성경에 가인이 동생 아벨을 살인하거나 유다의 근친상간을 기록했다 해서 그것을 본받으라는 뜻이 결코 아니다. 다윗의 불륜과 솔로몬의 호색함이 나온다 해서 성경이 비윤리적이라고 주장할 수는 없다. 성경은 오히려 그러한 근친상간과 불륜과 호색을 쫓지 말라고 비윤리적인 내용을 가감 없이 적나라하게 기록한 것이다.

부록

부록 1
소돔은 동성애로 망한 것이 아니다
— 소돔의 죄와 환대의 신학*

그들이 눕기 전에 그 성 사람 곧 소돔 백성들이 노소를 막론하고 원근에서 다 모여 그 집을 에워싸고, 롯을 부르고 그에게 이르되 오늘 밤에 네게 온 사람들이 어디 있느냐 이끌어 내라 우리가 그들을 상관하리라. 롯이 문밖의 무리에게로 나가서 뒤로 문을 닫고 이르되 청하노니 내 형제들아 이런 악을 행하지 말라(창 19:4-7).

오늘은 다소 논쟁적인 주제로 설교하는 것이라 조심스럽습니다. 한 10여 년 전까지만 해도 저 역시 소돔과 고모라가 동성애의 죄 때문에 하나님의 진노로 멸망했다고 알고 있었습니다. 그런데 유럽에서는 2000년대 초에 이미 동성결혼을 합법화하고, 심지어 영국 성공회에서는 동성애자를 주교로 임명했다는 보도를 보고 충격을 받았습니다. 그래서 동성애에 관한 논문(2010)과 책(『동성애는 죄인가』, 2019)을 쓰면서 제 자신이 동성애에 대해 무지했고 편견이 있었다는 사실도 알게 되었습니다.

---

* 2023년 5월 21일 새길교회 주일예배에서 행한 설교문 재정리한 것임.

루터는 대학에 가서 희랍어를 배운 후 원어로 신약성경을 읽다가 당시 로마교회의 가르침과 성서의 가르침이 너무 달라서 큰 충격을 받았습니다. 저 유명한 95개조 반박문 첫 부분에서 "우리 주님께서 회개하라고 가르친 것은 신부에게 고해하라는 교회의 가르침과 다르다"고 주장하였습니다. 고해 제도에 관한 잘못된 가르침이 중세 교회의 부패 원인이라고 본 것입니다. 루터의 반박문은 교회의 가르침이 성경의 가르침과 아주 다를 수 있다는 사실을 역사적으로 검증한 사례입니다. 그래서 루터는 "성서로 돌아가자"라고 한 것이지요.

그렇다면 '동성애 때문에 소돔이 멸망했다'는 교회의 가르침이 과연 성서의 증언과 일치하는지 살펴보려고 합니다. 소돔 이야기를 동성애 사건이라고 처음 주장한 사람은 예수님과 동시대에 살았던 유대 철학자 필로(Philo)라고 합니다. 일부 초대 교부들도 소돔과 고모라의 동성 간의 성적 문란을 포함시켰고, 이러한 교부들의 가르침을 이어받아 8세기 영국인 선교사였던 보니페이스(Boniface, 680~755)는 동성 간의 성행위를 소돔이라는 단어에서 유래한 '소도미'(sodomy)라 칭했습니다. 오난 사건(창 38장)에서 '오나니즘'이란 용어를 차용한 것과 유사한 방식입니다. 1869년에 와서 처음으로 동성애(homosexuality)라는 용어가 사용되기 이전까지 거의 1000년 이상 서구에서는 동성애자를 '소도마이트'(sodomite)라고 불렀으니, "소돔이 동성애로 멸망했다"라는 것이 교회의 전통적인 가르침으로 자연스럽게 자리 잡아 오늘에 이른 것입니다.

그래서 오랫동안 서구에서는 동성애를 죄로 여겨 처형하기도 했습니다. 동성애자의 인권 문제가 새롭게 제기된 것은 히틀러의 동성애자 대량 학살에서 비롯되었습니다. 히틀러 치하에서 2만 명에서 10만 명에 달하는 동성애자들이 처형되었을 것으로 추산합니다. 히틀러는 성소수자 인권 단체를 만들어 동성애자의 권리를 주장한 마그누스 히르시펠트가 유대인이라는 이유로, 유대인이 동성애를 퍼트리고 있으니 유대인과 동성애자는 '제국의 적'이라고 하였습니다. 그리고 유대인들에게는 노란색 다윗의 별을 달게 하고, 동성애자에게는 '핑크색 역삼각형'(pink triangle) 표식을 달게 했습니다. 전후에 단지 동성애자라는 이유로 학살하는 것은 인권 침해라는 여러 권리 장전이 나오면서, 유대인들의 학살인 홀로코스트를 기념하듯 동성애자들의 학살인 '핑크 홀로코스트'를 기념하는 행사들이 열리기도 했습니다.

1970년대를 전후하여 동성애자들에 대한 인권과 차별 금지에 관한 여론이 확산되면서 소돔 사건을 재조명하는 연구들이 쏟아져 나왔습니다. 먼저 왜 소돔 이야기가 동성애 사건으로 해석되었는지를 분석했습니다.

소돔 사람들은 롯의 집을 방문한 낯선 두 남자(또는 천사)를 두고 "우리가 그들을 상관(yadha)하리라"(5절)고 롯에게 요구했습니다. 히브리어 원어 '야다'(yadha)는 문자적으로 '알다, 상관하다'라는 뜻이지만, '성관계의 완곡한 표현'으로도 사용되었습니다. 그다음 구절에서 롯이 "이것 보게, 나에게 남자를 '알지'(yadha) 못하는 두 딸이 있네. 그 아이들을 자네들에게 줄 터이니, 그 아이들을 자네들 좋을 대로 하게"라고 대응한 것이 성적인 의미가 있기 때문입니다. 따라서 필로는 아마도 두 문장의 '야다'를 모두 성관계의 완곡한 표현으로 해석하다 보니, 소돔 남자들이 롯의 손님 두 남자를 상관하겠다는 것을 성관계, 즉 동성애로 해석하게 된 것입니다. 근래에 와서 소돔 사건을 동성애 사건으로 해석할 수 없다는 여러 반론이 제기되었습니다.

첫째로 베일리(D. S. Bailey) 등 여러 학자는 구약성서에 '야다'라는 단어가 총 948회 나오는데, 그중에서 성관계를 의미하는 경우는 약 10회뿐이며, 더구나 이 중에서 동성 간의 성관계를 의미하는 단어로는 한 번도 사용되지 않았다고 단언합니다. 따라서 본문의 전후 문맥을 살펴볼 때 "우리가 그들을 상관(yadha)하리라"(5절, 표준새번역)라는 구절을 단지 성관계의 은유로 해석한 것은 잘못이라는 것입니다. 그래서 새한글성경(2024)에는 "우리가 그들을 알아봐야겠어"라고 번역하였습니다.

둘째로 소돔 사람들이 행패에 대해 롯이 자신의 딸들을 대신 내어준 것은 다른 까닭이 있어서입니다. 창세기 12장에는 실제로 아브라함이 이집트로 내려갔을 때 아내를 누이라고 속이고 파라오 왕에게 보낸 것은 '자신을 죽이고 아내를 차지할까 두려워 했기 때문'이라고 기록했습니다. 당시의 가부장적인 문화에서는 여성을 인격의 주체로 보기보다는 남편이나 아버지의 소유로 보았기 때문에, 아내나 딸을 내어주고 자신의 안위를 챙기는 것을 당연히 여겼다는 증거입니다. 그런데 롯의 경우는 "이 남자들은 나의 집에 보호받으러 온 손님들이니까, 그들에게는 아무 일도 저지르지 말게"라고 호소합니다. 롯의 경우는 자신이나 자신의 두 딸보다 나그네를 먼저 보호하려는 신념이 훨씬 강한 동기였다는 점을 많은 학자들이 강조하고 있습니다.

셋째로 소돔 남자들이 낯선 남자 둘에게 '상관 하자'(또는 알아보자)고 요구한 것이 성관계의 은유적 표현인 동성애의 요구라면, 동성애자들인 소돔 남자들에게 이성(異性)인 롯의 딸들은 성적 대상으로서 대안이 될 수 없다는 반론도 제기되었습니다. 배타적 동성애자들에게는 이성(異性)은 성적 대상이 되지 않기 때문입니다. 동성애 요구에는 동성(同姓)

이 제공되어야 하기 때문에 롯의 딸들은 대안이 될 수 없다는 것이지요.

넷째로 본문에는 "소돔 성 각 마을에서, 젊은이 노인 할 것 없이 모든 남자가 몰려와서, 그 집을 둘러쌌고", 롯의 집을 방문한 두 남성과 '상관하겠다'(또는 알아보자)고 하였습니다. 그들의 요구를 성관계, 즉 동성애 요구로 해석한다면 소돔 남자들은 노소 막론하고 모두 동성애자들이었다고 추정해야 합니다. 그렇다면 어린이를 포함한 인근 마을 남자 모두가 두 명의 낯선 남자에게 공개적으로 집단적인 동성애를 요구한 것이 되는데, 납득하기 어려운 정황이라는 반론이 충분히 가능하게 됩니다.

다섯째로 소돔 사건을 좀 더 자세히 분석해 보면 실제로는 '상관하겠다'(또는 알아보자)는 요구만 있었고 실제로는 아무 일도 일어나지 않았습니다. 롯이 마을 남자들의 요구를 거절하고 자신의 두 딸을 대신 내어주겠다는 대안을 제시하자, 소돔 사람들이 롯의 집 대문을 부수려고 하였고, 그 두 사람(또는 천사)이 소돔 남자들의 눈을 어둡게 하여 대문을 찾지 못하게 하였습니다. 그리고 롯의 가족을 소돔에서 떠나도록 도왔기 때문에 소돔은 유황불로 멸망하고 롯의 가족들은 구출됩니다. 더 이상 아무 일도 일어나지 않았습니다. 백번 양보해서 전통적인 주장처럼 '상관하리라'는 단어를 동성애의 요구로 해석하더라도, 소돔 사건은 '동성애를 행한 죄'가 결코 아닙니다.

학자들은 본문의 전후 문맥과 핵심 교훈에 대한 분석을 시도하다가 중요한 사실을 새롭게 발견했습니다. 소돔 사건 이전에 이미 소돔은 이미 범죄한 도시로 악명이 높았고, 의인 열 명이 없어 멸망할 것으로 예고되었다는 사실입니다.

창세기 13장에는 아브라함을 따라나선 롯이 아브라함과 헤어져

선택한 소돔 땅에 대해 "소돔 사람들은 악하였으며, 주님을 거슬러서, 온갖 죄를 짓고 있었다"(13절)고 명시하고 있습니다. 이는 창세기 19장의 소돔 사건이 있기 훨씬 이전의 기록입니다.

창세기 18장에는 아브라함이 세 명의 나그네를 환대한 사건이 자세히 기록되어 있습니다. 아브라함의 환대를 받은 천사들이 소돔을 향해 떠나면서 다음과 같이 말합니다.

소돔과 고모라에서 들려오는 저 울부짖는 소리가 너무 크다. 그 안에서 사람들이 엄청난 죄를 저지르고 있다. 이제 내가 내려가서, 거기에서 벌어지는 모든 악한 일이 정말 나에게까지 들려 온 울부짖음과 같은 것인지를 알아보겠다(창 18:20-21).

이어서 소돔의 죄가 커서 심판을 면하기 어렵다고 예고합니다. 아브라함은 조카 롯이 거주하는 소돔에 의인 50명만 있으며 멸하지 말아 달라고 하나님께 간청합니다. 여러 번 흥정 끝에 여호와는 "열 명을 보아서라도, 내가 그 성을 멸하지 않겠다"(창 18:32)고 했지만, 아브라함은 침묵할 수밖에 없었습니다. 창세기 19장의 소돔 사건이 있기 전에 이미 소돔은 의인 열 명이 없어 멸망이 예고되어 있었던 것이지요.

창세기 18장에는 낯선 나그네 셋을 귀한 손님으로 모시어 환대의 밥상을 대접하고 있는 아브라함의 모습을 통해서 '환대의 일곱 가지 특징'이 구체적으로 드러난다는 사실도 확인되었습니다.

① 아브라함이 낯선 나그네를 먼저 알아봅니다.
② 아브라함이 즉시 달려가 그들에게 환대의 인사를 합니다.

③ 아브라함이 그들을 자신의 집으로 기꺼이 초청합니다.

④ 아브라함이 우선 마실 물과 발 씻을 물을 그들에게 제공합니다.

⑤ 아브라함이 그들을 자신의 집에서 편히 쉬게 합니다.

⑥ 아브라함이 그들에게 음식과 음료를 대접합니다.

⑦ 아브라함이 손님들의 여정을 지연시키지 않겠다고 약속합니다.

아브라함의 지극한 환대를 받은 그들은 "내년 이맘때 사라에게 아들이 있으리라"고 축복하고 "소돔의 죄악이 심히 크고 무거워 내려가서 판단하려고" 그곳을 떠나 소돔으로 내려갑니다.

나그네 중 둘이 소돔 성에 도착하자 롯이 그들을 정성껏 환대합니다. 롯은 그의 삼촌 아브라함이 낯선 나그네에게 베푼 환대와 동일한 방식으로 그 두 나그네를 환대합니다. 창세기 18장의 아브라함의 환대와 19장의 롯의 환대는 마치 환대의 매뉴얼처럼 똑같습니다.

① 롯은 낯선 나그네를 먼저 알아보고 일어나 영접하고 땅에 엎드려 절합니다.

② 롯은 그들에게 공손히 환대의 인사를 합니다.

③ 롯은 그들을 자신의 집으로 초청합니다.

④ 롯은 발 씻을 물을 그들에게 제공합니다.

⑤ 롯이 그들에게 식탁을 베풀고 무교병을 대접합니다.

⑥ 롯은 손님들의 여정을 지연시키지 않고 다음 날 떠날 수 있게 하겠다고 약속합니다.

소돔 남자들은 롯에게 나그네와 상관하겠다고 이끌어 내라고 요구하고, 악행을 그만두라고 만류하는 롯에게 "너를 더 해치겠다"고 협박하면서 롯을 밀치고, 문을 부수었습니다. 이에 두 나그네는 그들의 눈을 멀게 하고 마침내 롯의 가족 모두를 성 밖으로 도망가게 하여 소돔성의 유황불 멸망으로부터 구원합니다.

신학자 지프(Joshua W. Jipp)는 『환대와 구원』에서 창세기 19장의 소돔 이야기는 전후 문맥으로 볼 때 '성적 일탈'의 이야기가 아니라 나그네를 환대하면 구원을 받고, 학대하면 하나님께서 심판하신다는 '환대'에 대한 교훈이라고 결론지었습니다. 친절한 아브라함은 나그네를 환대하여 노년에 아들을 얻는 축복을 약속받았고, 그의 조카 롯은 같은 나그네에게 환대를 베풀었기 때문에 자기 가족과 함께 구원을 받았지만(19:12-17), 반면 나그네를 학대한 소돔은 의인 열 명이 없어서 (18:32) 유황불로 '멸하셨다'(19:24-25)는 것이 이 두 사건의 교훈이라는 것입니다.

지프는 "나그네를 학대하지 말고 환대하라"(출 22:21 등)는 수많은 '환대법'이 성경에 기록되어 있음을 자세히 제시하면서, 하나님은 '환대의 하나님'이라는 점을 강조합니다. 낯선 사람들을 초청하여 대접하는 아브라함과 롯의 모습은 아무런 생각 없이 무조건적으로 환대하는 것이 아니라 낯선 그들을 하나님의 선물로 여기고서 그들에게 신적인 환대로 지극정성으로 섬기고 봉사하고 있는 것입니다. 이러한 성서적 배경으로부터 '신적 환대'라는 신학적 개념이 발전하였고, '환대의 신학' 이 새롭게 대두되었습니다.

프랑스의 철학자 자크 데리다(Jacques Derrida)는 그의 저서 『환대에 대하여』를 통해 고대 그리스 사회에서 이방인에 대한 환대를 거부한 사례들을 집중적으로 분석합니다. 고대적 관점에서 특정 정치 공동체에

들어온 소통 불가능한 익명의 낯선 방문자는 외국인 혹은 이방인(*xenos*)
이 아니라 야만인(*barbaros*)으로 여겨 환대를 거부했다고 합니다.

따라서 소크라테스조차 아테네에서 환대가 거부되어 처형된 사례
라고 분석합니다. 반면 성서에 나오는 소돔 사건을 '무조건적인 환대의
사례'로 제시하였습니다. 당시 유대인들의 '환대의 관습'에 따르면 자신
의 근친이나 가족이나 딸과 관련된 윤리적 의무보다 나그네의 환대와
보호를 더욱 중요하게 여겼다고 합니다.

그래서 롯 자신도 소돔인들의 지방에 체류하기 위해 온 이방 거류민
이지만, 무슨 수를 써서라도 자기 집에 묵고 있는 낯선 손님들을 보호하
려는 일념으로 그는 가장으로서, 전권을 가진 아버지로서 소돔의 남자
들에게 처녀인 두 딸을 제의했다고 설명합니다. 데리다의 이런 분석을
통해 롯의 '자신의 손해를 감수하는' 무조건적이고 절대적인 '환대'와
소돔 사람들의 '배타적 학대'가 극명하게 드러난다고 하였습니다.

지프는 신약성서로 눈을 돌려 '예수의 사역은 주 하나님의 환대의
시행'이라는 관점에서 재조명합니다. 특별히 예수의 죄인과의 식탁
교제를 무차별적 환대의 사역으로 해석합니다. 예수는 심지어 당시
정치적으로 가장 죄인 취급받는 세리나 율법적으로 가장 죄인 취급받는
창녀가 "너희보다 먼저 하나님의 나라에 들어간다"(마 21:31)고 선언하
여 바리새인들을 분노하게 하였습니다. 이런 예수라면 오늘날 죄인으
로 취급받는 성소수자들도 차별 없이 환대했을 것이라는 가정이 가능하
다는 것입니다.

지프는 초대교회가 급속도로 발전하여 나간 이면에도 환대의 신앙
이 있었기에 가능했다고 합니다. 초대교회가 로마 사회에서 유일하게
여행자와 나그네에 대해 식사와 숙소를 제공하는 '환대의 공동체'로서

자리매김했다는 주장입니다. 그래서 '나그네 대접을 잘하는 것'(딤전 3:2)이 장로의 자격으로 명시되었다고 합니다.

쾨이니그(J. Koenig)는 『환대의 신학』에서 비슷한 주장을 합니다. 무엇보다 예수는 제자들이 전도 과정에서 환대를 받지 못하는 적대적 환경에 있는 것을 보고 "너희를 영접하는 자는 나를 영접하는 것이요 나를 영접하는 자는 나를 보내신 이를 영접하는 것이니라"(마 10:4)고 한 것에 주목합니다. 하나님을 영접한다는 것은 하나님을 환대하는 것이며, 하나님을 환대하는 자는 예수를 환대할 것이고, 예수를 환대하는 사람은 이웃을 환대해야 한다는 의미라고 합니다.

따라서 "하나님을 사랑하고 이웃을 사랑하라"는 율법의 골자는 "하나님을 영접하고 이웃을 환대하라"는 의미로 재해석됩니다. "원수를 사랑하라"는 가르침은 "차별받는 낯선 이들을 환대하라"는 뜻으로 수용합니다. 바울은 "헬라인이나 유대인이나 할례파나 무할례파나 야만인이나 스구디아인이나 종이나 자유인이 차별이 있을 수 없다"(골 3:11)고 했습니다. 이런 가르침에 따라 기독교는 긴 역사를 통해서 끊임없이 민족 차별, 인종차별, 노예 차별, 남녀 차별 등 모든 종류의 차별 철폐를 과감히 실천하여 온 것입니다. 그런데 한국교회 주류는 최근 27개 항목의 차별금지법 중에 성소수자가 포함되어 있다고 차별금지법을 반대하는 현실입니다.

창세기는 소돔이 의인 열 명이 없어서 멸망했다고 밝혔고, 예수께서도 소돔과 고모라의 심판 원인이 낯선 나그네를 냉대하고 환대하지 않은 것(마 10:11-15)이라고 분명히 말씀하였습니다. 그럼에도 불구하고 한국 보수적인 신앙인들은 1세기 유대 철학자 필로(Philo)의 소돔이 동성애 때문에 멸망했다는 잘못된 가르침을 무비판적으로 수용하여

"동성애 때문에 가정도 교회도 나라도 망한다"는 잘못된 프레임에 갇혀 있습니다. 예수께서는 '무차별적 환대와 무차별적 사랑'을 가르쳤는데, 많은 한국교회 지도자들은 '배타적 차별과 적대적 혐오'를 가정과 교회와 나라를 지키는 지상 과제인 것처럼 외치고 있습니다. 그러나 젊은이들이 교회를 떠나는 것은 한국교회가 신앙은 고사하고 상식도 통하지 않고, 자정능력을 상실했으며, 세속적 가치에 함몰되어 있으면서도 '반공과 반동성애와 반이슬람'을 공허하게 외치는 시대에 뒤떨어진 배타적인 집단으로 전락했기 때문입니다.

루터가 깨달은 것처럼 교회의 전통적인 가르침이 성서의 가르침과 다를 수 있다는 것을 우리 모두가 새롭게 깨달았으면 좋겠습니다. 항상 개혁하는 교회가 되기 위해서는 다시 성서로 돌아가서 성서의 가르침을 통해 새 길을 찾는 '새길교회'가 한국교회를 성서가 인도하는 '새 길'로 선도할 수 있기를 축원합니다.

부록 2
『용비어천가』에 함축된 한국인의 하느님 신관*

　훈민정음이 창제된 후 최초의 한글로 저술된 책이 『용비어천가』 (1447)이다. 용비어천가는 한문으로 번역된 최초의 번역서(『한문 용비어천가』)이며, 동시에 최초의 악보(악보 용비어천가)이기도 하다. 일종의 건국 서사시인 용비어천가에는 '하늘'이라는 용어가 무수히 등장함에도 불구하고 한국 고유의 '하느님 신관'과 관련한 연구는 간과되어 왔다.

　태조 이성계가 역성혁명을 통해 조선을 건국하고 발표한 "즉위교서"(1392. 7. 28.)에서 "나는 덕이 적은 사람이므로 이 책임을 능히 짊어질 수 없을까 두려워하여 사양하기를 두세 번에 이르렀으나, 여러 사람이 말하기를, '백성의 마음이 이와 같으니 하늘의 뜻도 알 수 있습니다. 여러 사람의 요청도 거절할 수가 없으며, 하늘의 뜻도 거스를 수가 없습니다(天不可違)'"라고 했다.[1] 이어서 9월 28일 개국공신들이 왕세자와 여러 왕자와 회동하여 천지신명께 맹약한 내용에는 조선의 건국은 하늘의 뜻에 응하고, 사람의 마음에 따른 일이며, 모두가 힘을 합치고

---

* "용비어천가에 함축된 한국인의 신관," 「한국조직신학논총」 35 (2013. 6.): 357-385를 요약한 것임.
1 『태조실록』 1卷, 1年(1392) 7月 28日.

서로 도와 대명(大命)을 자손 대대에 지켜 행하지 않으면 '神'이 반드시 죄를 줄 것(神必殛之)이라고 한 기록이 등장한다.[2]

용비어천가는 제1장 "하늘이 복을 내리신다"에서 시작하여 마지막 125장에서 "하늘을 공경하라"고 노래한다. 용비어천가의 한글 원문에는 하늘을 '하늘', '天', '帝'(7, 8, 71장)로 적었고, 한역(漢譯)에서는 '天', 또는 '維皇上帝'(유황상제, 102장 2회)로 표기한다. 중국에서 천신을 玉皇上帝(옥황상제)라 표기한 것과 대조된다. 김용찬은 "용비어천가에서는 모든 문제와 해결을 결정짓는 존재로서 '하늘'을 들고 있다. 하늘은 모든 권력의 제공자이며 모든 민족적 사업의 주제자이다"라고 했다.[3]

용비어천가에 나타나는 '하늘'은 바로 이러한 '하느님'을 함축하는 용어다. 용비어천가는 16세기 한국인들의 "'하늘'이 곧 '하느님'이라는 신관"의 특징을 가장 잘 묘사해 놓은 최초 결정적인 자료라고 생각된다.

용비어천가 총 125장에 등장하는 하늘과 관련된 내용을 '직관적이고 체험적 하느님 신관'이라는 관점에서 분석하고 종합하여 분류해 보면, 16세기 한국인들이 지녔던 '하느님 체험의 실제와 하느님 신관의 특징들'을 구체적으로 살펴볼 수 있다.

1. 하늘이 복을 내리고(天福) 도우신다(天佑)

용비어천가 제1장은 조선을 건국한 태조 이성계의 6대조를 해동 육룡(海東 六龍)으로 상징화하고, 선대의 위업을 가리켜 '일마다 모두 하늘이 내리신 복'이라고 노래한다. 천복이라는 표현 대신 '신이 주신

---

2 『태조실록』, 1년(1392년) 9월 28일.
3 김용찬, "용비어천가(龍飛御天歌)의 정당성 구조 분석," 272.

복'을 뜻하는 호(祜) 자를 사용하여 '제호'(帝祜)라고도 했다(7장). '일마다 천복(天福)'을 "하늘이 돕지 않은 바가 없다"(莫非天所扶)라고 번역했다. 하늘이 도우신다(天之佑矣)는 천우신조(天佑神助) 사상이 등장한다(34장).

용비어천가에 등장하는 "하늘이 복을 내리고 하늘이 도우신다"는 천복 또는 천우신조(天佑神助) 신앙은 조선 왕조의 말기에 형성된 애국가와 독립가에 빠짐없이 등장했다.4 이를 계승한 현재의 애국가에도 "하느님이 보우(保佑)하사 우리나라 만세"라는 뿌리 깊은 '하느님 보우 신앙'이 반영되어 있다.

2. 하늘이 명하시고(天命) 이루신다(天成)

용비어천가에서 하늘과 관련하여 가장 많이 등장하는 용어가 '천명'이다. 천명과 병행하여 제명(帝命)과 대명(大命)이라는 용어도 등장한다. 천명에 따라 조선 왕조가 건국하였음을 강조하기 위해 중국사에 등장하는 천명과 관련된 여러 사례를 인용했다.

주나라 무왕은 하늘의 명을 받들고(奉天) 상나라 주(紂)의 죄를 쳤듯이(9장), 무왕(武王)이 천명을 의심하시므로 하늘이 꿈으로써 재촉했듯이 이성계에게 하늘은 꿈으로 그 천명을 알리셨다(13장). 하늘이 송나라를 세우기 위하시어 고종에게 천명을 내리셨듯이(32장), 강물은 깊고 배는 없건마는 하늘이 명하시매 금나라 태조는 말 탄 채로 그 깊은 강을 건넜다(34장). 천명을 받으매 물에 빠진 말을 하늘이 꺼내시고(37장), 거짓 성을 굳혀 보겠다고 천자 뵙기를 청하니 명나라 임금은 성주(聖

---

4 이명화, "애국가 형성에 관한 연구," 「실학사상연구」 10-11 (서울: 무악실학회, 1999), 639.

主)이시매 하늘의 명(帝命)을 아셨다(71장). 하늘은 고려 태조에게 큰 명(大命)을 알리려고 하여 바다 위에 금탑이 솟았으며(83장), 나라(고려)가 오래되어 하늘의 명이 다하여 가매 나무에 새잎이 난 것이다(84장). 이처럼 조선 왕조 개국의 정당성을 천명을 따른 중국 역사에 빗대어 합리화한 것이다.

뿐만 아니라 하늘은 사람을 보내고 부리고, 일을 이루신다. 광무제가 갈 길을 모르자, 머리 센 할아비를 하늘이 부리시어(天令) 위기를 면하게 하였듯이, 세종대왕의 5대조 익조(翼祖)에게 머리 센 할미를 하늘이 보내시니(天使) 위기를 면했다(19장). 따라서 하늘이 이미 다 이루어 놓으신 바(天成)이니, 하늘이 천하의 백성을 잊지 않으실 것이라고 확신한다.

3. 하늘이 택하시고(天擇) 버리신다(天棄)

하늘이 나라와 백성을 택하고 왕과 왕손을 택하신다. 주나라에서 태자(계력)를 하늘이 택하여 그 형의 뜻이 이루어져 하늘이 성손(무왕)을 내신 것처럼, 세자(환조)를 하늘이 택하여 원나라 임금의 명을 내려 하늘이 성자(태조 이성계)를 내신 것이라고 한다(8장). 이는 모두 하늘이 이미 택하여 놓으신 바이니 하늘이 우리나라와 백성(海東黎民)을 잊지 않으실 것이다(21장). 하늘은 때로 택한 것들을 잊으시고 버리신다. 하늘이 독부(獨夫)를 잊어버리고(天絶) 버렸듯이(72장), 백성의 병폐를 모르시면 하늘이 버리신다(天棄)는 것이다(116장). 하늘이 만사를 택하고 버리시는 주권자임을 강조한다. 이는 주나라 시대의 천명을 바꾸는 혁명사상과 상응한다. 혁은 혁대(革帶), 즉 가죽 허리띠를 지칭하는데,

혁대가 낡으면 버리고 새로운 것을 취하듯이 혁명(革命)은 천명을 거역하는 왕실을 바꾸는 것을 의미한다.

광개토대왕릉비에도 "그러나 불행하게도 하늘이 돌보지 아니하여 [대왕이] 39세(412)에 세상을 버리고 나라를 떠났다"[5]는 기록이 남아 있다. 하늘이 생사화복을 주관하며, 왕조를 택하기도 하고 버리기도 한다는 하느님 신관이 명시된 가장 오래된 출처라고 여겨진다.

4. 하늘의 뜻(天心)을 이기지 못하니, 하늘이 자연을 주재하신다

'천명'과 더불어 천의와 천심 및 민천지심(昊天之心)이라는 용어도 등장한다. 내용을 살펴보면 사람이 하늘의 뜻과 하늘의 마음을 거스를 수 없다는 신앙이다. 적인(狄人)들이 침범하거늘 기산으로 옮긴 것도, 야인들이 침범하거늘 덕원으로 옮긴 것도 하늘의 뜻이다(4장). 태조 이성계의 화살에 여섯 노루와 다섯 까마귀가 떨어지고, 태조가 비스듬한 나무를 날아 넘은 것은 모두 하늘 뜻이니 하늘의 뜻을 누가 무르겠으며(86장), 하늘이 고조(高祖)의 마음을 움직이게 하시니(102장) 하늘의 마음(天心)은 소인이 거스를 수 없고(74장), 누구도 고칠 수 없다(85장). 여러 방식으로 하늘 뜻이 이루어지므로(108장), 약(藥)이 하늘의 뜻을 이길 수는 없었던 고사와 태종의 두 벗이 배가 엎어지건마는 바람이 하늘을 이기지 못한 고사를 들어 약이나 바람이 하늘을 이기지 못한다는 사실을 밝힌다(90장).

---

5 이형구 · 박노희, 『광개토왕릉비문 신연구』, "昊天不弔 卅有九宴駕棄國", 63-64.

어두운 길인데 없던 번개를 하늘이 밝히시기도 하고, 깊은 못에 얇은 얼음을 하늘이 굳히시기도 한다(30장). 물에 빠진 말을 하늘이 끌어내시기도 하고 여린 흙을 하늘이 굳히시기도 한다(37장). 밀물을 막으시고 큰비를 그치지 않게 하시는 것을 통해 하늘이 일부러 우리에게 보이시기도 한다(68장). 하늘이 없던 병도 내리게 하신다(102장). 이처럼 하늘은 자연의 조화를 주관하는 주재자로서 갖가지 조화를 통해 생사화복을 주관하신다는 신앙을 함축하고 있다.

5. 하늘이 재능을 내리시고, 용기와 지혜를 주신다

하늘이 백성을 위해 남다른 재능(32장)을 내리시고, 남다른 재주(43장)와 영특함과 용기 및 지혜(70장)를 내시고 허락하신다. 그리고 자(尺)가 통일되어야 제도가 바로 공평하게 세워지므로 하늘은 이 태조에게 인정(仁政)을 맡기려고 하늘 위에 있는 금자(金尺)를 내리신 것이다(83장).

하늘이 어진 임금을 내겠다고 부마의 마음을 달래시기도(天誘) 하고, 하늘이 임금(공민왕)을 달래시어 열 은경(銀鏡)을 놓으셨다고 한다(46장). 하늘은 백성들을 잊지 않으신다. 하늘이 만백성들(천하창생)을 잊지 않고, 사람의 마음을 달랜다(21장)는 신앙은 인간의 마음을 헤아리는 하늘의 인격신적인 면모를 돋보이게 한다.

6. 백성이 하늘이니(天爲拯民) 하늘을 공경하듯 백성을 위한다(敬天勤民)

하늘이 뭇 백성을 잊지 않으시고(21장), 하늘이 백성을 도우시므로

(天爲拯民, 32장), 백성의 병폐를 모르시는 자를 하늘이 버리신다(116장). 왜냐하면 백성이 하늘이기 때문이다(120장). 민심이 천심이라는 속담도 이런 배경에서 이해되어야 한다. '하늘을 공경하고 백성을 위하여 힘을 써야 나라가 더욱 굳어질 것'이기 때문이다(125장).

이처럼 용비어천가의 기본 주제는 하늘의 뜻으로 왕과 그의 가족이 택함을 받았고, 천명에 따라 나라를 세웠으며, 일마다 복이나 화를 내리시는(1장), 하늘을 받들고 공경하는 마음으로 백성을 섬기고 돌보라(125장)는 구조로 되어 있다고 볼 수 있다.

용비어천가에는 하늘은 왕보다 백성을 더 위하는 것(天爲拯民)으로 묘사한다. 백성이 곧 하늘이기 때문에 단지 천명을 따르는 수동적인 자세가 아니라 하늘을 받들고 공경하는 자세로 백성을 위해 힘써 섬기고 위하는 적극적인 경천근민(敬天勤民)을 강조한 것이라고 볼 수 있다.[6]

이러한 하느님 신앙은 의정부사 성석린이 원단(圓檀)에 기우제를 지낼 때 사용한, 권근이 지은 제문(祭文)에도 잘 나타나 있다.[7] 이 제문에는 하늘과 사람 사이에 감응(感應)이 빠르며, 덕(德)이 없는 몸으로 천지의 보우(保佑)를 받아 오면서도, 나의 부덕(不德)한 소치로 하늘에 죄를 얻어 재앙과 허물을 부른 것이니, 상천(上天)께서는 총명(聰明)하게 내려 보시어, 나의 죄를 용서하여, 나라에 재앙이 되지 않게 하고 백성에게 병이 되지 않게 하소서라는 하느님 신관이 잘 드러나 있다.

용비어천가에 등장하는 '하늘'은 하느님의 의미를 함축하고 있으므로 용비어천가에는 16세기 우리 민족의 하느님 신앙의 특징이 고스란히 드러난다. 정대위는 용비어천가에는 하늘(하느님)이 역사의 주재자

---

6 양성지, 『龍飛御天歌 序』, "敬天勤民 無敢惑忽."
7 『태종실록』 태종 7년 정해(1407, 영락 5) 6월 28일(경술).

이며, 불의를 심판할 뿐 아니라 하늘 뜻을 사람에게 계시하며, 택하신 자를 뽑으며, 그들에게 힘과 능력을 주어 그 의도를 땅 위에 성취하는 신앙이 뚜렷이 표현되어 있다고 했다.[8]

이러한 하느님 신관은 기독교의 하나님 신관을 수용하는 유리한 통로가 되었음은 주지의 사실이다. 그러나 용비어천가에 나타난 한국인의 신관과 기독교의 신관을 간략하여 비교한 김승혜는 성서의 하나님은 첫째로 지고신일 뿐 아니라 유일신으로서 다신의 존재를 부정하며, 둘째로 생사화복의 운명과 자연의 조화의 주재자일 뿐 아니라 천지만물과 억조창생의 창조자이며, 셋째로 성서의 하나님은 그의 뜻을 명하고 이루실 뿐만 아니라 정의로운 심판자이며 동시에 구원자라는 차별성이 있다고 했다.[9]

무엇보다도 조선의 지배자였던 왕족과 그들의 선조들에게 베푸신 하늘의 보우하심을 주로 노래한 용비어천가에 나타는 신관은, 이집트에서 종살이하던 이스라엘 백성들의 부르짖음을 들으시고 그들을 이집트 종살이에서 해방시킨 히브리 노예들의 하나님이라는 신관과 크게 대조를 이룬다. 노예들을 자기 백성으로 삼으신 하나님은 지배자의 수호신이 아니라 노예들의 해방자이며 가난한 자와 약자들의 구원자이기 때문이다.

---

8 정대위, "용비어천가에 보이는 천명사상의 종교사적 의의," 140.
9 김승혜, "한국인의 하느님 개념 — 개념 정의와 삼교 교섭의 관점에서,"「한국전통사상과 천주교」 1 (1995), 367.